报坛求索五十年

周正荣 编著

文匯出版社

图书在版编目（CIP）数据

报坛求索五十年 / 周正荣编著. — 上海：文汇出版社，2023.6

ISBN 978-7-5496-4065-2

Ⅰ. ①报… Ⅱ. ①周… Ⅲ. ①报纸 – 新闻工作 – 中国 ②新闻 – 作品集 – 中国 – 当代 Ⅳ. ①G219.2②I253

中国国家版本馆CIP数据核字(2023)第097513号

报坛求索五十年

编　　著 / 周正荣
责任编辑 / 熊　勇
装帧设计 / 黄小春

出版发行 / 文汇出版社
上海市威海路755号
（邮政编码200041）
印刷装订 / 上海新文印刷厂有限公司
版　　次 / 2023年6月第1版
印　　次 / 2023年6月第1次印刷
开　　本 / 720 × 1000　1/16
字　　数 / 270千
印　　张 / 20.5（彩插8）

ISBN 978-7-5496-4065-2
定　　价 / 78.00元

敬畏与感恩

（序言一）

周正荣

一个人能够终身从事自己热爱的事业，那是人生的幸福。我走出复旦大学校门，就进了新华日报社大门。投身新闻事业，一干就是50年。当我告别新华日报工作岗位的时候，望着巍峨的52层报业大厦，看着身边生机勃勃、才华横溢的年轻人，心里充满了欣慰、满足和感恩。

我对新华日报充满敬畏之情。国内还没有一张报纸，拥有新华日报这样悠久和辉煌的历史。这张报纸和中华民族共命运，与党和人民共命运。在民族存亡的危急时刻，新华日报发出正义的呐喊，在国民党统治区成为"茫茫黑夜中的一座灯塔"，成为八路军、新四军之外的"另一方面军"。周恩来当年作为中共中央南方局书记和新华日报董事长，长期直接领导新华日报。许多政治家、社会活动家、理论家、作家、艺术家，如夏衍、张友渔、熊复、楼适夷、胡绳、石西民、许涤新、戈宝权、乔冠华、廖沫沙、刘白羽、林默涵、周而复、高扬等，先后在新华日报工作过。新华日报的许多老前辈，为这张报纸牺牲了自己的生命。他们灿若星辰的名字和可歌可泣的事迹，成为中国新闻史上灿烂的篇章。当我走进新华日报的时候，特别是当中共江苏省委任命我为新华日报总编辑的时候，我内心充满了激动和惶恐，始终怀着忐忑不安的心情，兢兢业业地履行着自己的职责，不舍昼夜。直到现在，我对新华日报仍充满敬畏之情。

新华日报最宝贵的品格和传统是与时代共进，始终站在时代潮流前头，推动历史和社会进步。我幸运地见证了新华日报在新时代的辉煌。改革开放以来，新华日报迸发出巨大的活力和创新力。通过内部管理改革和报纸改版，报纸功能得到拓展和创新，报纸的权威性、影响力和辐射力得到提升。在中共江苏省委的领导下，热情宣传党和政府的重大决策，传达江苏八千万人民的心愿和呼声，成为江苏改革开放的鼓动者和江苏干部群众辉煌业绩的记录者。新华日报的努力，得到历届江苏省委领导的赞许和干部群众的肯定。新华日报在履行党的新闻宣传职责的同时，也推动了报业自身的发展，从一份对开4个版的报纸发展成为实力雄厚的报业传媒集团。记得1986年元旦，我和《扬子晚报》的30多位同事一起涌进印报车间。当印刷机吐出《扬子晚报》创刊号的时候，周围响起了热烈的掌声。如今，新华日报创办的《扬子晚报》，已经名扬国内外，成为全国发行量最大的晚报。

我对新华日报怀着感恩之情。我从一个通讯员，到记者、编辑、总编辑，新华日报像一位可敬的师长和慈爱的母亲，熏陶和培育我一步步成长。刚进报社的时候，我觉得新华日报过于严肃，不苟言笑。其实，因为经过历史的沧桑和承载着重要的使命，庄重、大气、严谨，正是新华日报多年形成的报风。报社的许多老同志，为人低调，做事刻苦。他们衣着朴素，不引人注目，但是他们在报坛，能写一手漂亮的好文章，许多人是出色的理论家、作家、诗人、书画家。在这个高级人才富集的平台上，我感受到的是普通、平凡和家庭式的氛围。我热爱这个大家庭，敬重那些卓有成就的记者，敬重印刷厂、汽车队、食堂里那些默默无闻的师傅。我曾奉调到中央新闻单位和省委有关部门工作，但是出于对新华日报的依恋，通过种种努力，最终又回到新华日报的怀抱。我把一辈子的努力奉献给了新华日报，新华日报成就了我新闻事业的梦想，成就了我丰富充实的人生。我庆幸自己成为光荣的新华人。

50年中，我们送走了一批又一批白发苍苍的新华日报老报人，迎来了一批又一批新华日报的新生代。新老交替，薪火相传。新华日报像奔腾不息的长江水，永葆青春，将伴随着中华民族的伟大复兴，创造新的辉煌。

（原载 2007年9月26日《新华日报》）

报坛求索五十年

（序言二）

周正荣是射阳县四明乡人，江苏省射阳中学1966届高中毕业生，1968年他回乡劳动，担任生产队长。为实现从事新闻事业的梦想，他在艰苦繁忙的基层工作之余，坚持给《新华日报》等新闻单位写稿。2年中，发表了数十篇新闻作品。他的努力和鲜活生动的新闻作品引起了新闻单位的关注。1970年，周正荣进入上海复旦大学新闻系学习，1973年，周正荣从复旦大学新闻系毕业，被分配到新华日报社工作。

周正荣离别家乡50余年，走过以下历程：

1973年8月—1985年10月，《新华日报》理论处编辑，南京记者站记者，徐州记者站副站长。

1985年10月—1989年6月，参与创办《扬子晚报》并任副总编辑（正处级）。

1987年，中共中央党校学习一年。

1989年8月—1990年5月，任《新华日报》编委，《扬子晚报》总编辑（副厅级）。

1990年，由中共中央组织部调至人民日报社工作。

1995年5月—1995年7月，任《新华日报》副总编辑兼《扬子晚报》总编辑。

1995年7月—1997年7月，任《新华日报》总编辑，党委副书记（正厅级），兼《扬子晚报》总编辑。

1997年7月—2006年8月，任《新华日报》总编辑，党委书记，江苏新华日报报业集团董事长。

周正荣曾任第十届中共江苏省委委员，曾连任两届江苏省人民代表大会常务委员会常委，任一届江苏省政治协商会议委员。

2007年7月—2009年，任江苏省人民代表大会常务委员会教育科学文化卫生委员会副主任。

2009年—2015年，任江苏省新闻工作者协会常务副主席。

周正荣在新华日报这个大熔炉中，在老一辈新华人的关爱下，一步步磨炼成长。

周正荣在新华日报做了五年理论编辑，具有比较扎实的理论功底。他做了8年驻外记者，在第一线采写了数十万字的新闻作品。他从事新闻工作的实践，恰逢我国改革开放波澜壮阔的40年。改革开放之初，发展私营经济刚破冰，在干部中有思想阻力，周正荣在新华日报发表了《发展个体经济大有可为》的"工作研究"，报道引起反响。当时的省委书记在为全省地市委书记和厅局长做报告时曾当场选读这篇报道的部分内容，建议大家好好读一读《新华日报》记者写的这篇报道，推动干部解放思想。20世纪80年代初，日本掀起修改历史教科书的政治风波，否定南京大屠杀，周正荣采写了通讯《南京人民的愤怒》，以大屠杀目击者的回忆揭露日军当年的暴行。当时南京大屠杀纪念馆尚未建立，确定采访对象不易，周正荣在南京城区最老的居民区一户户敲门找当年南京大屠杀的目击者。该通讯内容详实，在新华日报头版发表。周正荣曾在新华日报发表整版长篇通讯《孩子，谁是你的母亲》，当时报社总编辑说，我是含着泪读完这篇文章的。周正荣在新华日报发表的多篇报道被《人民日报》和新华社转载转发，一批报道和专业论文在省内外获奖。

周正荣从事新闻事业的重要实践之一，是他参与创办了全国发行量最大的晚报《扬子晚报》。《扬子晚报》1986年元旦创刊。《扬子晚报》创刊时周正荣任副总编辑兼新闻采访部主任，两年后任总编辑。他先后在扬子晚报工作了10年，他把一生中最美好的10年献给了这份报纸。

1995年，中共江苏省委任命周正荣同志为新华日报社总编辑。当时，由于晚报、都市报的兴盛，党报面临新的阅读潮流的冲击。报纸发行量下降，广告萎缩。新华日报编委会审时度势，启动深度改革。省委领导热情支持。报社先后花了5年时间，组织实施了三轮改版，出台了数万字的改版方案。为保证方案实施，出台了7个配套改革文件，推行报社内部运行机制、分配制度、人事制度、质量控制制度等改革。改版的总体目标：强化对中央和省委、省政府重大决策的报道，同时关注民生、贴近群众、贴近生活、贴近实际，形成“顶天立地” 的格局。新华日报改版后受到省委领导的热情肯定和鼓励，受到全省干部群众的欢迎。中共中央宣传部连续发了多期审读报告给予肯定。新华日报在改版中开辟的专栏“本报观察家”，和中央电视台“焦点访谈”等专栏一起，被评为“中国新闻名专栏”。1997年，中央宣传部新闻局指定新华日报总编辑在全国党报总编辑会议上介绍提高党报宣传质量的经验。

改版促进了报纸质量的提高，扩大了报纸的影响力，新华日报发行量提高，进入全国党报发行量的第一方阵，广告收入大幅增长，职工收入分配水平提高。

在周正荣担任主要负责人期间，新华日报社建成52层现代化新华大厦，办报硬件全面升级，实现报纸出版印刷现代化。当年美国纽约时报一位高层管理人员参观新华日报社后感叹道："就是在美国，达到新华日报办报设施水平的报社也不多。"

新华日报按照省委的要求，整合报业资源组建江苏新华日报报业集团，成为全国六个文化体制综合改革的试点单位之一。

在参与创办《扬子晚报》和组织领导《新华日报》改版的过程中，周正荣和他的同事们潜心研究中国报业的传统经验和报业同行的创新成果，总结自己的新鲜经验，进行理性思考，写出数量颇丰的专业论文，在《新闻战线》《中国记者》《传媒观察》等省内外刊物发表。这些理论思考为《扬子晚报》的超常发展和《新华日报》的改版提供了清晰的思路，同时为新闻改革的探索作出了自己的贡献。这些论文有些在省内外获奖，有些被重要学术论文检索系统收藏，引起同行关注。

周正荣从事新闻工作50余年，他被中华新闻工作者协会评为全国优秀新闻工作者，获奖章和证书；他获享国务院有突出贡献专家津贴。他先后被南京大学、南京师范大学、安徽师范大学聘为兼职教授。

周正荣终其一生，进入报纸这个行业的纵深、观察、思考、探索、试验、决策、总结，尝遍新闻工作者的苦乐人生。

这本书，专注于对新闻宣传规律的研究思考。以一个新闻工作者和媒体的独特个案，展示了在我国的政治和社会环境中，党的新闻事业与党、国家、人民群众的血肉联系，新闻工作的巨大作用和广阔的服务空间；展示了党和政府对新闻工作的重视，对新闻工作者的关爱和支持。字里行间，镌刻着一个党的新闻工作者的使命、责任和担当。

（黄小春根据资料整理）

报坛求索五十年

题字：赵绍龙（《新华日报》原副总编辑 书法家

新华报业传媒集团大厦
地址：南京市江东中路

新华报业传媒集团新华大厦
地址：南京市新街口

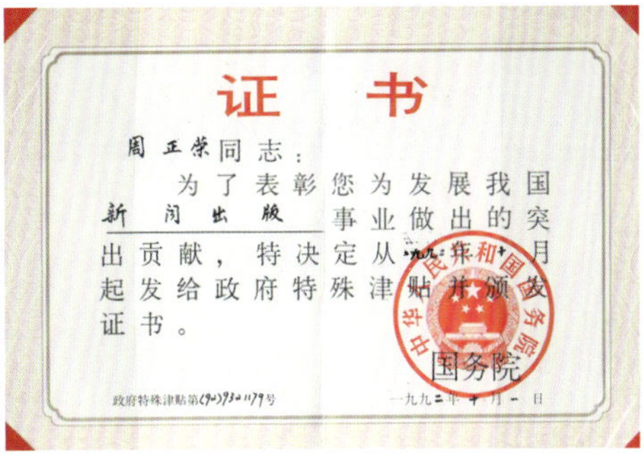
证　书

周正荣同志：

为了表彰您为发展我国新闻出版事业做出的突出贡献，特决定从一九九二年十月起发给政府特殊津贴并颁发证书。

国务院

一九九二年十月一日

1. 国务院特殊津贴证书

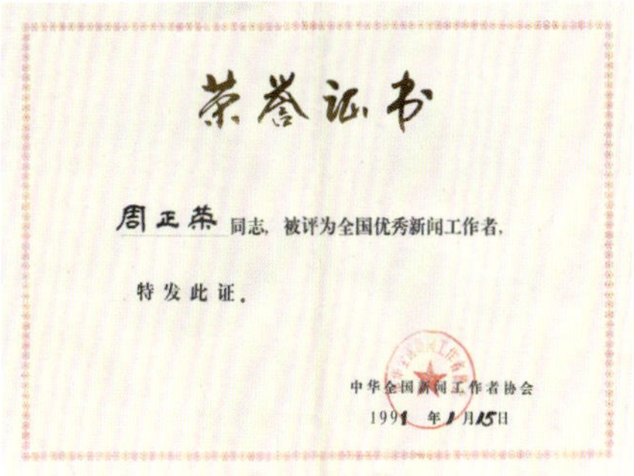
荣誉证书

周正荣同志，被评为全国优秀新闻工作者，

特发此证。

中华全国新闻工作者协会

1991年1月15日

2. 全国优秀新闻工作者证书

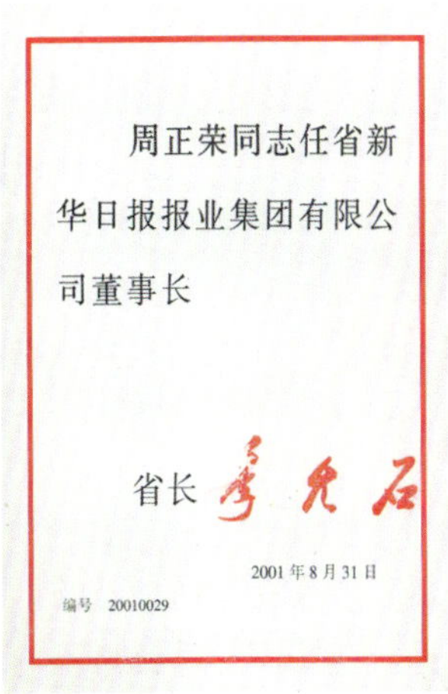
周正荣同志任省新华日报报业集团有限公司董事长

省长　季允石

2001年8月31日

编号　20010029

3. 新华日报报业集团有限公司董事长任命书

4. 全国优秀新闻工作者奖章

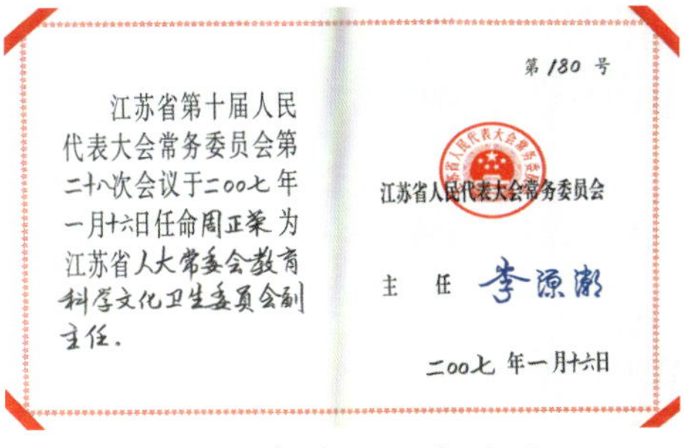
第180号

江苏省第十届人民代表大会常务委员会第二十八次会议于二〇〇七年一月十六日任命周正荣为江苏省人大常委会教育科学文化卫生委员会副主任。

江苏省人民代表大会常务委员会

主　任　李源潮

二〇〇七年一月十六日

5. 江苏省人大常委会教育科学文化卫生委员会副主任任命书

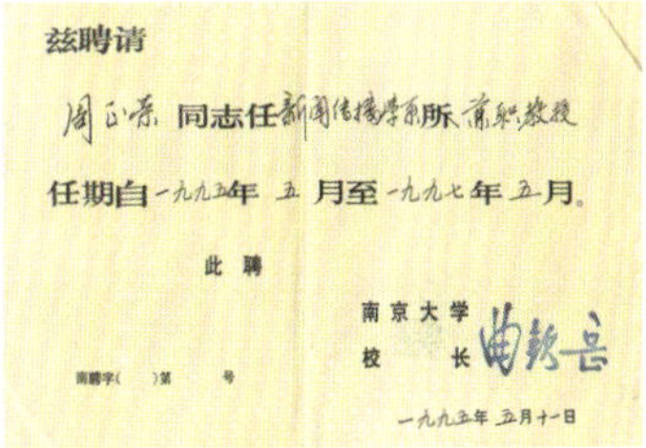
兹聘请

周正荣　同志任新闻传播学系所　兼职教授

任期自一九九五年五月至一九九七年五月。

此聘

南京大学

校　长　曲钦岳

一九九五年五月十一日

6. 南京大学新闻传播学院兼职教授聘书

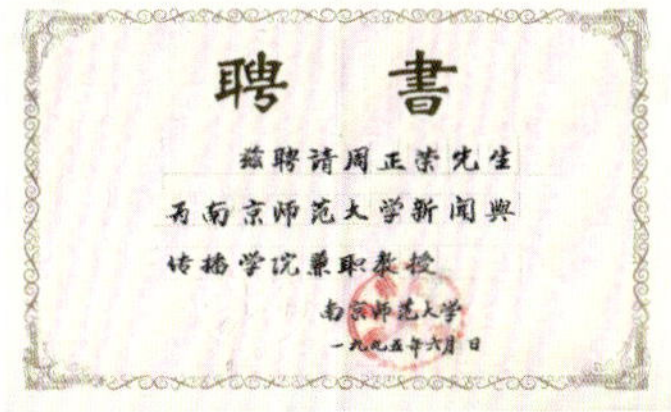
聘　書

兹聘请周正荣先生

为南京师范大学新闻与传播学院兼职教授

南京师范大学

7. 南京师范大学新闻与传播学院兼职教授聘书

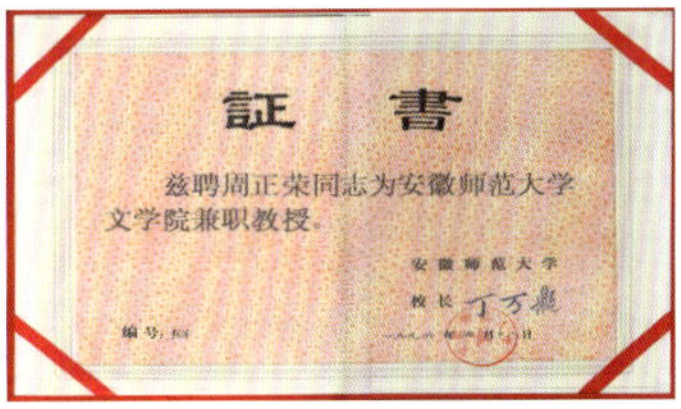
証　書

兹聘周正荣同志为安徽师范大学文学院兼职教授。

安徽师范大学

校长

8. 安徽师范大学文学院兼职教授聘书

出席中共江苏省十届十二次全委会的全体同志合影

新华日报报业集团挂牌

1995年9月，时任江苏省委书记的陈焕友（右）接受《新华日报》总编辑周正荣的采访，介绍省委关于全省两个文明建设新部署。图为采访时合影

省委书记陈焕友（右）接受新华日报记者采访

《新华日报》总编辑周正荣（右）参加中国共产党江苏省第十届委员会选举，并当选为第十届省委委员

编委会委员和编辑部部主任们一起研究新华日报改版后版面格局

中为原中共江苏省委常委、宣传部长，原江苏省人大常委会副主任王霞林，左4为原新华日报社社长金靖中（已故），左2为原新华日报副总编辑、《扬子晚报》首任总编辑黄生甫，左1为原新华日报副总编辑、原《扬子晚报》总编辑朱铭佐，右1为原《新华日报》总编辑、党委书记、原新华日报报业集团董事长、原《扬子晚报》总编辑周正荣

复旦大学毕业时拍的订婚照

1985年全家福

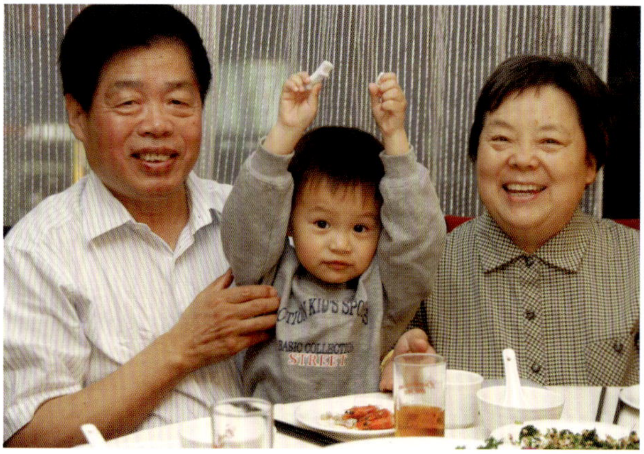

幸福的退休生活

夫人黄桂芳，原新华报业传媒集团《南京晨报》副总编辑

同学、同事、伴侣黄桂芳

与家人们一同登山

20世纪90年代在新华日报社老大楼的日常工作照

目录

第一部 改革创新：《扬子晚报》超常规发展解码

《扬子晚报》和创业团队

1986年元旦，新华日报社印报车间里，几十个人静静地围在一台巨大的印刷机前。突然，机器声轰鸣，印刷机的出报口，潮水般地涌出散发着油墨香的报纸。时任中共中央总书记的胡耀邦同志题写的报头“扬子晚报”，鲜红亮丽。漫画家高马得为创刊号创作了一幅漫画《喜蛋》，一个娃娃从红红的蛋壳里蹦了出来。人群中爆发出热烈的掌声，《扬子晚报》正式出版了！

创办《扬子晚报》是中共江苏省委的决定，《扬子晚报》承载着省委繁荣江苏报刊市场，丰富全省人民文化生活的厚望。为了让报纸有更大的发展空间，省委还把《扬子晚报》的机构定位为副厅级，这在全国是少有的。

《扬子晚报》寄托了全体新华报人创造更大社会效益和经济效益的期许。为集中力量办好《扬子晚报》，新华日报编委会按老社长金靖中的意见，破釜沉舟，决定停办《致富报》和《新华青年》，得到了新华日报编辑部的支持。随即，数十位新华报人转场《扬子晚报》。《扬子晚报》筹备期间，《新华日报》专门辟了专栏“假如我办扬子晚报”，发表报社内外的建议。大家形成的共识是：《扬子晚报》的创业团队，一定要解放思想，更新办报观念，办一张党和人民都喜欢的报纸。

元旦当天在印报车间翘首等待《扬子晚报》创刊号的一大群人，就是《扬子晚报》创业团队最初的成员。30多年来，这支队伍不断扩大，不断更新。一批又一批白发苍苍的老报人退休了，一批又一批生机勃勃的大学生走进来。这个团队饱含激情，以创造性的劳动，呵护和推动《扬子晚报》成长壮大。在《扬子晚报》创刊8周年时，江苏省委宣传部的调查称：“《扬子晚报》历经8年创业，从小到大不断发展，以自己独特的魅力赢得了党和人民群众的喜爱。截至1994年10月13日，日发行量突破80万份大关，在全国公开发行的晚报、都市报中，位居第一，成为我省乃至全国报界百花园中的一枝新秀。一张年轻的晚报，在短短8年中迅速崛起，在激烈的市场竞争中经受洗礼，始终保持着高格调、高品位和正确的办报方向，在千千万万读者中确立了自己的位置。”

我1985年年底从新华日报奉调参加《扬子晚报》的筹备工作，此后10年，我和扬子报人朝夕相处，共享创业的艰辛和快乐，结下了深深的友谊。回望征程，我们不负韶华。《扬子晚报》从一株小苗长成了参天大树。《扬子晚报》创刊以后，不断探索在改革开放和社会主义市场经济的历史环境中的办报规律，在办报思想、编辑方针、内部管理、经营机制、发行体制改革等方面取得了一系列令人瞩目的成就。《扬子晚报》创造了巨大的社会效益和数十亿元的经济效益。在创刊10周年时，《扬子晚报》日发行量突破100万份。在我离开《扬子晚报》调回《新华日报》之后，《扬子晚报》发行量继续增长，一度突破200万份大关，实现了江苏省委原老书记陈焕友同志提出的奋斗目标。更重要的是，《扬子晚报》这个平台，锻炼培养了一大批新闻骨干和优秀编辑记者，其中，从扬子晚报走出的厅级领导干部就有9位。

《扬子晚报》创业的个案，是我国改革开放大潮的一朵浪花。《扬子晚报》是新华报人在新的历史进程中思想解放的产物。一转眼，《扬子晚报》已经创办30多年。岁月流逝，并没有让这段历史消失它的热度和光彩。这本书转载当年中共江苏省委宣传部关于《扬子晚报》创业10年的调查，发表北京、江苏、上海等地的专家学者研讨“扬子之路”的发言摘要，是为致敬《扬子晚报》的创业者——我的老同事们。同时，尝试回答人们关于《扬子晚报》何以超常规发展的“秘密”。

时代在前进。如今，网络新媒体风靡天下，传统媒体陷入困局。然而，迭代嬗变的只是新闻的形态和传媒的介质。新闻的生命之树长青！它的魅力会在人类社会中绵延不绝。在这个视角下，严肃探索新闻规律、研究读者的书，永远有它被审视的价值。

扬子晚报“全家福”，扬子晚报纪念创刊20周年时全体员工合影

《扬子晚报》创刊前夕，新华日报编委会组成扬子晚报筹备组，前往上海新民晚报社、北京北京晚报社、天津今晚报社和广州羊城晚报社，学习考察调研，为制定《扬子晚报》办报方案作准备。图为当年筹备组成员在广州合影。左1为黄生甫，左2为原新华日报印刷厂厂长徐仰古，左3为原扬子晚报副刊部主任陆华，左4为周正荣，左5为朱铭佐，右1为原新华日报报社长、党委书记 、原新华报业传媒集团董事长周跃敏

扬子晚报

YANGZI WANBAO （创刊号） 邮发代号27—59

1986年1月1日 星期三 农历乙丑年十一月二十一

代发刊词

中国女排化险为夷再奏凯歌

袁伟民纵论世界女排明星之战

今天新华日报上

南京新年银幕异彩纷呈

王馥荔首先与观众见面

欣逢盛世

《人民日报》元旦献词要求全国上下

争做新时代的愚公

扬子情语

新年祝愿

钟声诗韵迎新年

已有二百三十五人 中国作协女会员

钱塘江的正源在哪里？

博闻广见

英国商店失窃严重

寒冬访"火娃"

诗配图

绿毛龟

《扬子晚报》创刊号

《扬子晚报》试刊号一

《扬子晚报》试刊号二

祝贺十年立业　勉励再创佳绩
——省委领导同志昨看望扬子晚报职工

省委书记陈焕友希望扬子晚报成为党的喉舌、人民的心声

1995年的最后一天，扬子晚报办公楼内欢声笑语，喜气洋洋。扬子报人以一杯清茶，庆祝自己的报纸走过不平凡的10年历程。

下午，省委书记陈焕友，省委副书记顾浩，省委常委、宣传部长王霞林，省委常委、秘书长梁保华等，来到扬子晚报，亲切看望报社工作人员，祝贺《扬子晚报》10年来取得的辉煌业绩。

陈焕友一行在新华日报社长刘向东、新华日报总编兼扬子晚报总编周正荣的陪同下，兴致勃勃地参观了扬子晚报现代化报业智能系统。在主机房，当陈焕友得知扬子晚报版面每天通过远程光纤传输系统传向12个代印点，使当地读者与南京读者同步看到《扬子晚报》时，连声说："好，好，一流的报纸，一流的设施。"王霞林接上话茬："还有一流的精神。"来到健身房，陈焕友看到有这么多的健身器材，高兴地说："你们干的是脑力劳动，又缺少户外活动，增强锻炼，很有必要。”顾浩说：“这也是落实全民健身计划么。”

在同扬子晚报全体工作人员的见面会上，陈焕友发表了热情洋溢的讲话。他说：“我们非常高兴来参加扬子晚报创刊10周年庆祝活动。清茶一杯，这非常好，要提倡这个精神。我给扬子晚报题字时，写了两句话‘晚报亦有早新闻，小报也有大方向’，意思是说，你们把晚报和早报、小报和大报的优势都集中起来了。这既是对你们的估价，又是对你们的希望。”陈焕友勉励扬子晚报全体同志“要有雄心壮志，把扬子晚报办成全国一流的报纸，办成党的喉舌、人民的心声”。扬子晚报职工对陈书记的勉励和殷切希望报以热烈的掌声。

《扬子晚报》创刊10年，发行量创下了10年只上不下的纪录。1995年一年中，发行量净增21万份，日发行量闯过了102万份大关。在全国2000多家公开发行的日刊报纸中，进入发行量最大的10家报纸的行列。1995年8月，《扬子晚报》编辑部迁入南京金銮大厦，具有当代报业先进水平的现代化智能系统同时启动运作。专家考察后认为，《扬子晚报》的这套智

贺《扬子晚报》创刊10周年 马得作

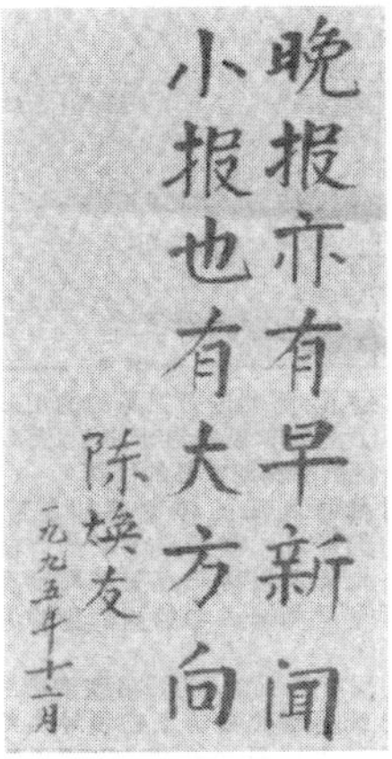

省委书记陈焕友为《扬子晚报》创刊10周年题词

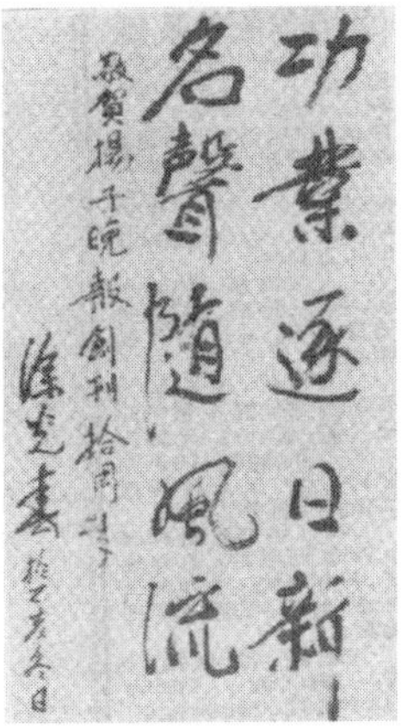

中宣部副部长徐光春为《扬子晚报》创刊10周年题词

能系统在国内报业中规模最大、性能最先进。它的启用，为《扬子晚报》事业的进一步拓展提供了坚实的基础。10年中，《扬子晚报》创造了比较好的社会效益和经济效益。首先是社会效益，10年中报纸从4个版扩到8个版，再到分区域的12个版、16个版，经常性的20个版、24个版，办报规模不断扩大，报纸的宣传功能、服务功能不断拓展。10年来，《扬子晚报》以格调高尚、信息密集、清新可读的独特魅力，受到党委、政府和广大人民群众的称赞。《扬子晚报》的经济效益，是在高位上连续翻番的效益。10年中，《扬子晚报》的广告收入，一直保持高速增长的势头。1991年，相当于1986年的11.4倍。从此，《扬子晚报》的经济效益步入高速增长期：1992年，广告收入比1991年翻了一番，1993年，广告收入又比1992年翻了一番，1994年比1993年又翻了一番；1995年广告收入又大幅增长，成为国内少数几家广告营业收入超亿元的报纸之一。

办一张党和人民都喜爱的优秀报纸
——关于《扬子晚报》的调查

中共江苏省委宣传部

《扬子晚报》是1986年元旦经中共江苏省委批准创办的，如今进入了第10个年头。9年多来，《扬子晚报》以其令人瞩目的速度在新闻界迅速崛起，并以格调高尚、信息密集、八面临风、清新可读的独特魅力，受到党、政府和广大人民群众的交口称赞。报纸辐射到全省每一个县乡和与江苏毗邻的一些省市。《扬子晚报》的经验得到了各个方面的关注和重视。

一、扬子速度——9年崛起，9年飞跃

《扬子晚报》这张年轻的报纸，抓住改革开放的历史性机遇，吸取中国报业的优秀传统，总结在改革开放的历史环境中办报的经验，逐步形成自己的特色，赢得了党委、政府和人民群众的普遍喜爱。

发行规模大幅攀升。一张报纸的发行量，历来是考察衡量这张报纸质量的一个重要的综合指标。《扬子晚报》创刊9年多时间，日发行量从5万多份，迅速增长到80多万份。尽管经历多次报价提升，始终保持蓬勃发展的势头，平均每年上升八九万份。特别是1993年以来，江苏省境内11个省辖市一下子新增8家晚报类的日刊报纸，加入报刊市场的竞争，《扬子晚报》的每份零售价，又从0.15元提升到0.20元；在全国范围内，90%以上的日刊报纸，发行量以20%左右的幅度下滑，而《扬子晚报》的发行量仍大幅攀升。1993年的日发行量，由1992年的57万份上升到72万份；1994年10月13日突破80万份大关；1995年3月1日又突破84万份。在全国2000多家公开发行的日刊报纸中，位居第七；在100多家晚报中，位居第三；在100多家自办发行的报纸中，位居第一。在编辑部所在地——省会城市南京，250万城市人口，就占有《扬子晚报》43万多份，平均不到6人占有一份《扬子晚报》。这样密集的覆盖率，在全国大中城市是少见的。

办报规模不断扩大。《扬子晚报》办报时间不长，但其办报规模不断扩大，办报手段迅速更新。报纸从4开4版到4开8版，现发展到南京地区每天16版，不定时20版、24版（广告加张）；印刷从铅排、铅印到激光照排、高速胶印；报纸从南京一地印刷，分流到省内11个省辖市设点印刷，每天11个分印点的《扬子晚报》同步上市，最大程度地提高新闻时效，这在全国的同类报刊中，是率先起步、规模最大的。

发行模式新颖独特。《扬子晚报》的发行模式也很独特，形成了邮局和社会力量同时参与、平等竞争的充满活力的多渠道、多形式的“扬子模式”。除各地邮局这一主渠道外，《扬子晚报》在省内外建立了五六十个发行站。仅在南京，卖《扬子晚报》的老少“报童”就不下2000人，报社为此支付的发行费，南京一地每年就达七八百万元（南京发行费率25%，以每日平均发行40万份计算，加张另付劳务费），解决了一大批待业青年、退休职工和企业富余人员的生活问题。

广告收入高速增长。《扬子晚报》的广告收入，一直保持高速增长的势头。1986年，全年广告收入只有39万元，到1991年，全年广告收入已相当于1986年的11.4倍。此后的1992、1993两年，又连续翻番，其中1992年比1991年增长136%；1993年比1992年增长186%；1994年又实现了第三个翻番，其中1994年9月一个月的广告收入，就相当于1986年全年总收入的15倍。

现在，每天一到下午，街头巷尾到处可见卖“扬子”、读“扬子”的。就连街头修鞋的、补胎的、踏三轮的、卖茶叶蛋的，以及建筑工地打工的，都要掏2角钱买一份“扬子”。外地游客说，“卖扬子、读扬子”

已成为南京独特的文化景观。读惯了《扬子晚报》的人则说："一天不读《扬子晚报》，总感到生活少了一点什么。"在1993年的一次大规模读者调查中，回收的2万多份问卷里，读者对《扬子晚报》每块版面，每个专栏、专版，都有喜爱程度的明确指认。经计算机统计分析，认为《扬子晚报》办得好和比较好的比率，超过了95%。

二、扬子思路——"小报也有大方向，晚报亦有早新闻"

《扬子晚报》在全国新闻界的迅速崛起，首先得益于它正确而独特的办报思路。多年来，人们对晚报以及周末版、星期刊之类的社会文化生活类报刊的性质认识，一般都约定俗成为"是党报的补充和延伸"、"不承担主体任务的宣传，而是采用潜移默化的方式，寓思想教育于社会新闻和文化服务的报道之中"等等。

应该说，这的确反映了社会发展变革对晚报类报刊的一部分需求，一度时期也曾是晚报的优势所在。但是，《扬子晚报》的办报人却有自己独到的思考。他们认为，对此一说应该有一个正确、全面的理解，否则不仅可能导致报纸脱离实际、脱离群众，也将有碍晚报功能的发挥和发展。

首先，这里有个对读者阅读兴趣的总体估价问题。《扬子晚报》的同志认为：今天的读者，已不再是传统意义上的"小市民"。据有关调查情况反映，《扬子晚报》的读者，包括工人、机关干部、离退休老人、军人，也包括大学生、专家、教授、学者和领导干部，这些读者，一般具有中学以上文化水平。他们阅读报纸，决不仅仅是猎取奇闻轶事。国际风云的变幻、我国政局的稳定、经济的发展、全国改革开放的最新动态，都是他们关心的内容，即使是最普通的读者，他关心周围世界的变动，都不亚于关心他某个老朋友家的生子娶亲、砌房架屋。仅仅是把晚报理解为报道社会新闻、名人轶事、风花雪月，那是过时皇历。晚报固然要有娱乐功能，应具有知识性和趣味性，但过分强调娱乐消遣，强调"鸡毛蒜皮"的琐碎事，实际上就取消了党办晚报的政治优势，也背离了广大读者的基本要求。其次，还有个如何看待晚报优势的问题。社会新闻可读性强，被公认是晚报的一大优势。若干年前，机关报不登社会新闻，晚报奇货可居。现在机关报也登了。有的辟专栏，有的辟专版，还出现了专门登社会新闻的杂志。一些街头不健康的小报，大登特登社会新闻，而且将其庸俗的一面发挥得淋漓尽致，败坏了社会新闻的声誉。即使是健康的社会新闻，登多了，读者看多了，也难免重复雷同，给读者"就是那么回事"的感觉。因此，《扬子晚报》的同志提出，事到如今再简单地强调社会新闻作为报道内容的主要支柱，或甘愿总以"鸡毛蒜皮"作为与读者沟通的"家常话"，多少也有点不合时宜。那种"晚报是党报的补充""晚报并不承担主体任务的宣传""晚报是拾遗补缺、是茶余饭后的消遣读物"，等等观念，实际上已经束缚了晚报的手脚，限制了晚报功能的发挥。

因此，《扬子晚报》编委会遵循"宣传政策、反映生活、倡导文明、传播知识"的编辑方针和办报宗旨，在近10年的办报实践中努力寻求一种全新的办报思想，使晚报从创办初期的以"社会新闻、新闻服务和文化体育报道为三大支柱"的办报思想和报道格局中跳脱出来，逐步发展到既注重保持晚报独有优势，又"嫁接"机关报的长处和优势，为晚报所用，进而实现两者的有机融合，兼收并蓄，使晚报的办报思想更完善，报纸更为群众喜闻乐见。

一方面，晚报编委会从发挥晚报优势和强化读者观念出发，制定了三大目标：第一，向人民生活靠拢，牢牢抓住与人民群众衣食住行密切相关的内容展开报道；第二，社会新闻向深度和广度开拓，以晚报记者的"看家本领"，经营好晚报的"拳头产品"；第三，提高对社会生活的快速反应能力，多抓突发性新闻。根据三大目标，编委会提出了"拓宽、加重、消化、搞活"的八字方针。拓宽，是指要开阔视野，拓宽报道面。要努力在有限的版面里容纳尽可能多的内容。尤其要注意突出处理好国内要闻和国际新闻，扩大读者视野，体现晚报丰富多彩、博采广闻的特色。加重，是指晚报的新闻报道，要强化社会生活“热点”和读者十分关心的新闻报道，提倡采编那些新闻题材新、新闻价值高、有很强可读性的新闻。挖掘和采写那些落地即响、读者爱不释手的独家新闻。深化，是要求新闻报道透过生活的表层，向纵深开掘，反映改革时代人们在观念、心态以及生活方式等方面的变化。搞活，是要求在遵循新闻规律的前提下，提倡新闻样式和风格的创新。版面形式要力求有较大的变化，提倡不拘一格常编常新。作为“八字方针”和“三大目标”的具体体现，晚报编委会不断强化报纸的服务功能，除了办好知识性、服务性的专版专栏，还着力追踪人民群众关注的热门话题和热点问题，及时予以报道，或告知结局，或解疑释惑，或交待背景，或展示发展走向，给读者带来众多的应时新闻，发挥了报纸与社会联系广泛的优势。

另一方面，晚报编委会提出了晚报要登重头新闻的报道思想。扬子报人认为，每天送给读者的这份“精神晚餐”，应该是“全营养型的”，既有“秦淮小吃”，更有“京苏大菜”，就是说晚报应以其独特的方式，以更佳的效果突出宣传主旋律。对党和国家的大政方针，涉及社会各方面的重大决策，振奋民心的重大成就，牵动人心的国际事变，晚报不应漏登。当然，晚报免不了要宣传一些看似“鸡毛蒜皮”的事，但这样做，是为了追求“以小见大”的宣传效应。为了让要闻在版面上形成强势，编委会作出一系列决策。比如，要求对党中央、国务院、省委和省政府的重大决策不漏报。版面调动一切编排手段突出要闻，同时设置了一批重大栏目。《改革开放大视野》专栏，逐个报道本省对外开放地区的新进展。《新闻人物追踪》专栏，报道了为党和人民作出重大贡献的优秀人物近况。《科技星云专栏》逐个介绍我国著名科学家、科学院院士的事迹。在党中央、国务院提出加大改革开放力度之后，为了形成改革开放宣传的强势，晚报开辟了《权威人士专访》，发表了中央、省、市各级党政领导干部谈改革发展的新思路、新情况。晚报扩为4开8版后，开辟了“国际新闻”专版，每天一个整版，由新华社国际部提供当日专稿，这样的报道规模，在全国各级地方党报中也是不多见的。

《扬子晚报》创刊近十年，编委会正在遵循着“让党、政府和人民群众都喜爱”这一思路，在“交叉点”上不懈地孜孜追求。他们既不拘泥于晚报原有的传统优势，又善于大胆开拓，果断地在晚报上嫁接机关报的优势，进而培育形成自己新的优势。这一思想落实到版面和报道上，报纸的面貌、风格为之一新。综观晚报所选择的各类重头新闻，几乎都是党和政府着力解决的，人民群众普遍关注的社会题材和新闻事件。晚报正是通过鲜明、形象、生动、直观的事实，巧妙地宣传党的方针政策，宣传人民群众创造历史、改造社会、建设新生活的英雄创举，宣传社会主义中国不断前进，弘扬正气，稳定人心，推动改革和开放事业，既使主旋律的宣传有一定力度和深度，又使报纸让读者爱看、耐看；使各个层次的读者乐于接受，悄然走进了80多万户寻常人家。所有这些，孙家正同志曾有过一句十分恰当的概括：“小报也有大方向，晚报亦有早新闻。”

三、扬子精神——“报纸就是我们的作品”

曾经有人问总编辑周正荣：“你作为《扬子晚报》总编辑，怎么在很多场合看不到你，报上也很少见到你的作品？”周正荣回答说：“报纸就是我们的作品！”的确，《扬子晚报》创刊以来，年年迈大步，在我国的报业史上写下了辉煌的篇章，这是令人羡慕，也是足以使扬子报人感到自豪的作品。为此，以编委会为首的《扬子晚报》120多位工作人员呕心沥血，辛勤劳作，付出了巨大的努力。

心中装着党的事业。《扬子晚报》编委会认为：日报和晚报，只是机关报和非机关报之分，没有党报和非党报之别，晚报同样是党领导的社会主义新闻事业的有机组成部分。特别在社会主义市场经济条件下，晚报以其反应快、读者广、紧密联系千家万户的优势，通过正确的舆论导向，做好党、政府和人民的耳目喉舌，有效发挥新闻传媒宣传、教育和引导群众的积极作用。

鉴于这种认识，编委会“一班人”带领报社职工集中精力办报，一门心思要把《扬子晚报》办成党和人民都喜爱的全国一流报纸。每天，报社要收到各种请柬几十份，报纸办出名声，四面八方来邀请的更多，但总编们很少赴约。值班总编一般要干到晚上10点多钟，平均每天工作十三四个小时。总编辑周正荣一心扑在报纸上更是有口皆碑。他每天来得最早，一直干到晚上九十点钟才回家。中午回家时带来晚饭，夏天把饭放在窗口风凉处，冬天则用电饭煲把冷饭热一热，边吃边看稿件，几乎天天如此。除了一些必须参加的重要活动和会议外，他从不“赶场子”，不搞应酬。对此，有人很不理解，认为“《扬子晚报》人架子大，难请”。周正荣说：“不是我们架子大，而是没有精力去应酬。在这个问题上，我情愿得罪朋友，也不能得罪读者。”1993年大年三十，为了给读者送上节日“佳肴”，周正荣连续审编春节3天的稿子，与他共事多年的副总编杨步才说：“周总唯一的乐趣，就是把报纸搞好。让他休息两天，他反而会手足无措，浑身不自在。”在他的带动和影响下，报社职工上下同心，配合默契，一门心思办报。对可能分散办报精力的活动，编委会作出严格限制，所有的“特约”“赞助”活动，各部门一律不搞，统一纳入报社的广告经营范围。为报纸发展而举办的新闻竞赛、新闻评奖和奖励先进的费用，纳入报社的正常开支。对那些没有权威性的所谓评选报纸“十佳”活动，即使《扬子晚报》榜上有名，甚至名列前茅，晚报也决不刊登。

这几年，报纸办得红红火火，广告收益与日俱增，来自方方面面的赞扬也越来越多，但编委会始终保持清醒的头脑，时刻保持“如履薄冰”的危机感。他们认为，一方面，数量是相比较而存在的，是动态的，没有永恒不变的效益，在强手如林的报业竞争中，如果对报纸质量有所懈怠，报纸的社会效益和报社的经济效益都会受到影响；另一方面，报纸发行量不断增长，稍有差错，影响便非同小可。一次，一个日期印错了，询问和批评的电话便接连不断，总编们深有感触：报纸只能办好，不能办孬，因为我们输不起！“输不起”这3个字，体现了扬子报人“俯首甘为孺子牛”的精神状态和“铁肩担道义”的社会责任感。

心中装着读者群众。回顾《扬子晚报》事业发展的成功历程，编委会认为，最值得记住的是：办报人心中要永远装着读者群众，读者的眼中才会有你这张报纸。这一问题的解决，晚报编委会着力抓住了三个环节：一是不断从读者中汲取智慧和营养，建立一种让读者乐于为报纸献计献策的参与机制。编委会认为，报纸的生命力存在于群众之中。千百万读者心中有办报韬略，有滋润晚报事业的丰富营养。创办之前，他们在向兄弟晚报虚心请教的同时，借助《新华日报》，敬请读者参加“假如我办《扬子晚报》”的讨论；报纸创刊之后，报社提供各种机会让读者参与办报。1990年年底，为迎接创刊5周年，《扬子晚报》举办了一次为期一个月的大规模读者评报活动，晚报的“国际快讯”、“省市报刊新闻集萃”等新的栏目，就是在这次集中了许多读者的意见后增加的。当他们酝酿1992年元旦起报纸如何扩版时，又把扩版方案原原本本地交给读者讨论。平时，编委会也十分重视来自读者的意见。这样，办报人能及时听到读者的呼声，把握读者的情绪和要求，使读者正确的意见、合理的建议，及时转化为报纸的栏目、基调和风格。二是不断校正报道的“准星”，使报纸更加贴近生活、贴近实际、贴近读者，既有可读性，又有高雅的格调，雅俗共赏，老少咸宜。编委会要求采编人员将宣传政策的观察点和介入点，从工作和生产经营活动的层面，下移到晚报主要读者日常生活的层面，提倡记者、编辑以家常式的眼光，立足于老百姓日常生活去观察和捕捉改革开放的政策走向，以小见大，举重若轻，郑重而不呆板、生动而具权威地把握好这方面的宣传。因此，《扬子晚报》的内容总是丰富多彩，始终保持着强盛不衰的魅力。三是努力琢磨晚报千百万读者的心理，刻意追求办报人和读者间“心有灵犀一点通”的默契。第一编委会要求采编人员千万不要把读者看低了、小瞧了，而把自己看高了。这样，既不会低估晚报读者的政治觉悟和阅读兴趣，办报人自己也不会摆出一副居高临下、盛气凌人的架势，从而摆正晚报和千百万读者的位置。第二，精心采编好节假日的报纸。以春节为例，这期间，全国的报纸普遍减版或停刊，但《扬子晚报》创刊以来，除了大年初二休假一天外，其他时间没减少过一次版，照样给读者送上分量充足、编排精美的精神食粮。第三，注意维护读者的利益。有的广告客户提出愿出二三十万元高额广告费，在正版上登整版广告，但《扬子晚报》拒绝了。平时，不管增多少版，都始终坚持报纸的整体形象，打开整张报纸，感受到的就是一派正气。读者评价说：《扬子晚报》堪称消息总汇。一报在手，国事、家事、天下事，事业、饭碗、人生，大千世界，尽收眼底。

心中装着这张晚报。《扬子晚报》采编一线集结着60多位记者编辑，一部分来自《新华日报》，一部分是招聘而来，还有一部分是改行干新闻业务的。报纸创办以来，编委会采取各种措施积极培养他们，在实践中大胆使用，使采编人员不断增长才干；同时，编委会重视以自己廉政敬业的形象，影响、教育和引导记者；在政策上也向勤奋工作、开拓创新的采编人员倾斜，使为报纸作出贡献的人名正言顺地得到实惠，极大地调动了采编人员的积极性，报社涌现出一批“拼命三郎”。他们中有的是以抓信息见长的“快枪手”，也有的则是擅于挖掘重大题材，撰写重大典型的“攻坚员”。在编委会的宣传思想和报道意图之下，他们发挥各自优势，扬长避短，相映成辉，以不同体裁、不同风格的稿件，组成了丰富多彩、引人入胜的报纸版面，生动活泼地唱响主旋律的宣传乐章。多年来，他们去青岛写了《海上救生记》，去东北写了《活着的最可爱的人》，去西南写了《雪山壮歌》，去北京写了《今日陈景润》，等等，在社会上产生了较大的反响。特别是在江苏人民抗洪抗旱、扑救南京炼油厂火灾斗争中，这支队伍在受灾地区和现场艰难跋涉，共同战斗，采写了一大批反映党和军民团结奋斗的感人事迹。形成了先声夺人的宣传效果，受到省委、省政府领导和广大读者的称赞。

在晚报的采编人员中还有一个好的传统：业务骨干不脱离采访一线。一版头条的新闻，至少有一半以上是部主任以上业务骨干采写的。人们打趣道："什么是头头？头头就是兵！走在前头的兵。"的确，在《扬子晚报》，部主任首先是记者，其次才是部主任。这样，报纸始终有不同凡响的"领衔"稿件"唱主角"，充满着生机和活力。部主任们也因一直没有脱离采访实践，情况熟悉，心中有数，便于调兵遣将，及时有效地组织好采访报道。

四、扬子机制——"一把尺子量到底"

要办好一张报纸，除了必须确立明确的办报方针和具备一支高素质的新闻队伍以外，还必须有一套行之有效的内部管理体制和运行机制，以保证办报方针的最终实现和促进队伍素质的不断提高。《扬子晚报》编委会认为，好的内部管理机制，就如同一把刻度精确的尺子，要用它来量出报纸水平的高低、稿件质量的好坏、队伍素质的优劣。报社的一切工作，都要用一把尺子量到底。

"一把好尺子"。《扬子晚报》社在订立内部管理机制时，追求的是实效、公正、合理、科学，有较强的操作性。长期探索使报社逐步形成了一套适应社会主义市场经济体制和现阶段新闻单位实际情况的办报制约体系。在介绍解释这个“制约”的含义时，周正荣同志强调：就是要通过强有力的、集中统一的制约机制，进一步明确“办什么样的报，用什么样的稿，出什么样的人才”这样一个大方向，这就是所谓的“一把尺子量到底”。同时，他还强调，“量”一方面是制约，一方面也是评价，最终还是要定性定量考核报社工作人员的工作实绩，客观公正地估价报社人员对报纸事业的贡献大小，创造一个人才脱颖而出的机制，有利于出好稿，出人才，适应晚报工作节奏快、信息容量大、可读性要求高的特点。总之，就是向管理要效益。

“一把尺子一人管”。建章立制是一切管理工作的起步，关键还在于运用规章制度去实现既定的管理目标。因此，管理者在整个管理行为中是至关重要的一环。《扬子晚报》社在总结了许多新闻单位的管理经验之后认识到，要使规章制度真正成为“铁尺”，必须让尺子牢牢掌握在编委会、总编辑的手中。1987年以后，报社编委会在进行报社内部机构调整之后，出台了“减少环节、灵活调度的审稿出版直流机制”，目的是“清障化淤”，把发稿权相对集中到值班总编和总编辑手中。每天，各部门把稿件发给值班总编和编委，经过他们的编辑加工，由总编辑最后审定。这样，在报纸编辑出版的最后关口，由总编辑担当起总调度、总指挥、总裁判的角色，真正实现“一把尺子量到底”的公开、公平、科学、合理的管理目标。这种管理方式，有利于体现编辑方针和报道意图，有利于优稿优先用，急稿先出笼，使采编人员有活力，报纸版面有活力。在《扬子晚报》所有版面都没有部门包版，更没有个人包版。编委会认为，包版就意味着总标准下又有小标准，弄得不好导致报纸导向的偏差，甚至引起新闻行业的不正之风，分散办报人的精力、影响报纸整体水平，这实际也是一种新闻用稿方面的不公平竞争。因此，“直流机制”的特点，就是在一个共同的衡量标准下，由总编辑来“选优汰劣”，从而最大程度地避免盲目性和随意性，保证报纸的最终质量。

“量出大方向和早新闻”。按照“尺子”确定的标准，编委会对记者稿件的采写同时提出了严格的要求，那就是以最快的速度将反映社会主流的重大新闻和群众关心的各类信息报道出来，让读者从晚报上读到更多的“早”新闻。因此，报社建立了快速反应机制，集中精兵强将，随时出击，有目的、有重点地捕捉采写重大新闻，并力求不漏报一条有价值的社会信息。在1991年的抗洪救灾宣传中，报社直接投入采编人员先后有33人，从6月7日至7月31日，共计发稿达682篇，其中《泽国大转移》《淮沭壮歌》《筑起保护人民的长城》等典型稿件充分表现了全省人民战天斗地、不畏艰险的英雄主义精神，极大地鼓舞了全省人民战胜困难的信心。1993年扑救南京炼油厂大火的战斗刚刚打响，报社立即就派出3名记者赶赴救火现场，与此同时，其他五六名记者也不约而同一齐赶往南京炼油厂，他们很快形成了一个强有力的战斗集体，以最快的速度写出了扑灭大火的长篇通讯。对于反映“大方向”，《扬子晚报》的记者有着独特的新闻敏感和社会责任心，组织了许多战役性报道和鲜活的深度报道，给读者留下了较深的印象。对于那些长期捕捉社会信息的记者来说，其“嗅觉”更为灵敏，他们心中总装着一把大尺子，那就是“群众关心不关心、群众需要不需要”，虽然这里面出不了“大文章”，但它是晚报不可缺少的一部分。《扬子晚报》发表的许多信息类稿件，不仅具有较强的服务性、指导性，有的还有决策的参考价值，并善于提出问题。他们针对南京香港城因商品价格过高而经营无以为继的窘状，对“精品”“极品”等高消费现象提出质疑。他们发表的《南京运输市场全面放开，国营、集体、个体竞争》《南京闹市区地价如何》等信息类稿件，具有很强的经济信息价值。至于那些每天都有的商品行情、市场物价、生活服务的各类信息，《扬子晚报》一向是以量大、面广、快速、准确而受到读者好评。《扬子晚报》社的一位记者说："大稿子、小稿子，老百姓需要的才是好稿子，我们就是要多写这样的稿子，多发这样的稿子。"

"拿起尺子自己量"。为什么《扬子晚报》的记者具有特别敏锐的新闻洞察力？为什么《扬子晚报》的记者具有特别刻苦的敬业精神？为什么《扬子晚报》的记者具备较好的职业道德水准？回答这些问题在《扬子晚报》社内部并不困难。因为，报社管理采编人员有一把真正的"铁尺"，那就是既能被管理者用来考核采编人员，采编人员也可以用它来进行自我估价的竞争激励机制。对此，《扬子晚报》编委会的出发点只有一个，就是让"对报纸贡献最大的人得到最多的实惠"。在实行"内部稿酬制"之后，报社以计分制进行考核，完成任务者有奖，超额者重奖，完不成任务者扣分，上不封顶，下不保底，因此，报社内部人员的收入差距被拉开，充分体现了干多干少，干好干坏的差别。同时，《扬子晚报》编委会更注重发挥"激励机制"的正效应，他们相应设立的"编辑记者勤奋奖""总编辑奖""月度、年度好稿奖"等，就是要树先进典型，让写稿最勤奋、好稿最多、一心扑在报纸事业上的同志在工作条件、经济待遇、政治荣誉以及职称评定等方面"名利双收"。这样，约束机制就能够相应减少"管"和"卡"的单一管理形式，转变成生机勃勃的调动广大人员积极性的"激发动力"。晚报的记者们常常把写稿戏称为"挣工分"，因为每篇稿子都可以定性定量按分值计算。一个月结束，把得分往公开的墙报上一填，差距大小，得分多少，收入高低一清二楚。因此，在《扬子晚报》社极少有人敢"犯规"，而你追我赶，相互竞争的"我自己要干，而且要干得更好"的局面已经形成，每逢节假日、星期天，《扬子晚报》的记者格外忙乎，写稿、发稿特别多，因为在节假日的上稿率比较高。竞争激励机制这把"铁尺"真正量出晚报内部的一种氛围：舆论上鼓励一心办报，政策上有利于一心办报，那些一心办报的人得到了实实在在的承认。

五、扬子效益——寓经济效益于社会效益之中

市场经济体制的建立，使报纸由昔日的单纯的宣传工具，变为一门特殊产业。讲求经济效益，是报社在市场经济条件下办报不能不考虑的问题。没有好的经济效益，不仅影响报社职工人心的凝聚，也直接影响报纸的生存和发展。正因为如此，近些年在报界出现许多非正常现象：有的出卖版面搞有偿新闻，有的动员记者去拉广告，有的热衷于游离办报之外的经营活动或有利可图的社会活动。在有些报社，这些做法已造成相当的内伤和外伤。而《扬子晚报》这些年有许多好的做法，值得借鉴和推广：

1. 报社一切活动以办报为中心，以提高报纸质量为龙头。

以报纸质量带动报纸发行量增加，以扩大发行量带动广告收入的增长。近年来，面对伴随市场经济而来的“经商热”“下海热”“创收热”，《扬子晚报》编委会明确规定，报社编辑记者的任务，第一是办好报纸，第二是办好报纸，第三还是办好报纸。采编活动与广告经营脱钩。编辑部的记者编辑不得介入广告；严格杜绝有偿新闻，严禁广告部之外的各部门从事任何形式的“创收”活动、“特约”行为，以此保证全体工作人员集中全力办报，以办报为本。

2. 报社以办报为本，追求发行量的扩大，不能偏离办报宗旨，削弱报纸正面宣传的态势。

必须把握好宣传基调、坚持正确的舆论导向。《扬子晚报》十分注意报纸的可读性，但这是一种高格调、高品位的可读性，它和庸俗的街头小报严格划清界限，以唱响主旋律作为报纸宣传的重头戏，对读者趣味引导而不迎合，从不搞只顾扩大报纸影响和发行，而不顾社会效果和社会稳定的所谓轰动效应。读者普遍反映，这张报纸思想格调高，时代感强，八面

临风，信息密集，清新可读。既准确、及时地报道党和政府的重大决策，报道我国改革开放的最新进展，变幻不定的世界风云，又全方位报道与普通群众生活密切相关的新闻信息，传播科学知识和健康向上的人生经验，一报在手，犹如进入信息超级市场。

3. 报纸发行量增长吸引来大批广告客户之后，坚持广告业务再热、版面再挤也不损害读者的利益，坚决不许“杀鸡取卵”。

《扬子晚报》的广告经营，现在不是走出门去拉，而是客户登门排队，正常排队要约在一两个月之后。报社领导平时最头疼的，就是广告客户动用各方面关系，来开广告的“后门”，在广告和报道争版面的突出矛盾中《扬子晚报》坚持经济效益服从于社会效益，自觉维护读者的利益，每个版的广告，严格遵守不突破整版五分之一的原则。报社内外的有些同志对此不理解，认为编委会“没有经济头脑”“送上门的钱不赚”。不管怎么议论，报社编委会严守广告“三八线”不动摇，第一版每天一则报眼广告，2~8版每版每天只准安排20行高的一个通栏广告。非常特殊的情况，须经总编辑批准才能略有突破。与此同时，广告客户的要求还要酌情满足，那就实行正刊之外的广告加张。这样做时，报社坚持报纸加张不加收读者的钱，12版、16版有时24版，零售价仍然每份2角钱，报纸发行人员的加张劳务费，由报社另付。

对于有益读者、有益社会的公益活动，《扬子晚报》却又不惜工本，舍得版面。1991年夏天，江苏遭受严重的水灾，许多地方泽国一片，损失惨重。《扬子晚报》牵头发起向灾区人民献爱心的定向募捐，报纸拿出宝贵的版面，天天专版刊登捐款人的名单，哪怕有人只捐一分钱，也在报纸上把捐款人的名字登出来。从8月7日到22日，前后半个月，募集捐款400多万元，为灾区人民生产自救、重建家园作出了实实在在的贡献。1994年高校招生，南京读者要求在报上刊登高校录取名单。《扬子晚报》又不厌其烦、不厌其详，陆续拿出十多个黄金版面，花钱向招生部门买来录取资料，逐一在报上刊登，社会效果非常好。

京苏沪专家学者评说《扬子晚报》

1995年8月23日，由江苏省委宣传部、《新闻战线》杂志社、《新闻出版报》社联合举办的《扬子晚报》发展之路研讨会在南京举办，江苏、上海、北京等地高校的专家学者，新闻界的朋友，宣传，新闻等有关部门的领导同志，从理论和实践的结合上总结《扬子晚报》的经验。他们从各个纬度对《扬子晚报》崛起之路作了精到的解析。这次研讨形成的共识是：报业超常发展需要整体突破。宏观环境：融入国家发展大局，坚持正确的舆论导向；动力机制：解放编辑记者生产力；内容至上：办精品报纸；市场问题：富有活力的高效的营售体系。

陆宏德 万仕同 祝晓虎：
报纸要以发展的辩证的眼光面对变化的世界

（作者单位：人民日报社《新闻战线》杂志）

这世界变化真快。

变化着的读者和变化了的情况。

对报纸来说，这是一种挑战，也是一种机遇。

10年间，《扬子晚报》不断了解变化的读者，适应变化的形势，曾三次较大幅度地调整办报思路和办报方针。

创办之初，《扬子晚报》基本上套用全国几家大晚报当时的模式，报纸的内容主要是三大支柱：文化新闻，体育新闻，社会新闻，尤其对社会新闻特别重视。

但是随着改革的深入，日报、机关报扩版后也普遍增加文化、体育和社会新闻，晚报独具的优势逐步消失。1987年，《扬子晚报》及时调整了自己的办报方针，在"三大支柱"内容之外，增加了与人民群众衣食住行密切相关的新闻，拓宽了报道面。1989年之后，基于读者构成、读者需求的变化和报业发展的新形势，《扬子晚报》的办报方针再次作了重大改变，明确提出：晚报是一个独立的存在，而不仅仅是作为日报的补充而存在的。日报、机关报既然可以借鉴晚报的优势，晚报也可以把机关报的优势"拿过来"，通过"嫁接"实现两者的有机融合，形成晚报新的模式和风格。《扬子晚报》编委会制定了"向人民生活靠拢，向社会新闻的深度和广度开拓，提高报纸对社会生活的快速反应能力"的"三大目标"和"拓宽，加重，消化，搞活"的八字方针。全方位、多侧面、立体化地报道读者所关心的内容。所有有新闻价值的新闻，都应当进入晚报记者的视野，凡是新闻价值高的新闻，晚报都要登。结果，这份“全营养型的精神快餐”，赢得了读者的喜爱。

《扬子晚报》的实践表明，在不断变化的世界面前，在强手如林的报业竞争中，谁墨守成规，就会自绝生路；谁思想解放，以发展变化的眼光面对新的挑战，就会充满生机。

陆宏德：《扬子晚报》怎样保持高格调

（陆宏德：《新闻战线》原总编辑）

强调报纸的可读性，如何保持报纸的高格调？的确，不同素质的新闻工作者，不同格调的新闻媒体，为追求可读性，追求发行量，有的时代的脚步，与党和人民同呼息，共命运，真诚地为读者服务；而有的报纸为吸引读者，连篇累牍，挖空心思展示暴力、凶杀、性刺激。其结果迥异，有的报纸既有可读性，又有高雅的格调，雅俗共赏，受到读者的欢迎；而有的报纸成为“扫黄”的对象，变成精神垃圾。

《扬子晚报》特别注意刊发思想性、可读性、时效性强的“三强”新闻，既能配合党和政府的中心工作，宣传主旋律，同时又是读者关注的热点。有一件事给笔者留下了深刻的印象。1994年，笔者在南京与《扬子晚报》总编辑周正荣交谈时，他随手拿起桌上的一份《扬子晚报》，头版头条消息是国务院召开会议，要求对春节“民工潮”事先做好准备工作。而不少省委机关报，这条消息都没有放在一版。多年来，《扬子晚报》十分重视党和政府的重大决策，包括重要会议的报道。当然，在处理上又有其独到之处，作为晚报，它们更多地将宣传政策的观察点和介入点下移，从工作和生产经营活动的层面，下移到晚报主要读者日常生活的层面。其实，具有高格调可读性新闻，决不仅仅限于党和政府大的活动及大的政策的出台，凡是有益于提高读者情调，熏陶读者情操的东西，都可视之为“高格调”。在追求高格调的可读性时《扬子晚报》同样重视好的可读性强的社会新闻，读者覆盖面很大的服务性新闻，和情调比较健康鉴赏性新闻。

束纫秋：面壁十年

（束老是中国晚报界的老前辈、新民晚报的老专家）

古代有一个高僧名达摩，他面壁九年，终成正果。我说周正荣同志和《扬子晚报》的同志在办《扬子晚报》当中是“面壁十年”，经过十年的艰苦奋斗，一心一意“修道”，办报出了成绩。不是讲《扬子晚报》的同志面对墙壁干事情，实际上是对着群众在办报。他们不受市场习俗和花花绿绿的事情的干扰，有意识地拒绝诱惑，一心一意地办报。这个精神我觉得是非常值得敬佩的。这样一种精神，坚持不懈地努力下去，我觉得在新闻单位是值得称颂的。因为现在不少人拿了新闻纸之后，利用它去发财。而我们《扬子晚报》的同志没有用这个神圣的工具去搞别的事情。而是根据党的意图，群众的要求，把报纸的事业和报纸的宣传编辑工作搞得更好。这样一种精神，我觉得是值得我们新闻界，像我，作为一个在新闻界时间比较长的人，表示敬意的。现在利用报纸谋私利的现象太多了，在我们这个职业上搞名搞利太方便了，因为它的威力很大，别人要千方百计利用你，为此也就害了不少人陷下去了，身败名裂的人也有。《扬子晚报》在这个问题上以正面的精神状态在工作，正像佛教里的达摩祖师，是一种精神高尚的表现。

《扬子晚报》在自办发行上是一次爆破。本来想说“突破”，但说“突破”的意义价值太轻。这一点确实是很了不起的。没有办过报纸的同志没有这个体会，现在报纸发行的办法是邮局发行，作为苏联学来的经验，也起了好作用。但现在也需改革，50年一贯制不行。这个苦滋味，各报有体会，《扬子晚报》也是有的。但《扬子晚报》是比较勇敢的。有改革的勇气和毅力，首先搞自办发行。从这件事可以看出《扬子晚报》的大无畏精神，就是敢于迈出这一步，而且做出了成绩。自己的发行数字上去了我觉得还不算很大的成绩，现在的成绩是能用成功的事实说服邮局考虑发行上的两条腿走出新路子问题。这点《扬子晚报》为报刊界打开一条新路，特别使晚报界振奋起勇气，相信会后继有人的。

王霞林：扬子晚报精神

（王霞林：原中共江苏省委常委、江苏省委宣传部长、省人大常委会副主任）

办好一张报纸，关键在编辑部怎么样把全体人员的积极性和创造性调动起来。这一点，《扬子晚报》是很有经验的。比如，在内部管理上，多年来，坚持定性定量考核工作人员的实绩，客观公正地评价编辑记者对报纸的贡献，形成一个有利于优秀人才脱颖而出的小环境。10多年来，他们培养造就了一批思想观念新、敬业精神强、熟悉办报规律的编辑记者群体。正是这个群体，不断把《扬子晚报》推向新的高度。值得一提的是，《扬子晚报》这个群体，从编委会到一般工作人员，都有一种令人敬佩的精神。面对经商热、下海热，《扬子晚报》编委会明确规定，报社编辑记者的任务，第一是办好报纸，第二是办好报纸，第三还是办好报纸。大家聚精会神办报，不计报酬，不计工时，不管在什么困难情况下只要新闻事件发生，《扬子晚报》记者便会一拥而上。而且规定一条，重大信息不准遗漏。在许多新闻报道中，《扬子晚报》打了第一枪。

我觉得，办好报纸说千道万，关键要有一个坚强的、团结的、有权威的、有凝聚力的领导集体。总编辑又是关键的关键。总编辑就是要抓总的。总编辑周正荣全身心地投入办报，一心扑在报纸上，他讲报纸就是他的作品。这种精神可嘉。我认为《扬子晚报》确实是一个精品佳作。在总编辑和全体编委的带动下，120多位编辑记者辛勤劳动，可以说是淡泊名利，甘当苦力，把自已的才华和点子全都用在《扬子晚报》上，这是难能可贵的。人的潜能是不可估量的，把人的潜力统统用在报纸上，报纸将会产生飞跃。“报纸就是我的作品”，是《扬子晚报》的精神，确实是如此。人的生命是有限的，可精神和事业是永存的。党把我们放在这个位置上，我们就要有高度的责任感、紧迫感和使命感，发奋干出名堂。我认为这一条是《扬子晚报》最重要的经验之一。

张芬之：扬子报人对晚报模式的新视角，新概念，新认定

（作者原为《新闻出版报》社总编辑）

晚报不是党报的“补充和延伸”，不是“拾遗补缺”的“消闲品”，而是唱响主旋律的生力军，是“八面临风”的“消息总汇”！

长期以来，人们有着这样一种概念，党报是大报，是代表党和政府说话的，那上面“登大事，登要闻，登大政方针”，要了解时事政策看党报。晚报是小报，是办给市民和普通百姓们看的，那上面“登趣闻，登奇闻，登风花雪月、名人轶事”，要在茶余饭后找消遣，寻开心，逗你一乐，那就看晚报。以至于办晚报的“头头脑脑”和采编人员也自觉不自觉地把自己降了“格”，降到了“党报的补充和延伸”，降到了“社会文化生活类报刊”的地位。从而，约定俗成、心安理得地把晚报办成了“知识型”“趣味型”“消闲型”的报纸。报上除刊登必不可少的少量重大政治、经济新闻（往往是炒日报的冷饭）外，基本上是社会新闻和文艺，体

育类新闻唱“主角”，进而以为报纸只有这么办才像个晚报，才具有个性和可读性，才能飞入寻常百姓家。应该说，这种认识有一定的道理，它的确反映了广大读者对晚报类报刊的一种需求，也是一个时期以来晚报所固有的“面孔”及其优势所在。但是，扬子报人没有停留在这种历史“定位”上，随着我国社会的发展变革，随着报业空前激烈的竞争，他们在办报实践中，逐步对晚报的模式和功能有了一种全新的创意，并在“扬弃”和开拓的基础上，逐步摸索出一套办好新时期晚报的新思路、新模式、新办法，这是难能可贵的。它对促进我国晚报群体的面貌改观，对促进社会主义新闻事业的繁荣与发展，均提供了可资借鉴的有益经验，尤其值得赞赏和肯定。

《扬子晚报》的同志认为，多年来，人们把晚报框定在“社会文化生活类报刊”的模式上，认为它是“党报的补充和延伸”，是对党报的“拾遗补缺”，它“不承担主体任务的宣传”，而是采用潜移默化的方式，寓思想教育社会新闻和文化服务之中等等。这种看法和认定，与日新月异的社会变革及报业发展很不适应。诚然，晚报与日报（党报）的宣传格局、宣传格调有所区别，但晚报毕竟是党和政府领导下的新闻传媒，如果过分强调娱乐和消遣功能，那就在实际上取消了党办晚报的政治优势，背离了广大读者的基本要求。同时，也极易束缚晚报的手脚，限制晚报整体功能全面发挥，降低它所应有的宣传作用。我以为，扬子报人的这种看法是正确的，他们有关晚报模式的新视角、新概念、新认定，是对我国晚报类报业发展的新发现、新贡献，具有重要的方法论意义。

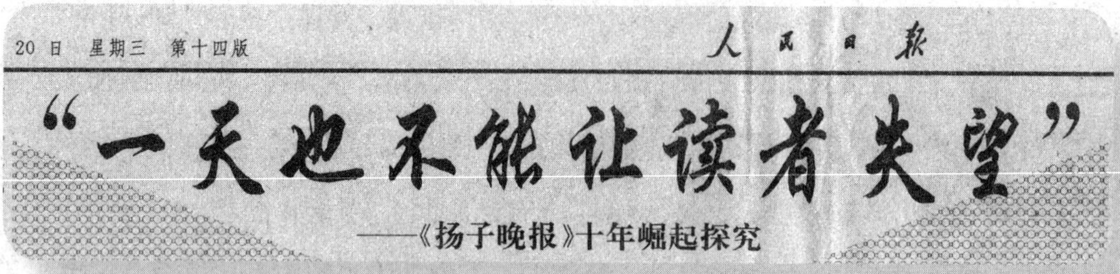
20 日　星期三　第十四版　　人民日报

“一天也不能让读者失望”

——《扬子晚报》十年崛起探究

记者 龚永泉 杨明方

（原载《人民日报》1996年3月20日）

在南京，每天一到下午，大街小巷随处可见卖“扬子”、买“扬子”的。仅市区范围内，《扬子晚报》发行量就达50万份，售报人有2000多人。外地游客说，这已成为南京独特的文化景观。

调查显示，89.5%的读者每天读该报在半小时以上，其中32.7%的人在一小时左右。有人说，《扬子晚报》在一定程度上改变了南京市民的业余生活格局。

《扬子晚报》由中共江苏省委机关报《新华日报》主办，1986年创刊时发行5万份，去年10月突破百万份大关，年广告收入达1.1亿元。不少新闻单位的老总在羡慕之余，急切地探寻起“扬子奥秘”。

每年第四季度，当不少报纸从总编辑到记者都在为发行奔忙的时候，《扬子晚报》为什么风平浪静、水波不惊？

天天在搞发行

《扬子晚报》的总编辑周正荣一语道破玄机：“如果说别人是一年搞一次发行，我们却是天天在搞发行呢！‘扬子’主要靠零售，读者每天掏钱买你的报，一天没啥好看的也许还不当回事，两天三天就会感到你这个报没有意思，第四天就去买别的报了。办报人心中有读者，读者眼中才会有你这张报纸。我们必须同读者贴近、贴近、再贴近，一天也不能让读者失望。否则，我们输不起啊！”

10年来，该报一直跟踪读者的阅读需求。创办之前，在《新华日报》上开展了“假如我办《扬子晚报》”的讨论；创刊5周年前，举办了为期一个月的大规模评报活动；扩版时，以2个整版的篇幅刊载扩版方案；1992年，开展了“你喜欢看什么”的征询调查；去年7月，邀请南师大新闻学院进行问卷调查。有的来信被装订成册，交各部采编人员传阅，让每一个人都能听到读者的呼声，把握读者的要求和情绪。

经过一次又一次的调查，该报形成了一个共识：今天的晚报读者主要已不再是传统意义上的“小市民”，更多的则是工人、职员、军人、离退休人员，还包括大中学生、中高级知识分子和各级干部。他们的阅读兴趣不仅仅是奇闻轶事，更重要的是党和政府的重大决策、经济建设的发展、改革开放的走向、市场物价的波动，以及国际风云的变幻。因此，“决不可把读者看低了，小瞧了”。

每一次调查都在读者中刮起一股旋风，各种意见纷至沓来，其中不少是同报社编委会不谋而合的，可以马上付诸实施。但也不乏出人意料甚至相悖的，怎么办？周正荣说：“我们只有一个选择，就是真心实意按读者需求办，当然这是指多数读者。”根据读者的意见，他们增设了不少新栏目，也取消了一些自我感觉不错的栏目。

作为一张年轻的晚报，如何尽快在广大读者中树立起自己良好的形象？《扬子晚报》总结了众多报家的管理经验，逐步形成了独特的稿件直流出版机制，谓之“一把尺子量到底”，即把发稿权相对集中到值班副总编和总编手中。各部门每天发稿由部主任签发后，先交值班副总编和编委，经筛选加工后，交由总编统一审定，再交出版部组版。这样，“千锤锣鼓一锤定音”，有利于体现编辑方针和报道意图，有利于急稿用早、优稿用好，同时又最大程度地杜绝了劣质稿和人情稿。一记者在稿件上附言，这是某人拜托的稿子。总编不仅毙了这篇稿子，还写道，以后不必注释多余的字。在人情和读者之间，《扬子晚报》的选择是：“宁肯得罪人情，也不能得罪读者。”

晚报在软新闻之外，能否嫁接大报优势，拓宽报道面、加重报纸的分量？

既有“秦淮小吃”，又有“京苏大菜”

办报人最大的苦恼莫过于“众口难调”，《扬子晚报》的做法是提供“全营养型”：既有“秦淮小吃”，又有“京苏大菜”，做到“百货迎百客”。

10年来，该报曾3次调整编辑思路。创办之初，接过老牌晚报的传统，以社会新闻、文化新闻、体育新闻为三大支柱；1987年，增加了与人民群众衣食住行密切相关的服务新闻，拓宽了报道面；1990年，提出嫁接机关报优势，强调晚报要登重头新闻，强化晚报的宣传和服务功能，决不漏登党和国家的大政方针、振奋人心的重大成就、牵动人心的国际事件，并调动一切版面编辑手段强化和突出要闻的分量。扩版后，又新增了国际新闻专版。副总编杨步才解释说：“今天的读者生活在历史的转折点上，民众从来没有像今天这样关心各种方针政策的走向，大众生活也从来没有像今天这样如此灵敏地受到政策的牵动和影响。看不到这一点，就会脱离读者。”

在一次读者评报中，有位读者提出机关报上午登过的“硬件”新闻，晚报不必再登，报纸有意识地摘发了两句，果然招致一连串的反对来信：“机关报面向机关，公费订阅居多，晚报面向家庭，我们自掏腰包，因此，可以登短一些，但决不可不登。要知道，我们家里只订一份晚报啊！”面对这些来信，老总们笑得好开心！编委会有关“拓宽、加重、深化、搞活”的八字方针的确提到了点子上。“拓宽”，拓宽报道面，尤其要突出处理好国内要闻和国际新闻；“加重”，加重报道的分量，强化对社会热点的报道；“深化”，透过生活的表层，深刻反映人们生活方式以及思想观念的变化；“搞活”，提倡新闻样式和风格的创新。

为了扩大新闻来源，除了采用国家通讯社和本报记者采写的新闻外，还开辟了多种新闻渠道：与兄弟新闻单位“并网发电”，交换新闻；与省内外一些信息部门挂钩，直接供稿；还有遍布各地的通讯员和特约记者，均成了报社伸向各地各部门的触角、编辑记者长在异地的眼睛。

“几盘肴馔知客味，十分热情可人心”。该报的编辑记者不愧为“烹饪高手”，提供的新闻大致可分三个层次：一是与基本生活有关的，包括日常生活用品、蔬菜副食品价格、交通状况、供电供气等；二是与个人、家庭发展有关的，诸如招生、招工、职业培训、股市行情等；三是与现代人自我完善有关的，涉及国内外重要事件、改革开放走势等。或浓墨重彩，或略施粉黛，或洋洋洒洒，或删繁就简。有读者赞曰：“国事、家事、天下事，事业、饭碗、人生观，大千世界，尽收眼底。”每当江苏省做出同群众生活密切相关的决策，省委书记陈焕友总要叮嘱有关部门：“请扬子晚报报道一下，晚报能进入千家万户。”

采编活动与广告经营脱钩，采编工作量与收入挂钩，
让一心办报的人“名利双收”

前年，报社申请到一批摩托车指标，明确规定分配给各部门写稿编稿得分最高的人。常务副总编朱铭佐说：“我们就是要在报社内部形成一种氛围，舆论上鼓励一心办报，政策上有利于一心办报，让一心办报的人‘名利双收’。否则，如果干的不如看的，或者在报社辛辛苦苦干的不如在外面忙‘赚’的，谁还愿意专心致志去办报呢？”

编委会明文规定，编辑记者的任务第一是办报，第二是办报，第三还是办报。采编活动与广告经营脱钩，编辑记者不得拉广告，严禁广告部之外的各部门从事任何形式的“创收”“特约”活动。提高经济效益的思路是，集中精力办报，扩大报纸发行量，吸引广大客户，增加广告收入。

现在，在该报登广告需要预约排队。报社领导平时最头疼的就是广告客户动用各种关系来开广告的“后门”。该报规定每版广告只能占五分之一版面，有人埋怨他们“没有经济头脑，送上门的钱不赚”，但他们初衷不改。有时为缓解矛盾，实行正刊16版之外的广告加张，但加张不提高报价，发行人员的加张劳务费由报社另付。

报社对编辑记者实行计分制考核，见报的稿件定量定性折合成分值，定额之外的分值是定额之内的两倍。每月结束，把各人得分张榜公布，收入与分值挂钩，孰多孰少，对号入座，峰谷相差有时可达千元。实行初期，每季度“微调”一次，不尽合理的及时调整，保证了这一制度的日趋科学化。编辑记者戏称为“一门心思挣工分”，形成了你追我赶不甘落后的局面。有位记者一年竟见报了64个头条！每逢节假日、星期日，记者们格外忙活，写稿发稿反而多了，因为这时候社外来稿少了，上稿率比较高。

为了鼓励记者多写稿，特别是写好稿，该报设立了多项奖：勤奋奖、总编辑奖、独家新闻奖、月度年度奖、好版面奖、提前交版奖等。报社出现了一批“拼命三郎”，他们当中有以抓信息见长的“快枪手”，也有擅长驾驭重大题材、撰写重头报道的“攻坚员”。编委会还组建了“突击队”，每期4名记者，由一位编委带队，两个月轮换。“突击队”汇总各方信息，当场定题，当日采写，当晚发稿，采访不限地域，只要看准有新闻价值，可以即赴全国各地。每期结束，展览成果，进行讲评，充满了竞争和活力！

绿茵场上，虽有前锋、后卫之分，但无论谁踢进了球都是功臣。在该报，记者的采访领域虽有分工，但又不完全受分工的局限。原则是，有关部门通知的会议或活动由分管记者前往，除此之外，他人尽可“越位”。一位记者感叹：“这一手真绝，叫你整天不踏实，竖着耳朵瞪着眼，生怕漏掉了什么！”1993年扑救南京炼油厂大火的战斗刚刚打响，报社立即派出了3名记者赶赴救火现场。与此同时，另有5名记者也不约而同自发赶到了现场。大家相视一笑，分头采访，以最快的速度写出了扑灭大火的长篇通讯。

“人总是有惰性的，也是有潜能的，在我们扬子晚报就是要减少惰性，释放潜能，把大家的聪明才智都用在办好报纸上！”周正荣如是说。

李谷一作客扬子晚报社

色鲜味美的精神快餐
——评《扬子晚报》的四大特色
华文

色鲜味美的精神快餐
——评《扬子晚报》的四大特色

华文　（原载《新闻出版报》）

《扬子晚报》创刊7年来，始终不渝地探索为群众喜闻乐见的新路，发行量已达58万份，成为江苏省发行量最大的日刊报纸。读《扬子晚报》，感到她有不少突出之处。尤其是：

信息量大

《扬子晚报》的新闻、文章，短小精悍，简明扼要，三五十字的消息，二三百字的头条是常事。一个版面能容纳新闻、文章、图片等15则左右；文艺副刊的文章也较精炼，一般不超过600字。一报在手，琳琅满目，坐上片刻，扫上一眼，也能从中了解不少新事，增添不少新知。

作为一张综合性报纸，《扬子晚报》从不忽视抓大事，对党和政府的一些重要活动都注意及时作出反应。但她又能从自身特点出发，突破常规，精心编辑，对电讯稿及会议报道巧作安排，尽量压缩篇幅，增大版面信息容量。比如，（一）善抓“新闻眼”。省侨务工作座谈会，省委书记沈达人在会上作了讲话。在众多内容中，《扬子晚报》抓住“江苏拥有60万侨胞”，“省委书记沈达人提出要加强同他们的全方位合作”这一具有新闻性的内容，用大字作为主题和副题标出，突出了要点，全文只用220字。（二）标题作新闻。16号强热带风暴袭击江苏，省人民政府办公厅紧急通知各地，动员抗灾。这类紧急通知另有渠道电传各地有关部门，因而《扬子晚报》只在显著位置发一“标题新闻”。但她对苏州的灾情及当地10万军民紧急行动抗击灾害的实际行动，却不吝篇幅，发了650字的头条新闻。（三）适当综合。去年教师节，中央几位领导同志为中国中小学幼儿教师奖励基金会题词；江泽民到北师大向教师节祝贺节日；全国尊师重教先进集体和先进个人代表会议在京召开，这一系列活动，新华社都发了电讯稿。《扬子晚报》用350字发一“综合新华社消息”，在《弘扬尊师重教社会风尚》的总标题下，将上述几项活动作为副题标出，既醒目地反映了主要内容，又充分地节省了篇幅，腾出版面来刊登更多的地方信息。在这类问题上，《扬子晚报》颇有可供借鉴之处。

观念新

《扬子晚报》本身就是改革开放的产物，她诞生后，一直站在改革开放的前列，敏锐地发现新事物，热情地扶持新事物。她先后用头条或醒目位置刊登了《下放权力，简化程序，盐城停用13枚公章》《南京有家服务中心，盖上“急办章”，当日拿执照》《丹阳10单位告别“皇粮”》等一系列关于机关转变职能的报道；也刊登了《南京肉联厂千人“下海”记》《苏州转让13家商店经营权》等许多关于国有企业转换经营机制的典型事例。她及时地反映市场经济的进展，如《南京运输市场全面放开，国营、集体、个体公平竞争》《92镇江农副产品恳谈会上，书记、市长当推销员》《南京33万人经商，10年新增网点2.5万个》等；她尤其关注那些敢于突破、勇于创新的做法，如《南京出版“空调菜场”》《南京闹市地价如何，昨天拍卖最高每平方米1.25万元》，以及反映农民走向市场宏伟气魄的《温州农民办民航》《上海农民赴港招商》《南京出现首家农民粮行》等，这些消息令人耳目一新。对于教育科研战线如何更好地服务于经济主战场，她刊登了《南京市科技人员自己集体办企业》《退休“高知”二次创业，南京出现大批民办科技企业》等一系列鼓舞人心的报道。她还发表了不少关于发展第三产业和从事第二职业的消息、文章，帮助人们打开思路，打消顾虑。从以上罗列的这些题目就可以看出《扬子晚报》紧紧抓住经济建设这个中心，宣传内容紧扣新形势的节拍，她不尚空谈，而是以具体、生动、典型的事实来反映热气腾腾的改革开放的现实，体现党的十四大的精神。

时效性强

《扬子晚报》致力于以最快的速度向读者传播新闻。她开辟了“读者热线”，昼夜有人值班，接受读者报道的电话新闻或新闻线索，听取读者的建议和要求。对于读者能及时反映当日上午发生的新闻以致当日见报者，给予加倍的稿酬以资鼓励。除了本报记者采写新闻外，她还争得新华社、国际电台等全国性新闻单位的支持，为她提供清晨专电。因此，报上多独家新闻和首次新闻，满足了读者的愿望。

服务面广

《扬子晚报》在城市中发行，她把为城市居民提供全方位的服务作为目标，为此设置了许多栏目，例如“南京人备忘录”，向读者预报天气情况，预告何处检修线路将停水、停电、停煤气，何处交通阻断，何处可提供社会服务或介绍第二职业，指导旅游佳处等。又如“商情热线”，向读者介绍时新商品、价格行情，还时常提醒读者如何识别伪劣产品。新辟的“大都市”更是以版块分割和信息集纳的方式为城市居民提供全方位的动态服务。从政策问答到致富门路，从择业到持家，从养生之道到购物指南，应有尽有，符合各层次读者多方面的需求。《扬子晚报》“寓教于乐”“潜移默化”，成为读者的益师良友。

△图为《扬子晚报》在南京印刷点的报纸批发现场　　高林胜摄

扬子晚报：崛起及启示

记者 陆宏德 万仕同 祝晓虎

（原载《新闻战线》1995年第10月号）

崛起：日发百万份 月累千万元

1995年9月7日，《扬子晚报》的发行量达到1003,568份，成为江苏报业发展史上第一张日发行量超过100万份的日刊报纸。对于一张不满10岁的报纸来说，这的确来之不易。1986年元旦报纸创刊的时候，日发行量只有5万多份，9年多来，尽管其间报纸几次提价，发行量却平均每年上升八九万份。在报业竞争日趋激烈的今天，发行量从5万多到100万的迅速增长，简直可说是扬子晚报人创造的一个奇迹。

伴随发行量的攀升，扬子晚报的广告收入一直保持着高速增长的势头。创刊第一年的广告收入只有39万元，1994年达到6000多万元，近几个月，月平均超过1000万元。

那么，这张年轻报纸的迅速崛起给了我们什么启示？扬子晚报人的实践其实已作了回答。

精力：集中办报 办报 办报

办报者要集中精力办报，天经地义。但是，扑面而来的市场经济之潮摇撼着记者的笔，搅动着编辑的心。面对“海水”的拍打，新闻界确有一些人变得六神无主，驰心旁骛，不再把主要精力用在办好报纸上。有鉴于此，扬子晚报编委会明确规定，报社编辑、记者的任务，第一是办好报纸，第二是办好报纸，第三还是办好报纸。

编委会“一班人”率先垂范。报社每天要收到各种请柬几十份，四面八方来邀请的更多，但、正副总编辑很少赴约。值班总编辑一般要干到晚上10点多钟，平均每天工作十三四个小时。总编辑周正荣一心扑在报纸上更是有口皆碑。他几乎每天都来得最早，一直干到晚上九十点钟。中午回家时带来晚饭，夏天把饭放在窗口风凉处，冬天则用电饭煲把冷饭热一热，边吃边看稿件。除了一些必须参加的重要活动和会议之外，他从不“赶场子”搞应酬。

除了重视以自己清正敬业的形象，影响、教育和引导采编人员，扬子晚报编委会还采取一系列措施，在政策上向勤奋工作、一心办报的人倾斜，让为报纸作出贡献的人名正言顺地得到实惠，以调动、发挥和保护采编人员的积极性。报社内部严格考核，每个职工的奖金全部和工作实绩挂钩，把多写稿、写好稿作为定性定量考核报社工作人员贡献大小的主要标准，充分发挥“激励机制”的正面效应，在报社内部设立“编辑记者勤奋奖”“总编辑奖”“月度、年度好稿奖”，让为报纸写稿最勤奋、好稿最多、一心扑在事业上的同志在工作条件、经济待遇、政治荣誉等方面“名利双收”。在实行“内部稿酬制”之后，报社以计分制进行考核，完成任务者有奖，超额者重奖，完不成任务者扣分，上不封顶，下不保底，因此报社内部人员的收入差距被拉开，充分体现了干多干少、干好干坏的差别。否则，干多干少、干好干坏一个样，甚至干的不如看的，在报社辛辛苦苦干的不如在外面忙“赚”的，谁还愿意一门心思去办报呢？扬子晚报的记者们常常把写稿戏称为“挣工分”，因为每篇稿子都可以定性定量按分值计算，如一般见报稿多少分，新闻版的头条稿件多少分，没上头条的可读性强有分量的稿件又得多少分。一月结束，得分用红榜公布，差距大小，得分多少，收入高低一清二楚。因此，在扬子晚报社极少有人敢“犯规”，你追我赶、相互竞争的“我自己要干，而且要干得更好”的局面已经形成。每逢节假日、星期天，扬子晚报的记者格外忙乎，写稿发稿特别多，因为在节假日的上稿率比较高。通过各种行之有效的竞争激励机制，现在全报社职工中已形成了集中精力办报的浓厚风气和良好氛围。

同时，对可能分散办报精力的活动，编委会作出严格限制，严禁广告部之外的各部门从事任何形式的“创收”活动、“特约”行为，采编活动与广告经营脱钩，编辑部的记者、编辑不得介入广告。为报纸发展而举办的新闻竞赛、新闻评奖和奖励先进的费用，纳人报社的正常开支。从而在制度上保证采编人员集中精力办报。

《扬子晚报》创刊以来，年年迈大步，一个重要的公开的“秘密”就是报社上下同心协力，集中精力办报，报纸之所以能在不到10年的时间内迅速崛起，浸润着以编委会为首的扬子晚报120多位工作人员的心血，江苏省委常委、宣传部长王霞林称赞他们是“把才华和点子都用在扬子晚报上，把才能和潜力都用在扬子晚报上”。

扬子晚报的成功实践证明，无论是提高报纸质量，扩大发行量，还是增加广告收入，禁止“有偿新闻”，关键在于把采编人员的兴趣、追求、精力、时间真正聚焦到办报上来。无论是天天承担零售风险的晚报，还是按季度、年度征订的报纸，不论是《扬子晚报》这样的报林新秀，还是有几十年报龄的老牌报纸，其竞争能力最终要在读者面前经受考验。你不兢兢业业办报，报纸质量滑坡，读者终会离你而去。

效益：以社会效益驱动经济效益

在社会主义市场经济条件下办报，报纸不能不讲求经济效益。没有经济效益，不仅影响报纸的生存和发展，而且影响到职工生活的改善和福利的提高，影响到职工的凝聚力和工作积极性。但是报纸毕竟是一种特殊商品，精神产品有其内在的生产规律，不能完全靠经济效益来驱动。建立社会主义市场经济体制，我们的报纸仍然是党领导的整个社会主义事业的有机组成部分，仍然要自觉地从政治上、思想上和组织上接受党的领导，努力使作为精神产品的报纸既适应社会主义市场经济的要求，又适应社会主义精神文明建设的需要，注意坚持把社会效益放在首位。《扬子晚报》创刊伊始，就提出了十分明确的工作思路：把报纸的社会效益放在第一位，以报纸的社会效益求报社的经济效益。

常常听到有些人说，某某报社的社会效益很好，但经济效益却上不去；或者说某某报社的经济效益不错，但社会效益不好。似乎社会效益和经济效益是鱼与熊掌，不能兼得。《扬子晚报》的实践却证明，报业的社会效益和经济效益是统一的，社会效益对经济效益有巨大的驱动作用，经济效益又可以促进社会效益向更高层次发展。社会效益与经济效益形成良性循环，是一个可以实现的目标，而不是一种难以企及的幻想。

1994年，中共江苏省委宣传部派人对《扬子晚报》进行了调查，认为《扬子晚报》是“一张党和人民都喜爱的优秀报纸”。读者的评价则可在南京街头“见到”。在南京街头的零售报摊上，有好几张0.2元一份的报纸，但你拿2角钱给卖报人而一声不吭，他或她给你的肯定是《扬子晚报》而不会是其他报纸。《扬子晚报》光是在南京的发行量最高时已超过50万份。现在，每天一到下午，街头巷尾到处可见卖“扬子”、读“扬子”的。就连街头修鞋的、补胎的、踩三轮车的、卖茶叶蛋的，以及建筑工地打工的，都要掏2角钱买一份《扬子晚报》。在外地人眼里，卖“扬子”、读“扬子”已成为南京独特的文化景观。读惯了《扬子晚报》的人说：“一天不读《扬子晚报》，总感到生活少了点什么。”据南京师范大学新闻与传播学院《扬子晚报》研究课题组今年七八月间撰写的《扬子晚报读者调查报告》，在对《扬子晚报》的总体评价中，“认为好和较好的是认为差和较差的人数140倍”。

为了维护读者利益，坚持经济效益服从于社会效益，扬子晚报编委会明确规定，除加张版面外，其余各版半版以上的广告一律不登。对此有些人不理解，认为这是“思想保守”“送上门的钱不赚，没有经济头脑”。但不管别人怎么议论，他们初衷不改，严守广告“三八线”。事实证明，不断提高报纸质量，不以损害报纸社会效益为代价，良好的社会效益恰恰驱动了报社的经济效益，1986年，报社全年广告收入只有30多万元，现在有时一天就高达50多万元。

实现社会效益与经济效益的良性循环，扬子晚报还有一条简单而重要的经验，那就是真正处理好思想性与可读性的关系，追求高格调的可读性。我们强调报纸的思想性、指导性，这是非常必要的、正确的。但新闻的指导性、思想性必须以有价值的新闻事实作为载体，实现指导性、思想性的前提是新闻可读。没有人读的新闻犹如“旷野的呼唤”。你登出来的东西人家根本不看，你指导谁呢？社会效益又如何实现？但讲到可读性，人们的潜意识又总是首先将它与社会新闻、奇闻轶事连在一起，甚至认为可读性仅是晚报和街头小报的事情，这里似乎有个“两难选择”：满足读者的需要，如何与高扬主旋律、宣传党的方针政策相一致；强调可读性，如何保持高格调？的确，不同素质的新闻工作者，不同格调的新闻媒体，为追求可读性，有的追随时代脚步，与党和人民同呼吸共命运，真诚地为读者服务；而有的报纸为吸引读者，连篇累牍、挖空心思地展示性刺激、凶杀、暴力。其结果也迥异，有的报纸既有可读性，又有高雅的格调，雅俗共赏，受到读者的欢迎；而有的报纸则成为“扫黄”对象，变成精神垃圾。

这里的关键是要正确理解思想性和可读性，用心寻找那些具有高格调可读性的新闻。《扬子晚报》特别注意刊发那些思想性、可读性、时效性强的“三强新闻”，既能配合党和政府的中心工作，宣传主旋律，同时又是读者关注的热点。有一件事给笔者留下了深刻的印象。去年11月底，笔者在南京与扬子晚报总编辑周正荣交谈时，他随手拿起当天的扬子晚报，头版头条消息是国务院召开会议，要求对春节“民工潮”事先做好准备工作。而当时不少省委机关报，这条消息都没有放在一版。多年来，扬子晚报十分重视党和政府的重大决策，

包括重要会议的报道。当然，在处理上又有其独到之处，作为晚报，它们更多地将宣传政策的观察点和介人点下移，从工作和生产经营活动的层面，下移到晚报主要读者日常生活的层面。其实，无论是对于晚报还是机关报来说，具有高格调可读性的新闻决不仅仅限于党和政府重大的活动及重大的政策出台，凡是有益于提高读者情调，熏陶读者情操的东西，都可视之为“高格调”。在追求高格调的可读性时，扬子晚报同样重视那些好的可读性强的社会新闻、读者覆盖面很大的服务类新闻和情调比较健康的鉴赏性新闻。

读者：了解尊重 贴近

“办报的人心中要时时刻刻装着读者。”这是扬子晚报人不断实践着

的格言。

10年来，《扬子晚报》一直注意运用多种渠道了解读者，用心摸清读者的口味。其中最基本的办法，就是定期进行大规模的读者调查，几乎每年都要进行一次。报纸创办之前，就借助新华日报开展了“假如我办扬子晚报”的讨论，发动读者献计献策。1990年，为迎接创刊5周年，举办了为期一个月的大规模读者评报活动。1991年年底，《扬子晚报》由四开四版扩为四开八版，又以两个整版的篇幅，把扩版方案原原本本地公布于众，征求读者意见。从读者上千封来信反馈的信息中，他们掌握了读者心理，吸收了很多好的建议，为扩版成功奠定了基础。1992年扬子晚报读者调查的题目就叫《你喜欢看什么？》，不到20天，编辑部收到参加这一活动的来信达4403封。对这些来信，分类逐项统计，调查结果显示的意见，成为次年报纸扩版的依据。今年7月至8月，南京师范大学新闻与传播学院扬子晚报研究课题组在南京地区又进行了一次规模较大的扬子晚报读者调查，旨在了解读者对扬子晚报最新的意见和建议。

了解读者之后，还要真正尊重读者，尊重读者的意见，也尊重读者的选择。这里不能有任何的想当然与自以为是。每次调查，可以说既有与报社编委会判断一致的意见，也有完全出乎他们意料的地方。总编辑周正荣说：“当我们某些方面的构想与读者需要不一致时，我们只有一个选择，就是真心实意按读者需要办。当然，这是指多数读者。”根据读者的意见，他们停办了一些不甚理想的专栏，也是依据读者的选择，他们曾经取消了一些自我感觉不错的栏目。

尊重读者，还要自觉维护读者的利益。当前，新闻媒体在某种程度上已成为社会“攻关”的焦点，对人情稿、关系稿，今天照顾一条，明天照顾一条，就无法保证给读者高质量的报纸。所以扬子晚报从1987年起，就实行“减少环节、灵活调度的审稿、出版直流机制”，把发稿权相对集中到值班总编和总编辑手中。在报纸编辑出版的最后关口，总编辑担当起“总调度”“总指挥”“总裁判”的角色，以有利于体现编辑方针和报道意图，有利于保证和提高报纸质量。关乎报纸的质量和生命，扬子晚报的总编辑们宁可得罪朋友和“人情”，也不得罪读者。

而只有真正了解读者，尊重读者，才能贴近读者，引导读者。扬子晚报一直提醒记者、编辑以家常式的眼光，立足于老百姓日常生活去观察和捕捉改革开放的政策走向，以潜移默化的方式达到舆论引导的目的。报纸的宣传，合着改革开放的节拍，扣住社会发展和社会生活进程，与生活的热点、读者的喜怒哀乐如影相随。

眼光：发展的 辩证的

这世界变化真快。

变化着的读者和变化了的情况。

对报纸来说，这既是一种挑战，也是一种机遇。

10年间，《扬子晚报》不断了解变化着的读者，适应变化的形势，曾三次较大幅度地调整办报思路和办报方针。

创办之初，《扬子晚报》基本上套用全国几家大晚报当时的模式，报纸的内容主要是三大支柱：文化新闻，体育新闻，社会新闻，尤其对社会新闻特别重视。

但是随着改革的深入，日报、机关报扩版后也普遍增加文化、体育和社会新闻，晚报独具的优势逐步消失。1987年，《扬子晚报》及时调整了自己的办报方针，在“三大支柱”内容之外，增加了与人民群众衣食住行密切相关的新闻，拓宽了报道面。

1989年之后，基于读者构成、读者需求的变化和报业发展的新形势，《扬子晚报》的办报方针再次作了重大改变，明确提出：晚报是一个独立的存在，而不仅仅是作为日报的补充而存在的。日报、机关报既然可以借鉴晚报的优势，晚报也可以把机关报的优势“拿过来”，通过“嫁接”实现两者的有机融合，形成晚报新的风格和模式。扬子晚报编委会制定了向人民生活靠拢、向社会新闻的深度和广度开拓、提高报纸对社会生活的快速反应能力的“三大目标”和“拓宽、加重、消化、搞活”的八字方针。全方位、多侧面、立体化地报道读者所关心的内容。所有有新闻价值的新闻，都应当进入晚报记者的视野，凡是新闻价值高的新闻，晚报都要登。结果，这份“全营养型的精神快餐”，赢得了读者的喜爱。

《扬子晚报》的实践表明，在不断变化的世界面前，在强手如林的报业竞争中，谁墨守成规，就会自绝生路；谁思想解放、以发展变化的眼光面对新的挑战，就会充满生机。

新闻改革创始录

扬子晚报八年崛起探秘

从五万到八十万

——扬子晚报总编辑周正荣访谈录

作者 郦光让：南京师范大学新闻与传播学院副院长；李孝兰：副教授（原载《新闻记者》1995年第二期）

几件事似乎偶然地凑到了一块：

《扬子晚报》1994年10月以来，在全国第一大报《人民日报》、全国新闻界权威专业报——《新闻出版报》都做了大幅广告：宣布这家8年前诞生的报纸，日发行量突破80万份大关。接着，从全国晚报界传出讯息：《扬子晚报》这个未满10岁的“报童”，其发行量却紧追已有数十年报龄的“新民”“羊城”两位老大哥，在全国100多家晚报中居第三。许多新闻界同行，以极大的兴趣对“扬子速度”加以研讨。在时下竞争激烈的报刊市场，在绝大多数报刊发行量下降的背景下，《扬子晚报》为何能从创刊时的5万份以平均每年8万份的速度持续增长?

1994年11月17日，中共江苏省委宣传部在内部刊物《宣传工作动态》上，以“扬子速度”“扬子思路”“扬子机制”“扬子精神”“扬子效益”为题，以2万多字的篇幅，连发5篇由宣传部调查组采写的调查报告，向全省较系统地介绍《扬子晚报》的经验。

笔者在此之前，对此问题就颇有兴趣，最近又专题访问了《扬子晚报》总编辑周正荣，写下访谈录。

三次调整办报思路
形成扬子晚报模式

周正荣早年毕业于复旦大学新闻系，先在《新华日报》当编辑、记者、驻市记者站负责人10多年。1985年《扬子晚报》创刊时参与筹办晚报，又干了8年。他曾被中国记协评为全国优秀新闻工作者，是享受国务院特殊津贴的有突出贡献的专家、高级编辑。

他说，作为党、政府和人民的喉舌，报纸当然要让党、政府和人民群众都喜欢。但是，要达到这个“都喜欢”的境界，很难，很难！办晚报，与机关报比，同样要有权威性，但可读性要强，否则，就不能在市场上卖出去；与街头小报比，晚报同样要有可读性，但格调要比它高。办一张什么纰漏都不出的报纸，而不管读者看不看，并不难；办一张可读性很强的报纸，稀奇古怪，五花八门，只要你喜欢，什么都登，而不顾及思想性和舆论导向，也不是很难。办一张舆论导向正确，有较高的思想格调，又有较强可读性的报纸，让市民、机关干部、领导都喜欢看，就很难了。为调好这个“众口”，《扬子晚报》曾3次较大幅度地调整了办报方针。

开办之初，《扬子晚报》基本上套用当时全国20多家晚报，尤其几家大晚报当时的模式。当时认为，晚报作为日报、党报的补充，不承担主体任务的宣传，是人们工作了一天之后茶余饭后的消遣读物，读者对象主要是“市民”。报纸的内容有三大支柱：文化新闻、体育新闻、社会新闻。尤其对社会新闻特别重视。当时的机关报、日报这方面内容还少，晚报确实风光了一阵子，报纸发行份数也上升很快。

但是随着改革的深入，日报、党报普遍增加文化体育和社会新闻的报道，增强了可读性，晚报独具的优势逐步消失。1987年，《扬子晚报》及时调整了自己的办报方针，在“三大支柱”内容之外，增加了与人民群众衣、食、住、行密切相关的新闻，拓宽了报道面，也拓宽了办报思路。

1989年之后，基于读者构成、读者需求的变化和报业发展的新形势，晚报定位认识和办报方针再次作了重大改变。

《扬子晚报》的读者群不断扩大。在南京市城区，250万人口中平均6个人就有一份《扬子晚报》。读者构成早已不是传统意义上的“小市民”，既有离退休老人、家庭妇女、小商小贩，也有机关干部、企事业职工；既有普通市民，也有数量可观的专家、学者、教授、大学生、领导干部等高层次的读者；既有地方读者，也有军队读者。晚报的读者中，大多数人读不到公费订阅的机关报，如果机关报登过的重大新闻晚报不登，显然不能满足读者需要。特别是在改革开放的历史环境中，读者读报的兴趣和需求发生巨大变化。他们阅读晚报，不仅关心生活和娱乐，也关心国家和世界大事。国际风云变幻、政局稳定变化、经济形势、全国改革开放动态，都是读者关心的内容。仅仅把晚报的报道内容囿于社会新闻：名人轶事、风花雪月、琴棋书画，显然是不符合读者需求的。晚报固然要强调娱乐功能，但是广大读者更想从报纸上获得重要信息，晚报首先应当满足他们这个需求。

《扬子晚报》摆脱了“晚报是党报的补充”“晚报不承担主体任务的宣传”“晚报是拾遗补缺、是茶余饭后的消遣”的旧认识、旧模式。明确提出：晚报是一个独立的存在，它不是作为日报的补充而存在的。另一方面，既然日报党报可以借鉴晚报的优势，晚报也可以“嫁接”日报、机关报的优势，实现两者的有机融合，兼收并蓄，形成晚报新的风格、模式。

扬子晚报编委会遵循“宣传政策、反映生活、倡导文明、传播知识”的办报宗旨，制定了三大目标和“八字”方针，形成独特的“扬子模式”。三大目标是：第一，向人民生活靠拢，牢牢抓住与人民群众衣食住行密切相关的内容展开报道；第二，社会新闻向深度和广度开拓，以晚报记者的“看家本领”经营好晚报的“拳头产品”；第三，提高对社会生活的快速反应能力，多抓突发性新闻，晚报也要登重头新闻。“八字”方针是“拓宽、加重、深化、搞活”。“拓宽”，是指要开阔视野，拓宽报道面，努力在有限的版面空间容纳尽可能多的信息，尤其要突出处理好国内要闻和国际新闻，体现晚报丰富多彩、博采广闻的特点，使《扬子晚报》这份“精神晚餐”变成“全营养型”的。特别强调，要以晚报的独特方式，以更佳的效果突出主旋律，对党和国家的大政方针，涉及社会广大人群的重大决策，振奋民心的重大成就，牵动民心的国际事变，晚报不能漏登。《扬子晚报》1992年后，开辟了“国际新闻”专版，每天一个整版，由新华社国际部提供当日专稿。以这样的规模和容纳的条数而言，在全国的各级地方党报中也是不多见的。“加重”，是指加重报道的分量，强化对社会热点的报道。晚报要关注社会生活“热点”和读者十分关心的热门话题。提倡采编那些题材新、新闻价值高、可读性强的新闻，挖掘采写那些“落地就响”，使读者爱不释手的独家新闻。“深化”，要求新闻报道要透过生活的表层，向纵深开掘，深刻反映改革开放的宏观走势，人们思想观念以及生活方式的变化。“搞活”，是要求在遵循新闻规律的前提下，提倡新闻样式和风格的创新，版面形式常编常新。

周正荣把这第三次办报思路的调整概括为全方位的调整，即全方位、多侧面、立体化地报道读者所关心的内容，所有有新闻价值的新闻，都应当进入晚报记者的视野，成为晚报报道的内容，要将《扬子晚报》办成“消息总汇”。他认为，所谓晚报特色、晚报优势很难界定，划定什么是日报新闻、晚报新闻，没有个严格界限。凡是新闻价值高的新闻，晚报都要登。实践证明，读者对此是欢迎的。

周正荣认为，晚报办报思路和方针的每次调整，都是一次思想解放。应该根据各自的实际情况，探讨适合自己报纸的发展思路。不必套用一个模子，更没有一个永恒不变的晚报模式。

办报人的心中永远装着读者

读者眼中才会有你这张报纸

《扬子晚报》所处的办报环境，报刊竞争十分激烈。在江苏报刊市场，有10家晚报参加竞争，其中本省9家，再加上《新民晚报》。《扬子晚报》所在的南京市，晚报性质的日出报就有三张。这在全国是绝无仅有的。

周正荣在交谈中多次谈到“危机感”。他在编辑部也经常谈“危机意识”。他说，在强手如林的报业竞争中，报纸的发行量、发行优势是动态的，是相比较而存在的，没有永恒不变的优势。我们的报纸，要保持优势，发展优势，就“一天也不能让读者失望”这几乎成了扬子报人的“座右铭”。周正荣说得实在：“一个报摊上摆出多种报纸让读者选择，读者看你的报，两天三天没啥好看的，感觉你这个报没啥意思，第四天就完了，人家就去买别的报了。”“我们办报可不能让一个读者跑掉。发展一个读者不容易，而跑掉一个读者，还会在社会上给你作‘反宣传’。说某某报纸不好看。所以，我们办报的人心中要时时刻刻装着读者。周正荣还谈到，报纸进入市场之后，更加感到复旦大学新闻学教授王中的重视读者需要的观点是多么可贵。报纸没人看，发行量怎么上去？没有发行量，怎么发挥作用？报纸的生命力存在于群众之中。

办报人有读者观点，要研究读者的需要。《扬子晚报》副总编辑杨步才在中国晚报的一次年会上说，随着报刊市场竞争的日趋白热化，我们的读者越来越像真正的“上帝”。谁要是对读者的需求置若罔闻，谁就是自绝生路，砸自己的饭碗。《扬子晚报》创办之前，就借助《新华日报》请读者参加“假如我办《扬子晚报》”的讨论，这种调查活动每年都要进行一次。1990年，为迎接创刊5周年，扬子晚报举办了为期一个月的大规模读者评报活动。1992年从8月末开始到9月中旬才结束的读者调查，总题目叫“你喜欢看什么”。不到20天时间，编辑部收到读者来信4403封。对这些来信，分类逐项统计，调查结果显示的意见，成了次年报纸扩版的依据。各方面读者的意见，从整体上惊人的相似。有的意见，与编委的意见一致，报社的思路得到了读者的认同、批准，心里踏实了，实施起来更坚决了；有些意见则完全出乎编委的意料。周正荣说：“当我们的某些方面构想与读者需要不一致时，我们只有一个选择，就是真心实意按读者需要办。当然，这是指多数读者。”从某种意义上说，1993年、1994年的报纸发行量和收入的连续大幅度攀升，正是“按读者需要办”的结果。

办报人心里装着读者，并不是什么新问题。近年来贴近生活、贴近读者、为读者服务的口号喊得震天响，而真正做到却又很难。这里似乎有个“两难选择”：满足读者的需要，如何与高扬主旋律、宣传党的方针政策相一致？强调可读性，如何保持高雅格调？周正荣在一次给南京师范大学新闻专业的同学就专门论述了这个问题。他说，思想性和可读性要统一，这“两难”要协调好。没有读者的思想性是“旷野的呼唤”，人家根本不看，你指导谁去？所以他认为可读性是新闻价值最基本的特征，思想性（指导性）要以富有新闻价值的事实作为载体，实现价值的前提是要可读。他还仔细算过一笔账：以《扬子晚报》而论，从记者采写到印刷、邮发，每1000字稿子的成本是3825元。如果这稿子没有人看，这一大笔钱就付诸东流。而更大的损失是该宣传的没有宣传出去，丧失了时机，既是一种极大的浪费，也是严重的失职。晚报要做到自觉地从读者最容易接近的角度，选择读者最容易接受的形式，以老百姓的家常话唱响主旋律。

以报纸的社会效益

求报社的经济效益

《扬子晚报》似乎有一点同当前的办报套路有点不大合拍。周正荣告诉我们：这个报社除了办报之外，没有再办什么公司、商店等其他产业。用他的话说，就是“一门心思办报”，把全社人的精力都吸引在办报上。编辑记者没有拉广告的，而广告收入近几年却连续翻番，可谓“财源滚滚，财运亨通”，成为江苏报业的首富。这其中有何奥秘？周正荣说：面对伴随市场经济而来的“经商热”“下海热”“创收热”，编委会明确规定：第一是办好报纸，第二是办好报纸，第三还是办好报纸。报纸办好了，赢得广大的读者群，不愁没有钱。报社一切活动都以办报为中心，以提高报纸质量为龙头，以报纸的质量带动报纸发行量的增加，以扩大发行量带动广告收入的增长。报纸没有读者，是最大的悲哀。社会效益固然谈不上，没有读者也就没有经济效益。报纸的发行量像一把悬在我们头上的剑，随时都可能落下来。而决定这把剑是否落下来，就看我们满足读者需要的程度，就看读者对我们这张报纸的“满意度”，靠我们报纸的质量上去。发行量上去，报纸覆盖面大，客户到《扬子晚报》登广告要排队，经济收入自然就增加。报纸质量、发行量、经济效益形成良性循环。有的报纸发行量下降，拉不到广告，单纯靠办其他企业挣钱，这会进入恶性循环。

扬子晚报编委会提出要“集中精力办报”，坚持以办报为中心，把报纸的社会效益放在第一位，以报纸的社会效益求报社的经济效益。周正荣在这一点上可以说是毫不动摇，“目不斜视”。在江苏的新闻界、企业界的一些活动中很难见到他的身影。他每天来得很早，一直干到晚上九十点钟才回家。除了一些必须参加的会议和活动外，他不“赶场子”，不搞应酬。在他的带动和影响下，报社职工上下同心，配合默契，一门心思办报。对可能分散精力的活动，编委会严格限制，所有的“特约”“赞助”活动，各部门一律不搞，统一纳入报社的广告经营范围。为报纸发展而举办的新闻竞赛、新闻评奖和奖励先进的费用纳入报社的正常开支，不搞旁门歪道筹款。

在扬子晚报，还有一个“一把尺子量到底”的内部管理制度，确保报纸的质量。周正荣强调：通过强有力的、集中统一的制约机制，进一步明确“办什么样的报，用什么样的稿，出什么样的人才”这样一个大方向。同时，他还强调，“量”一方面是制约，一方面也是评价。从1987年起就实行“减少环节、灵活调度的审稿、出版直流机制”，把发稿权相对集中到值班总编和总编辑手中。在报纸编辑出版的最后关口，总编辑担当起“总调度”“总指挥”“总裁判”的角色，有利于体现编辑方针和报道意图，有利于优稿先用、急稿早用。《扬子晚报》的所有版面都没有实行部门包版，更没有个人包版。周正荣认为，当前新闻媒体已成了社会“攻关”（公关）的焦点，把广告当新闻，请客送礼拉关系、争版面的事，层出不穷。人情稿、关系稿能把报纸淹死。对这类稿子，今天“照顾”一条，明天“照顾”一条，这个报纸就完了。所以，有人说“老周毙稿子冷酷无情”。其实，谁能不讲人情？谁愿意得罪人？但是关系到报纸的质量和生命，不得罪“人情”就得罪读者，报纸质量管不住，什么都完了。所以，他认为：实行包版不是好办法，不看稿，不管稿，当不好总编。包版，就意味着总标准下又有小标准，整体利益下又有部门利益，不仅容易产生导向偏差，也容易产生新闻行业的不正之风，分散办报人的精力，最终影响报纸的整体水平和质量。这个口子必须由老总“一人一把尺子管到底”。这样也才能较有效地杜绝有偿新闻，防止编辑记者介入广告或搞变相广告。

在探讨《扬子晚报》的经济效益问题时，不能不谈及发行工作。再好的报纸如果不及时送到读者手里，其社会效益无法实现。读者不买你的报纸，报社的经济效益也无从谈起。《扬子晚报》自办发行起家，在省内外建立了60余个发行站。在省城南京、卖《扬子晚报》的老少“报童”就不下2000人，沿街叫卖《扬子晚报》成了南京街头的一种文化景观。在南京市发行的40多万份《扬子晚报》，90%以上都是零售的。

扬子报人的思路是：报纸的竞争能力最终要在市场上经受考验。他们主动地把报纸推入市场，天天承担零售的考验，经受让读者评头论足、挑剔一番而决定取舍的考验。他们在发行中也运用竞争机制，实行多渠道发行。以零售为主，在省内的每个城市，都实行两三个渠道同时发行，有邮局的预约零售，有兄弟报社的发行网络，还有各种社会力量承办的零售网点。近年，他们又在省内11个省辖市设分印点，每天11个分印点的《扬子晚报》同时上市，最大程度提高新闻时效，增强了报纸的竞争能力。这在全国的同类报刊中，是率先起步、规模最大的。

报纸面临的竞争是多方面的。扬子报人充满信心迎接挑战，主动参与竞争。他们的口号是：“友好竞争，比翼奋飞，共同发展。”

宋祖英在南京参加《扬子晚报》举办的大型演唱会演出

革故鼎新 合上改革开放大节拍
对晚报优势的再思考

扬子晚报编委会

（原载《新闻战线》1992年第四期）

《扬子晚报》是1986年元旦经中共江苏省委批准创办的。如今6岁零3个月。这张报纸是幸运的。它欣逢改革开放这个历史性机遇。几年中，尽管有过挫折，但始终保持了蓬勃发展的势头。创刊的时候，《扬子晚报》的日发行量只有5万多份，现在，日发行量已突破46万份，辐射到江苏每一个县乡和与江苏毗邻的一些省。其间，报纸几次提价，没有抑制它的增长。今年元旦，《扬子晚报》由四开四版扩为四开八版，报价由每份一角提为一角五分。扩版前不少朋友为我们担心，担心扬子晚报发行量会有较大幅度下降。我们自己也不无担心。我们的紧邻，是创办60多年的、我们晚报界的老大哥《新民晚报》。江苏，是《新民晚报》的传统领地。现在，我们的报纸版面和《新民晚报》一样，每份报纸却要比《新民晚报》贵一分钱。新闻界的前辈对我们说：这可有点玄了，你们真是初生牛犊不怕虎。经过两个多月，我们的心放下了。扩版以后，《扬子晚报》日发行量从43万份增长到46万份。目前，在南京地区，平均每8个城镇居民就订有一份扬子晚报。在发行量增长的同时，《扬子晚报》的广告收入，经济效益，也以每年50%到70%的速度增长。

回顾我们短短的办报历程，我们深深意识到，在改革开放的大环境中，要办好社会主义晚报，要办出一张党、政府和人民群众都欢迎的报纸，就必须在遵循党的新闻工作指导方针的同时，在思想观念、报道内容、报道方式以及内部管理诸方面，革故鼎新，合上改革开放的大节拍。

1. 不要陶醉于晚报的优势

优势是相比较而存在的、是动态的。它是在特定情势下存在的。晚报有优势，但是没有永恒不变的优势。在报刊业强手如林的竞争中，力量消长，优势可能转化为劣势，劣势也可能转化为优势。在改革开放的大潮中，津津乐道我们晚报的优势，这个优势可能会变成我们的包袱。

社会新闻，可读性强，被公认是晚报的一大优势。若干年前，机关报不登社会新闻，晚报奇货可居。现在机关报也登了，有的辟专栏，有的辟专版。出现了专登社会新闻的杂志。一些街头不健康的小报，大登特登社会新闻，而且将其庸俗的一面发挥得淋漓尽致，坏了社会新闻的声誉。即使健康的社会新闻，登多了，读者看多了，难免重复雷同，给读者“也就那么回事”的感觉。事到如今，再简单地强调“社会新闻是晚报的一大优势”，多少有点不合时宜。鉴于这种情势，扬子晚报编委会在1990年调整报纸报道格局时决定“压缩那些可能激化社会矛盾和暴露社会阴暗面的社会新闻，压缩那些思想内涵不够深广、格调不高的社会新闻”。

社会新闻如此，对于晚报的其他优势，也有不断再认识和扬弃调整的问题。

2. 在晚报上嫁接机关报的优势

机关报有没有优势？当然有。就是报道重，主题大，权威。宣传党和政府重大决策，排炮轰击，集团进攻，影响大。在这方面，晚报应当恭恭敬敬地向机关报学习。不承认这个优势，是驼鸟政策。这一点，晚报处于劣势。不幸的是，一些传统观念教我们甘守这种劣势“晚报要甘于小，乐于小”“晚报是日报的补充”“晚报是拾遗补缺的”“是茶余饭后的消遣读物”，等等。这些观念，束缚了晚报的手脚，限制了晚报功能的发挥。现在，我们晚报界有一个共同的苦恼，就是社会上有相当一部分人瞧不起晚报。一些领导干部瞧不起晚报，新闻界的同行，特别是办机关报的一些同志瞧不起晚报，甚至少数单位领导发布土政策，不让订晚报。在这种舆论氛围中，作为办晚报的同志，不要抱屈，应当来点反思，人家为什么看不起晚报？存在决定意识，人家那个“瞧不起晚报”的“意识”，是什么样的“存在”决定的？我们认为，主要原因是晚报对重大新闻的报道重视不够，甘拜下风，错误地认为读者对要闻不感兴趣。

扬子晚报编委会两年前提出一个口号：“把机关报的优势拿过来，在晚报上‘嫁接’，晚报要突出报道党和政府重大决策”“加大国内外大事的报道量”。我们讲的是“拿来”“嫁接”，而不是照搬，不是让晚报变成机关报，那样就失去了晚报的个性。我们是用晚报的方式，读者喜闻乐见的方式报道

要闻。为了让要闻在版面上形成强势；编委会作出一系列决策。比如，要求对党中央、国务院、省委和省政府的重大决策不漏报。版面上调动一切编排手段突出要闻。同时设置了一批重头栏目。本报开辟的《改革开放大视野》专栏，逐个报道本省对外开放地区的新进展，还把报道触角伸向海南、深圳、珠海、上海浦东等地。《新闻人物追踪》专栏，报道为党和人民作出重大贡献的优秀人物近况，其中包括陈景润、袁伟民、李玉安、乌云等。《扬子晚报》在全国报界第一家开辟《科技星云》专栏，逐个介绍我国著名科学家、科学院学部委员的事迹。在党中央、国务院提出加大改革开放力度之后，为了形成改革开放宣传的强势，《扬子晚报》又开辟了新专栏《权威人士专访》，发表了《陈焕友省长谈破“三铁”》、商业部长胡平谈《商业改革的宏观走向》和专访南京市市长的报道《和南京市民谈住房改革》等。《扬子晚报》扩为4开8版之后，开辟了“国际新

闻”专版，每天一个整版，由新华社国际部提供当日专稿，这样的报道规模，国内报纸除《人民日报》、《解放日报》之外，我们的报道量最大，超过了省委机关报。这个版，受到各行各业读者的普遍欢迎，许多读者来信讲，他们每天从头看到尾，认清了风云变幻的国际形势，增强了民族自豪感和把我们社会主义中国的事情办好的信心。

晚报登要闻，应当消除两种顾虑。一是怕影响可读性，认为只有社会新闻可读性强，要闻，特别是政治要闻可读性不强，那是偏见。这里有个对读者阅读兴趣的总体估价问题，今天的晚报读者，已不再是传统意义上的“小市民”。据我们调查，《扬子晚报》的读者，包括工人、机关干部、离退休老人、军人，也包括大学生、专家、教授、学者和领导干部，这些读者，一般具有中学以上文化水平。他们阅读报纸，决不仅仅是猎取奇闻轶事。国际风云的变幻、我国政局的稳定、经济的发展、全国改革开放的最新动态，都是他们关心的内容。比如“破三铁”，住房制度改革，与每个人的切身利益息息相关。许多改革的重大决策，涉及不同人群的利益调整，或早或迟会对社会生活发生影响。因此，宣传党和政府重大决策，既是我们晚报的使命，也是读者的要求。是有很强可读性的。另一种担心是怕晚报登要闻会与机关报重复。其实，晚报读者和机关报读者的交叉并不多。机关报面向机关，公费订阅。晚报面向家庭，读者自掏钱包。大量的晚报读者，是无条件看机关报的。《扬子晚报》的不少读者给编辑部写信，要求党和政府的决策，国内外大事，都要登一点，可以短一些，但是一定要有，因为他们家里只订一份晚报。

3. 晚报要不断培育新的优势

近年来，我国晚报事业生机勃勃，发展迅速。数十家晚报的同行，面对各类报纸和广播电视的激烈竞争，不断从办报实践中总结新鲜经验。

而且，每年新老晚报，不同地区的晚报和不同类型的晚报，在一起相互交流、切磋，逐步形成在改革开放大环境中晚报的共有特色，成为新的优势。比如文章短小、信息密集、新闻快捷、服务性强，等等。兄弟晚报相互支持，建立新闻信息交换网络，“并网发电”，则形成了晚报的群体优势。这对于拓宽区域性晚报的报道面，对于办好开放式报纸，对于提高晚报的竞争能力，无疑具有很大的好处，这也是近年来我国晚报事业发展迅速的原因之一。

4. 晚报最大的优势是联系群众

报纸的竞争，说到底是竞争读者。在严格遵循党的新闻工作方针的前提下，谁的读者多、发行量大，谁就有很好的宣传效益和经济效益。报纸脱离群众，没人看，等于旷野的呼声。晚报重视和读者保持良好的关系，深入到千家万户，这是晚报的成功之处，也是最大的优势。

《扬子晚报》创刊前夕，省委领导同志就为我们确立了深入千家万户的奋斗目标。在报纸创刊之前，我们在《新华日报》上开展了“假如我办《扬子晚报》”的讨论，发动读者献计献策。从数百封读者来信中，我们吸取了大量有益的建议，有些由读者设计的栏目一直保留至今。报纸创刊之后，我们提供各种机会让读者参与办报。在《扬子晚报》创刊3周年的时候，我们组织读者开展大规模的评报活动，设了读者奖。请读者帮助总结，哪些方面好，要坚持；哪些方面不足，要调整。去年底，《扬子晚报》将由4开4版扩为4开8版，我们以2个整版的篇幅，把扩版方案原原本本地公布于众，征求读者意见。从成百上千封来信反馈的信息中，我们掌握了读者心理，吸取了很多好建议，增强了扩版的信心，为扩版成功奠定了基础。

扬子晚报加强与读者联系的努力，得到了读者朋友真诚的回报。在我们扩版前，南京大学中文系的老师和同学，给我们送来几十份建议书。蝇头小楷，一丝不苟，长达数万字，装订成厚厚一本。在去年江苏人民抗击特大洪涝灾害结束后，几个重灾区的人民，都给扬子晚报送来了锦旗和感谢信，感谢扬子晚报在他们困难的时刻给予他们舆论支持。在《扬子晚报》5周年的时候，一位年愈古稀的老艺人，花了一周时间，创作了《扬子晚报进万家》的立体布制人物群像，两手捧着步行几里送到报社，说他们家读了几年“扬子”，有感情了，赠送这个作品表表心意。报社同志深受感动。

人民群众，是社会主义晚报事业的沃土。在党的宣传方针指导下，热爱读者，忠于读者，我们的晚报事业必将青春常驻。

晚报新闻的开拓和深化

周正荣

（原载《新闻战线》1990年第十二期）

中国晚报有优秀的传统，丰富的经验。晚报事业要发展，无疑要继承传统，借鉴经验。但是，改革开放时代，社会生活急剧变化，读者对新闻信息的需求也在变化。广播电视迅猛发展给报纸强有力冲击。晚报要跟上时代进步的步伐，需要在贯彻党的宣传方针、尊重读者、尊重新闻规律的前提下，创造新鲜经验，强化晚报优势。

这里，介绍扬子晚报提高报纸竞争力的尝试，以求教晚报界的前辈和同行。

八面临风 信息密集

新闻界的竞争，其焦点是对新闻信息质和量的竞争。谁能最大程度地满足读者对新闻信息的需求，谁能灵敏地反映社会生活的变动，谁就能赢得读者或听众的信赖。扬子晚报认同这样一种观点：晚报是一个独立的存在。我们力求全方位、立体化地报道城乡读者共同关注的各类新闻。用我们的话说，叫作“八面临风，信息密集”。

扬子晚报要求自己的记者目光四射，不留报道的“盲区”。从政治、经济，到文化、科技、教育、卫生、法制；从社会生活事件，到国际风云变幻；从党和国家重大政策的发布，到天气的变化、市场的行情，无不在报道之列。改革开放时代，人口大流动，商品大流动，人们社会活动的半径扩大了，眼界开阔了。过去穷山沟的妇女足不出户，如今走南闯北做生意。街道小厂的产品漂洋过海，他们开始关注国际市场的变化。中国人对大范围的新闻信息的需求增加。我们晚报如果仍然充当“拾遗补阙”的角色，就会逐步失去独立存在的价值。扬子晚报有一个目标，就是要把报纸办成“消息总汇”，逐步在本地自费读者中形成一个观念：除了看电视之外，只要再订一份《扬子晚报》就行了，上面消息全。我们力求在本报辐射的区域内，凡是读者关心的新闻不漏发。《扬子晚报》4开4版，版面小，只能在“螺蛳壳里做道场”。对新闻作信息化处理，最大程度提高新闻版的信息容量。第一版是要闻版，每天容纳20条左右的新闻。第二版、第四版以及第三版的一半，都容纳了大量的新闻信息。

为了获得丰富的新闻信息，扬子晚报着力开发新闻资源。第一个办法，和省内外一些高效率的信息渠道挂钩。他们拥有庞大、稳定的信息网络，有图文传真机。这些单位有我们的特约记者或特约通讯员。第二个办法，将驻外记者站办成小通讯社。《扬子晚报》在7个城市设有常驻记者站。驻外记者除了采写重点新闻稿外，将一部分精力用于搜集、整理地方新闻和“转口”新闻。第三个办法，借助新闻界的群体优势，与兄弟新闻单位“并网发电”，交换新闻。本报出版部每天早晨收听地方和中央台广播，从中发掘好新闻。第四个办法，采用先进的通讯手段。扬子晚报拥有图文传真机11台，可以保证外地新闻当日发回编辑部，第二天见报。

在当代，一个封闭的国家要落后，一张报纸关起门来办，自给自足，也不会有大的竞争力。

快速反应 奇峰突起

晚报新闻要有小桥流水、轻歌曼舞，更要有气势恢宏的交响乐。要有风味小吃，也要有京苏大菜。扬子晚报在重视信息的同时，注重抓重头新闻，即思想性强、可读性强、时效性强的“三强新闻”。抓那些令全社会注目、有时代感、反映社会生活主要流向的新闻。鸡毛蒜皮的新闻多了，报纸难免流为浅薄。

动态的重头报道在晚报版面上如同奇峰突起的高山，它同那些节奏舒缓的信息新闻、服务新闻、鉴赏性新闻构成和谐的统一。今年以来，《扬子晚报》上发表了一系列在读者中产生较大影响的重头新闻。如：《五上南极的中国人》，介绍一位给南极考察队开装甲运输车的中国士兵，历尽艰辛，几次死里逃生，立下了大功。今年渤海中两船相撞事故发生后，新华社发过一条几百字的消息，我们用了这条消息，第二天派记者赶往青岛，独家采访从海难中生还的海员，发表了长篇通讯《海难救生记》，报道国家为救一个海员的生命耗费百万巨资，海军出动多艘舰只，情节生动感人。令年，我们在一版辟专栏《改革开放大视野》，从上海开发浦东，写到本省开放城市南通、连云港、南京，最后写到海南岛，向读者报道北京风波之后我国改革开放的新进展，受到读者的欢迎和省委领导同志的肯定。我们报道常规新闻，惜墨如金，每条控制在几十字、一二百字。但对那些能够引起读者心灵震撼的新闻，则浓墨重彩，不惜版面，并且调动一切版面编排手段强化宣传效果。

从提高报纸快速反应能力和适应搞重头新闻的需要，1990年扬子晚报组建了特派记者组。这是一支随时处于待命状态的突击队。每期4名记者，2个月轮换。由一位编委任组长，一名部主任任副组长。特派记者组每天上午8时30分开会，汇总各方信息，当场定题，当日采写，当晚发稿。采访区域不限，只要有新闻，可以将触角伸向全国各地。每期结束，展览成果。组建特派记者组以后，各部门的记者都有机会参加，在重大采访活动中经受锻炼，增长才干，所以《扬子晚报》要闻版上突发性新闻和重头报道显著增加。

强化服务功能

强化服务功能，是提高报纸竞争力的一个重要手段。我们晚报的特色之一是服务。以传递新闻信息的特殊手段为读者服务。从发布高考录取分数线，到报道招工、市场行情、疾病流行等消息，服务内容包罗万象。读者发现，晚报不但具有宣传功能、娱乐功能，还有服务功能。

晚报的服务，是多层次的、多方面的，内容丰富，领域广泛。第一个层次，是直接的、具体的服务。比如，天气预报、今晚电视、兑奖号码，以及生活知识的介绍，等等。这些细小的、具体的服务，我们不可小看。每一项几乎覆盖所有读者层面。有十万、几十万甚至上百万读者关心。第二个层次，间接的服务。及时传递社会生活中与读者关系密切的消息，比如政府整顿收费、发放居民身份证、初中就近招收新生等。这类消息，读者非常关心，各条战线都有写不尽的新闻。第三个层次，广义的服务。包括向读者提供外部宏观环境的变化，如国内外大事、建设成就、科技成果、社会主义精神文明建设的新进展，以及提供人们在业余时间欣赏的珍闻趣闻等。

江泽民同志提出，新闻工作要为社会主义服务，为人民服务。晚报为读者服务大有可为。我们可以寓宣传于服务之中，在报道读者关注的服务性新闻中，宣传党和政府的方针政策，稳定大局；我们也可以寓指导于服务之中，倡导真善美，贬斥假丑恶，引导人们根据外部环境的变化，调整自己的生活方式，提高生活质量，促进人素质的提高和社会风气的好转。

追求高格调的可读性

晚报尤其要追求报纸的可读性，但可读性有格调高下之分。每人加一级工资的新闻、大学毕业生多数下基层、不直接进机关的新闻，有可读性。三条腿蛤蟆的新闻，流氓斗殴的新闻，也有可读性。但这两类新闻的格调不同。晚报追求前一种可读性，报纸就会雅俗共赏；而后一类新闻登得太多，报纸就会显得庸俗，会失去文化层次较高的那部分读者。

在贯彻中央关于新闻工作以正面宣传为主的方针过程中，扬子晚报一方面增加对优秀人物的报道，以强化正面宣传的态势；另一方面加强对社会新闻的选择性，适当压缩那些可能激化社会矛盾和暴露社会阴暗面的社会新闻。在法制报道中，适当减少对杀人、放火、强奸等个案的直观报道，强调透过对案件的侦破审讯，反映公安干警和司法人员的大智大勇，以正压邪，并通过与人民生活密切相关的个案的报道，增强读者的法制观念，普及法律知识。对各种灾害性事故的报道，着眼于总结经验教训，并通过透视人们在突发性灾害事故面前的行为、心态来抑恶扬善。我们坚持对社会生活中消极现象进行批评和揭露，而批评时，态度鲜明，要有建设意识，要站在党和人民的立场上。适当压缩那些思想内涵不够深广、格调过低的社会新闻，多报道那些催人泪下、感人肺腑的人际关系新闻，多报道同志之间、亲朋之间温馨感人的友情、亲情，增加凝聚力。

晚报的可读性，主要应当建立在新闻的重要性，以及与社会生活、人民群众的接近性上。首先是那些与公民的生存发展息息相关的一切问题，也是党和政府一贯强调要给予高度重视的问题。比如，衣食住行，升学就业，物价行情，生老病死，婚姻家庭，等等。人们都要穿衣吃饭，都要婚恋、生儿育女，都想健康长寿，都希望得到安定幸福的生活，都追求高尚的精神境界。这些关于人生的基本问题，是中国公民共同关心的问题。我们晚报如果紧紧围绕这些问题，并同宣传主旋律的交叉点展开报道，我们就会引起读者的共鸣，就会有很强的、健康的、高格调的可读性。

（本文作者为扬子晚报总编辑）

重视读者　了解读者　贴近读者

《扬子晚报》编委会

（原载《中国记者》1993年第一期）

刚刚开过的党的十四大，提出了我国经济体制改革的新的目标，建立社会主义市场经济体制。这一伟大理论的提出，对我国的经济建设和社会生活，将产生深远的影响。同时，也把我们的晚报事业，推入一个全新的市场经济的发展环境。毫无疑问，作为社会主义的晚报，应当为这一新机制的诞生，不遗余力地摇旗呐喊。晚报要想在这方面发挥很大的舆论影响和舆论引导作用，首先自己得立住脚跟，在市场经济的大潮中求得自身的生存和发展。这将是晚报界从此面临的一个共同的课题。

报纸，作为一种特殊商品，必将进入市场，经受竞争的洗礼。让读者在报刊如林的市场上自主选择、自愿订阅自己真正喜爱的报纸，将是报刊业的发展大趋势。晚报，特别是绝大多数非机关报性质的晚报，本来在发行上每年就没有什么“红头文件”为之“保驾护航”，今后将进一步面临“优胜劣汰”的考验。

在这种新的形势面前，怎么办？《扬子晚报》编委会在学习党的十四大报告的过程中，结合这几年的办报实践，作了初步思考。认为核心的问题是要树立全新的思想观念，冲破固有的框框和模式，坚定不移地追随时代的步伐，坚定不移地追随读者需求的变化。只有努力提高报纸对人民群众的吸引力，报纸在报刊市场才能赢得竞争力。

我们《扬子晚报》创办才6年，相当相当的年轻。我们晚报的从业人员，特别是其中的一批骨干，多数是从机关报转移过来的，在我们的头脑里，有许多的办报观念，不适应社会主义市场经济的新形势。这些观念，很大程度产生于计划经济的大环境，其中一个很大的弊端，便是忽视读者的需要。我们对为什么要办报，可以讲得头头是道，但是对读者为什么要读报？可能说不出子丑寅卯，这种思维定势，用于物质产品的生产，必然货不对路；用于精神产品的制作，除非有一种机制将这种精神产品硬塞给受众，否则定会徒劳无功。《扬子晚报》创刊6年来，在办报观念上贯穿了一个不断“吐故纳新”的过程。摸索了6年，到今天，我们已清晰地认识到，随着报刊市场竞争的日趋白热化，我们的读者越来越像是真正的上帝。谁要是对读者的需求置若罔闻，谁就是自断财路、自绝生路，就是砸自己的饭碗。

鉴于这样的考虑，我们《扬子晚报》注意运用多种渠道，用心摸清读者的口味。其中最基本的办法，就是定期进行大规模的读者调查，6年来，每年都要进行一次。最近的一次从1992年8月27日开始，到9月15日结束。调查的题目就叫《你喜欢看什么？》，不到20天时间，编辑部收到参加这一活动的来信共4403封。对这些来信，我们分类逐项统计。调查结果显示，各方面读者的意见，在整体上惊人地相似。有的意见，与我们的判断一致，有些则完全出乎我们的意料。当我们某些方面的构想与读者需要不一致时，我们只有一个选择，就是真心实意地按读者的需要办。所以，当这一调查活动结束之际，《扬子晚报》在新的一年如何提高质量，一条清晰的思路已摆在了我们面前。

集思广益提高报纸质量的另一更有效办法，就是提供条件，邀请读者参与，实行全方位的开门办报。去年本报在读者调查活动结束之后，紧接着登报招聘兼职办报人员。短短的时间内，共有4000多封应聘信寄到报社编委会，里面真是包罗了各类人才。目前，细致的选聘工作仍在进行中，有一部分已获聘书，开始了特约记者、兼职编辑的工作。同时，在报纸上开辟便于读者参与的栏目。

我们的再一个思路，就是要提高报纸的竞争能力，就要设法在发行上把报纸真正推入市场，让其天天承担零售的考验，经受让读者挑剔一番决定取舍的风险。《扬子晚报》在创办第二年的1987年，开始自办发行。目前，在省内的每个城市，都实行2～3个渠道同时发行，发行这份晚报的，有邮局的预约零售，有兄弟报社的发行网络，还有各种社会力量承办的零售网点。1992年《扬子晚报》扩版以后，发行量已达57万多份。其中南京市每天35万多份，90％以上是零售。这种多渠道发行，零售为主的发行机制，风险是很大的，它要求报纸质量不断稳定提高，这就逼着我们在办报上如履薄冰，刻意经营，对读者不敢存丝毫糊弄之心。

报纸面临的竞争是多方面的。有来自广播电视的、机关报的，当然也有来自晚报家族的内部。这种竞争可以互相促进，共同提高。竞争将使我们的读者受益无穷。对这种竞争，《扬子晚报》编委会提出，我们不搞以邻为壑，不搞谁吃掉谁，我们的口号是“友好竞争，比翼奋飞，共同发展”。

（米卢作客扬子晚报）

追求高格调的可读性

周正荣

（原载《新闻战线》1994年第一期）

报纸宣传也要讲究效益

中国进入了效益时代，在经济工作中，应当讲究效益，已经成为人们的共识。那种没有效益的产值，没有效益的速度，受到越来越多的人们的摒弃。

那么，宣传工作，要不要讲究效益？报纸宣传，广播电台、电视台的宣传，有没有一个效益问题？

回答是肯定的。

宣传的效益问题，一向没有受到应有的重视。人们关注的往往只是我们应当宣传什么，我们已经宣传了什么；而很少关注我们的宣传是否起了作用，是否被人们接受，或者说，起了多大的作用。我们关注的是报纸登了没有，登了多大块头，却不关注我们登了，有没有人看，有多少人看了。

我们应当面对这个事实：报纸上登的东西，并不是每篇文章每个读者都看的。有的文章读者覆盖率为100％，个个都看，这个目标很难达到。有的文章看的人多些。最惨的是，一篇文章登出来，只有2种读者，一个是写这篇稿子的记者，一个是被写的单位的读者。如果一张报纸，洋洋大观多少个版，找不到几条可读的稿子，大多数稿子放了空炮，没有人看，这张报纸的宣传效益在哪里呢？一篇稿子，从记者采访到发表出来，是一块“千人糕”，凝结了可观的物化劳动。它实际上的消耗是可以计算出来的；记者工资、奖金、住房，编辑、校对、印刷厂工人的劳动，纸张、油墨、机器磨损费，邮局的发行费，把这些钱平均到每篇发表出来的稿子里去，如扬子晚报，日发行量为72万份，每篇1000字的稿子代价为3825元。如果这篇稿子根本没有人看，那么不少人的劳动，这3825元，就抛进了流水。更大的损失是，该宣传的没有有效地宣传出去，丧失了宣传时机，这种政治上的损失是不可估量的。如果让许多没人看的稿子充斥了报纸版面，浪费有多大，我们宣传的效益又在哪里？

其实，随着报纸逐步进人市场，想不管宣传效益也不行了。现在，公费订报款越挤越少，想吃这块肉的报刊越来越多，僧多粥少。出路主要是发展自愿的自费订报。这就要受到无情的市场规律的支配。一张报纸，连续没有可读的东西，就成问题了。市场上的报纸很多，你这张报纸不好看，还有别的。没有阅读价值的报纸，对读者、对党和人民没有多少使用价值。所以，报纸应当重视新闻的可读性。真正有新闻价值的报道是有可读性的。

我们强调报纸的思想性、指导性，这是非常正确的。但是，不应当因此排斥可读性。它们是相融的。新闻的指导性、思想性必须以有价值的新闻事实作为载体，必须可读，能为读者接受。实现指导性、思想性的前提是新闻可读，如登出来的东西人家根本没看，那去指导谁呢？因此，指导性、思想性离不开可读性，要为读者所喜闻乐见。

应当追求高格调的可读性

讲到可读性，人们的潜意识是将它与社会新闻、奇闻轶事联系在一起。认为讲可读性是晚报、街头小报的事情，严肃的报纸，大报、党报、机关报讲的是指导性、思想性。其实，所有新闻，包括政治新闻、经济新闻、文教新闻，都有个可读性问题。所有的报刊，也都毫无例外地有个可读性问题。只是，追求可读性，有不同的路径罢了。不同品位的新闻工作者，不同格调的报纸，为追求可读性，有的追随时代的脚步，与党和人民同呼吸共命运，忠诚地为读者服务；而有的报纸为吸引读者，连篇累牍、挖空心思展示性刺激、凶杀、暴力。由此，产生不同的结果。有的报纸既有高雅的格调，又雅俗共赏，受到读者的欢迎；有的报纸成为“扫黄”的对象，成为不敢亮出自己出版单位的精神垃圾。

我认为具有健康的高品位的可读性的新闻，至少包括如下几类：

1. 思想性、指导性、可读性兼备的新闻。既能配合党和政府的中心工作，宣传主旋律，同时是读者关注的热点。这样的报道是新闻中的上品。思想性、可读性、时效性都强，我们不妨称之为“三强新闻”，“三强新闻”无疑是报纸头条的主角。《深圳特区报》1992年报道邓小平南巡的通讯《东方风来满眼春》，那是“三强新闻”。

现在有种怪现象，报纸的许多头条无人看。大半原因，是注意了思想性、指导性，缺乏可读性。当然，也有另一种情况，有些报纸的头条，虽然报道的是群众关心的事，但给人的感觉很轻、很薄，没有力度，没有丰富深沉的思想内涵。那往往是就事论事，忽视了思想性、指导性，偏离了时代的主旋律，没有把握生活的主要流向，敲边鼓。这样的新闻，登这样新闻的报纸，很难担当推动历史和社会进步的重任。

党和政府的重大决策，包括重要会议的报道，领导人的讲话，有很多很多是“三强新闻”。有些人不喜欢这些新闻，认为这些新闻太硬，没有可读性，不肯登，应付了事，这是很不聪明的。其实，党和政府大的活动，大的政策出台，关系到国家或一个地区的前途、兴衰，或早或迟会对人们的利益发生影响，老百姓很关心，就连海外新闻媒介也抢着报道。当然，并非所有会议、所有领导人讲话都有新闻。

既是党和政府着力抓的中心工作，又是人民群众关注的焦点，这类新闻事件，可读性相当强，宣传效果也好。南京物价一度上涨较快，尤其是菜价，老百姓街谈巷议，情绪波动。省、市委和政府非常重视。《扬子晚报》连发几个头条，告诉人民群众，党和政府对物价问题看到了，非常关注。对于政府抑制物价上涨的步骤，突出宣传。对哄抬物价的不法商贩，予以抨击。老百姓看了很高兴，领导机关对于新闻舆论的策应也很满意。还有中小学乱收费问题，群众反应强烈，我们报纸连续做文章，引起省、市有关部门的重视。对群众关心的问题持冷漠的态度、回避的态度（因实际工作需要对某些热点问题淡化处理另当别论），不讲究宣传针对性，不和读者心灵相通，讲大话，打官腔，那样的新闻是没人读的。

2. 好的社会新闻，可读性强。社会生活如波澜壮阔的大潮，瞬息万变。在改革开放的历史环境中，人们的思想观念、生活方式、人际关系，发生深刻的变化。改革开放，涉及不同群体利益的调整。由此，演绎出许许多多天才作家都难以构思出来的形形色色的生活事件、人生故事。有的美好，有的丑恶；有的催人泪下，促人奋进；有的发人深省，令人扼腕慨叹。社会生活是新闻的富矿。那些很真实、富有人情味的社会新闻，读者是很喜欢看的。报道社会新闻，一方面是向读者展示社会生活的最新变化，让人们适应新环境，热爱新生活；另一方面是运用新闻舆论工具对社会生活作冷静、理智地干预、引导。

3. 读者覆盖面很大的服务类新闻，有可读性。服务类新闻，现在报纸、杂志、电台、电视台都在搞。这里有两个问题值得注意。第一，报纸的服务，不同于杂志。报纸是通过向读者报道新闻事实的独特方式，为读者服务。最好不要东抄西摘“死知识”。不然，会在一个方面致使报纸“杂志化”。第二，要考虑服务类新闻的读者覆盖面。如，报道糖尿病人饮食应当注意什么，意思不大。因为糖尿病患者在几十、上百万读者中占的比例太小。如果换成牛奶与鸡蛋能不能一起吃，那覆盖面就大了。

4. 情调比较健康的鉴赏性新闻，一些异常的自然现象，奇特的景观，反常的社会现象，这类事件新闻，能使人开眼界、长知识，拥有不少读者。

除此以外，还有两类：一类是色情、凶杀、暴力新闻；另一类是违背党的宣传纪律，闯红灯，打擦边球，政治上哗众取宠的内幕新闻。对于这两类新闻，虽有可读性，扬子晚报坚决不搞。当然，对于法制宣传中的凶杀、暴力犯罪，有个怎样把握的问题。

一张报纸，如果常登色情、暴力新闻，读者就会瞧不起你。正派的人不屑于买那样的报纸。有的报纸为了提高发行量，登黄色新闻，读者是很不满意的。有一位老年读者，给扬子晚报编辑部写了一封信，信中说：“希望扬子晚报继续保持健康的格调，为报刊界多保留一片净土。现在少数报刊被一些文化流氓把持，变着花样登性、登女人被践踏蹂躏，津津乐道，厚颜无耻，这些人忘了，他妈妈、他女儿、他奶奶，也是女的。”读者的愤慨，可见一斑。扬子晚报内部有一条规矩，决不登黄色新闻，不管它有多强的可读性，审稿时看到一条毙一条，决不让它见诸报端。我们的报纸，应当对宣传的社会效果负责。

追求高品位的可读性，报纸才能覆盖社会各个读者层，覆盖广大的读者群。报纸追求的目标当是各个阶层都要看，如果层次太低，就不能进高等学府，就不能进机关大院，那就抛开了一批优秀人物的读者群。长此以往，高层次的读者作者不屑于给报纸写稿，报纸也邀约不到好的稿件。

怎样避免追求可读性可能产生的负面效应

1. 既要研究捕捉社会生活的热点，不回避热点，又要对热点冷静思考，注意把握报道的度，不要在热点上盲目加热，给政府难上添难。

我们不回避热点，如菜价、学校乱收费等，如果老是回避，时间一长，报纸就没有威信。但要注意有所选择，要注意报道的度，不可盲目炒。现在新闻媒介发达，宣传起来立体交叉，一条新闻，往往报纸、电视、电台一齐上，反复报，炒得太热，有时会产生副作用。因此，太热了得赶快撤出，不可恋战。

2. 报纸既要关心群众的喜怒哀乐，关心群众困难，申张正义，又不能给政府解决问题增加困难。

3. 对社会上腐败现象的批评，既要敢于碰硬，又要防止片面性、情绪化，不能一味地渲染社会的阴暗面，使人民群众读了丧失信心。

4. 把握好法制新闻的宣传。对一些重大案件，有所报，有所不报。对一些可能诱发犯罪的案件或情节、作案手段，不予报道。

（本文作者是扬子晚报总编辑）

第二部 党报改革探索：《新华日报》三轮深度改版

《新华日报》实施改版，提高报纸质量的实践

《新华日报》编委会

经江苏省委批准，《新华日报》1995年12月1日正式改版，至今已经半年多。江苏省委书记陈焕友，省长郑斯林热情支持改版，亲自审阅改版方案。多方征求意见，六易其稿的《新华日报改版方案》实施后，江苏各级党委、政府、广大读者对改版后的《新华日报》普遍给予好评。省委领导同志说，《新华日报》改版，可以说一举成功，上上下下反映都比较好。要总结完善，取得更大成果。中宣部新闻阅评小组也肯定了《新华日报》改版，认为改版后的《新华日报》“面貌一新”“报道最多的是改革开放的新成果、新变化、新动向，同时报道群众普遍关心的问题”“信息量大，短新闻多，内容贴近实际，贴近生活，贴近群众”，“改版是成功的”。

调整办报思路

适应新时代党和人民对党报的要求

《新华日报改版方案》明确地提出了改版目标：把具有光荣传统的《新华日报》办成在新时代历史环境中，让党和政府满意，受读者欢迎的国内质量一流的省委机关报。

编委会酝酿确定了《新华日报》改版的准确定位，主要是功能定位和读者定位。

改版必须坚持党委机关报的性质不变，改版后《新华日报》的主功能是“用正确舆论引导人”，决不能通过弱化主功能，强化副功能的方法

来吸引读者，决不能走党报晚报化的路子，而必须扬党报之威，融晚报之长，增强指导性、时效性、可读性，增大信息量。所以，从功能定位而言，此次改版是发挥党报优势，强化党报舆论引导力度，提高党报宣传水平的实践。关于读者定位问题，编委会认为，在现阶段，党报的主要读者群体是各级领导干部和广大基层干部，改版后的《新华日报》首先要努力满足他们的要求。但是，不能把干部需求和群众需求对立起来。在一定时期社会普遍关注的、与群众利益密切相关的“热点”，也必然是干部密切关注的焦点；而空洞陈旧的说教，群众不爱看，干部也望而生厌。改版后的新华日报要紧紧盯住干部群众具有共同需求、共同兴趣的领域，深入开发新闻资源，力求做到既使党和政府满意，又受广大群众欢迎。巩固扩大党报在报业结构中的舆论主体地位。

较大幅度调整报道内容
形成“顶天立地”的总体格局

“顶天立地”四个字是我们对改版后《新华日报》报道内容总体格局的高度概括。所谓“顶天”，即改版后的《新华日报》要强化对党中央、国务院，省委、省政府重大决策的报道，对党委和政府的重大决策要“报深，报透，报活，报到位”。所谓“立地”，即改版后的《新华日报》要强化与人民群众切身利益密切相关的各类新闻的报道。在这一总体格局中，“顶天”与“立地”并不是各自独立的两大“版块”，也不是一部分版面和稿件“顶天”，另一部分版面和稿件“立地”。对中央和省委精神做僵硬、单调、灌输式的宣传，势必沦为空洞的说教，并不是我们所说的“顶天”；对经济生活、社会生活、文化生活热衷于作猎奇、消遣的报道以迎合读者，势必偏离正确的舆论导向，也不是我们所要的“立地”。我们应坚持“顶天”与“立地”相互依存相互融合的有机统一。为此，我们十分注重从群众关心的角度宣传中央和省的重大决策，十分注重以省委精神来分析群众关心的各类问题，特别注重强化既是党和政府的中心工作，同时又为广大群众关心的“交叉点”新闻的报道。

改版半年多来，我们对中央和省委涉及全局的重大决策、重要活动都精心组织了富有成效的报道，浓墨重彩宣传体现中央精神，贯彻省委决策，富于时代气息的典型。如年初头版头条报道的“华鑫现象”：一个濒临破产的乡镇纺织企业转而投资农业，发展特种养殖，不但绝处逢生，而且在短时间内跻身全国乡镇企业百强前列。我们不仅发表了通讯《华鑫传奇》，而且组织在宁专家学者论“华鑫现象”，揭示出一个有重大意义的主题：农业是一个有广阔市场前途的产业，企业家投资农业是有远见卓识的举措，从而为加强农业这个基础开拓了新思路。从新闻宣传上说，从一个企业的微观报道，获得了普遍的宏观的指导意义。从今年三月开始，编委会根据省委常委会的要求，着力策划，精心组织了上上下下普遍关心的“沪宁高速公路建设系列报道”，这组系列报道由《展现江苏现代化风貌的工程——访省委书记陈焕友》《沪宁高速公路建设进入关键性决战阶段》《群策群力，决战决胜》等20余篇消息，由通讯、特写、评论及大量图片组成，气势磅礴，形成强大的舆论冲击力。“落实中央五中全会精神，加快实现两个转变”是江苏省委的中心工作，也是改版后的《新华日报》花大力气报道的重点。四月初，编委会紧密配合省委在扬州招开的实现两个转变经验交流大会，提前组织了强有力的报道班子到各地采访。在报道好大会精神的同时，推出了《追求速度与效益并进——扬州规模经济发展新态势》《为台柱子再添风采——无锡搞活国有企业采访记》《构筑现代化大流通格局——苏州加强市场培育建设扫描》等重点报道。与此同时，编委会成员率领小分队长驱千余里，采写了《挺进蓝土地——南通海岸线巡礼》《桥头起春潮——连云港巡礼》等组合报道，把省委、省政府“建设海上苏东”的宏伟战略构想形象生动地展现在全省人民面前。

改版后的《新华日报》大量增加宏观、中观新闻的报道，压缩上不“顶天”、下不“立地”具体单位一般性工作经验的报道，压缩部门和行业的业务性很强，读者面很小的工作报道和会议报道。如此改革，我们基于这样的认识：在发展社会主义市场经济条件下，党和政府对经济工作的领导，已从微观指导转向宏观调控。让各行各业人们了解党和政府的重大决策，改革开放的最新进展和宏观环境的变化。根据这个变化，我们着力于宏观环境发展趋势的观察和分析。通过发表分析、解释新闻，对经济工作、经济生活、社会生活的报道，注入理性思考和思辩色彩。改版后，我们设置了重头栏目“本报观察家”，连续不断地采写既能体现中央和省委意图，又紧贴现实政治，经济社会生活的新闻分析和评论文章。这些“拳头产品”的选题大多由编委会领导与有关编辑记者认真研究决定。如配合中央和省委关于加快“两个转变”宣传的《既要规模化，又要柔性化》《“协作”求“集约”》《论市场占有率》《开拓省外市场是当务之急》《叫响苏货品牌》《降低关税，挑战面前没有旁观者》《淮猪肉为什么丢失南京市场》，等等。改版以来，“本报观察家”共见报60余篇，大多以新的视角，从社会生活的热点切入，观察和分析党和政府、人民群众普遍关注的重大问题。作者在采写过程中广泛征询党委，政府领导部门和专家学者意见，把领导的思路、学者的研究成果和作者的思考揉合在一起，突破了新闻评论偏重于演绎型说理的传统，形成了“信息大于说理”的鲜明特色，在领导与群众、理论家与社会公众之间，架起了沟通理解的桥梁。既有较强的理论性、针对性，又有一定的可读性，较好地发挥了党报引导舆论，启迪思想的功能。江苏社会科学界人士认为，“本报观察家”刊出的不少作品，对改革开放过程中出现的新情况、新问题提出了党报的真知灼见，终将成为江苏各级党政领导和广大读者的思想库。

改版后的《新华日报》十分注重发挥党报的理论优势。为了强化理论导向功能，我们对理论版《思想界》做了较大改革。最显著特点是对理论文章进行信息化处理，即将省内外专家学者的新思路、新观点、新见解用新闻的形式报道出来，这样，文章变短了，版面容量增大了，过去一个版只能发两三篇文章，现在一个版可以发十几篇，读者可以在短时间内接收到大量的理论信息。与此同时，该版选择一些极具思想性和针对性的理论问题组织学者进行多角度探讨，保证版面新而不浅、短而不浮。《思想界》还设有专门报道北京、上海等地理论动态的“北京热线”“上海热线”，有反映两种声音的“双声道”，有就群众关心的问题和学者进行对话的“热门话题”等。以灵活多样的形式增强理论宣传的效果。中宣部《新闻舆论动向》两期载文对《新华日报》理论版的改革作了充分肯定的评价。其中一期以《新华日报理论版的一个特色》为题指出：“以短文集萃的方式，发表专家学者们对一些热点问题有见地的议论，既有理论色彩，又有新闻价值，这是《新华日报》理论版的一个特色。”另一期评介了经济学家晓亮对该编辑的谈话《对集体所有制要重新认识》，中宣部阅评员认为，这篇学者谈话“具有导向作用”“对新闻界有参考价值”。

改版后《新华日报》大量增加贴近群众、贴近生活的新闻报道。作为党委机关报，新华日报对“两个贴近”的追求不同于晚报和生活类报纸。新华日报把着力点放在及时追踪报道省委、省政府和省辖市市委、市政府对人民群众关心的重大决策运筹上。我们各级领导同志一向关心人民群众生活中的难点并设法解决。比如，他们把米袋子、菜篮子、环境卫生、城市交通、教师工资、就业待业、物价住房等问题作为工作的重点，做了大量艰苦的协调工作，化解了大量棘手的矛盾。改版后的《新华日报》特别注重组织策划这类报道，把党和政府的努力告诉人民群众，使人民群众理解支持党和政府的工作。改版之初，正逢牵动千家万户房改政策出台，为了能及时发表政府房改的权威信息，编委会决定在头版开辟“房改热线”，由本报记者和政府有关部门负责人联手，直接回答读者提出的问题。开办热线电话的同时，记者们在总编辑直接指导下采写了一连串的报道，如《房改官员细说房改》《出售公房怎样定价》《房改牵动消费市场》《消费市场的良性调整》，等等。诸如此类“贴近群众”“贴近生活”的报道，人们从改版后的《新华日报》上每天都能读到，不少报道在读者中引起热烈反响。如，以反映中小学生课业负担过重问题的组合报道《双休日加课目击记》《把双休日还给孩子》；又如，深层次透析“马路市场”现象的《既要管好，又要繁荣，还要方便群众》《如何看待城乡富余劳力的就业竞争》；热情宣传下岗职工自强不息精神的现场报道《追访下乡创业的城里人》《顽强不屈写人生》等。编委会强调，所谓“贴近生活”，并不是无原则地迎合生活，而是通过反映生活、服务生活、干预生活，达到用正确舆论引导生活，帮助人民群众创造新生活的目的，这就要对生活中的各种现象进行具体分析，担负起扶正祛邪，激浊扬清的责任。今年3月，南京一家奶业公司提出开发牛奶浴以“满足一部分消费者的高层次需要”，这一消息披露后，新华日报在《舆情聚焦》专栏发表新闻评论《莫名惊诧说奶浴》，对这个引导畸型消费的做法提出尖锐批评，受到读者称道。

改版中，编委会强调，必须坚持党委机关报鲜明的党性与遵循新闻规律的一致性。“顶天立地”的版面内容格局必须具有新闻价值的新闻事实作为载体，才能发挥其正确引导舆论的功能，达到预期的宣传效果。基于这一认识，我们强调中要改变不重视新闻规律的倾向，充分发挥新闻优势，向广大读者提供尽可能丰富多彩的各类新闻应成为改版后的重要目标。改版前，《新华日报》有固定专版27个，版面设置也沿袭了计划经济时代与专业管理部门“对口”的“专业化”模式，缺乏特色和思想深度，编辑部各业务处室“分兵把口”，形成版面割据。这次改版，编委会下决心大量压缩一般化，概念化的专版，重点设置有时代感的“思想界”“当代农村”“新潮”（副刊）、“博览”“新华周末”等。

《新华日报》本次改版强调研究宣传艺术，提高宣传效益；强调多发精短新闻，加大信息量；多发图片新闻，增强感染力。改版4个多月，《新华日报》6个新闻版平均每天刊登各类新闻120多条、新闻图片20多幅。新闻稿件和图片的刊出量比改版前加大数倍。随之发生的变化是新闻的时效性大大增强，信息量大大增加，报纸对现实生活的快速反映能力大大提高。

同步进行多方面的配套改革

建立保证改版方案实施到位的运行机制

《新华日报》的改版是涉及方方面面的大动作。除了调整内容格局和办报思路，更新新闻观念外，还涉及强化激励机制，调动编辑记者的积极性；完善内部管理机制和编辑出版程序，建立严格把关，质量保障机制。这是一项系统工程。报社党委会、编委会在广泛征求编辑部内外意见的基础上，出台了一系列“改制文件”，其中包括《新华日报改版方案》《新华日报改版后的编辑部的机构设置与人员配备》《编辑部各处室工作任务分工》《编辑部工作人员实绩考核办法》《关于加快编辑部工作节奏，提高新闻时效的的决定》《出版部人员配备及工作流程》等。改版以来，随着一系列文件的内容同步得到了贯彻落实，基本达到预期目标。

新华日报党委会、编委会要求，改版后，编委会成员和各处室负责同志应集中精力、聚精会神办报；排除干扰，将主要精力放在研究组织和带头典型报道、宏观报道及提出问题、分析问题的深度报道上。要采取有力措施提高编辑部对经济与社会生活快速反应能力。第一线人员要精干，要形成派得出、打得响、快出成果的队伍。要加快编辑部工作节奏，减少稿件处理环节。要确保当天编辑记者采写的稿件处理不过夜，通讯员传递到编辑部的稿件处理不过夜。编委会主要领导强调：对全省重大新闻的报道，特别是省和省会南京市重要动态新闻的报道，新华日报要“打第一枪”，并且不能遗漏。对同一新闻事实的报道要力求比其他报纸胜一筹。要及时对广大读者普遍关注的新闻事件发表较有权威性的评论。

新华日报编辑部在内部管理上进行了配套改革，其主要内容包括：

第一，强化激励机制，定性定量考核编辑记者的工作实绩。考核客观公正地评价每个工作人员为报纸事业发展作出的贡献，考核的结果和劳动报酬、职称评定、干部任用挂钩，确保那些埋头办报的人得的实惠最多，造成有利于新闻人才脱颖而出的环境。

第二，实行采编分开，把精干力量放在采访第一线。编辑部把那些年龄较大的资深老编辑从第一线剥离，成立来稿编辑室新闻信息中心，专门编发通讯员、特约记者和外部新闻渠道来稿。编辑部其余各处室只管自己写稿，不编来稿。这些第一处室成为年轻力壮的编辑记者们充满活力的竞技场。

第三，版权收归编委会，将最终用稿权掌握在值班总编辑手中。坚持“一把尺子量到底”，统一用稿标准，这个尺子，就是经省委批准的改版方案。进入版面所有稿子必须经值班总编签发，改变版面部门割据局面，责任明确而严格，确保导向正确，同时杜绝质量低劣的关系稿、人情稿。

第四，强化指挥调度，加快工作节奏。《新华日报》改版以后每天开两个会，第一个会，是特派记者会。特派记者组是一支捕捉新闻的突击队，由总编辑亲任组长，它的作用是加强报纸对社会生活的快速反应能力，及时组织采写体现中央、省委精神的重点报道。从上午8点20分到9点，汇总各方新闻信息，监测分析政治、经济、社会生活的变化、热点的转换，确定当日重点报道选题。捕捉有价值的动态新闻和突发新闻，及时撰写针对性强的评论文章。通常由总编辑听情况、点题、定思路，记者采访写稿。特派记者组成员每个月变动一次，改版半年多来，全报社已有80多名编辑记者先后参加过这个“突击队”的活动，采写各类稿件800余篇，其中很多是重点稿件，不少是头版头条特派记者。第二个会，是值班处长编前会。由总编辑和值班编委主持，从上午9点到9点40，传达上级指示，交流社会动态和各处室运作动态，传达编委会意图，确定当日重要报道选题。从过去每周一次编前会，到每天一次编前会，编委会的指挥调度强化了，从过去“终端审稿”，延伸到“源头抓稿”，配合党委政府重大决策更及时；反映社会生活的变化更灵敏。

《新华日报》改版半年多来，已经出现新的变化，报纸版面上，主旋律更突出了，读者喜欢看的鲜活新闻多了，编辑记者积极性高涨。最近，编委会正在着手帮助特约记者、特约通讯员转轨。将全省60多个县市的专职新闻报道人员，分批请到报社集训，每期一个月，学习改版方案，和编辑记者一起，参加采编活动。这项工作完成后，预计新华日报将会拥有更加充沛的优质稿源，这对进一步提高报纸质量会大有裨益。

我们清醒地认识到，改版是提高党报宣传质量的艰难探索过程。半年来的实践只是迈出了坚实的一步，在取得可喜成绩的同时，也暴露出一些新的矛盾，对报社领导，编辑记者的素质提出了更高的要求。目前，我们正在酝酿第二步改版，以期巩固前以阶段的改版成果，把新华日报的整体水平提高到一个新的层次。

1996年5月25日

中共中央宣传部“新闻阅评”：
“《新华日报》改版面貌一新”
“《新华日报》的改版是成功的”

《新华日报》（1995年）12月1日起正式改版，具有以下三个特点：

一是信息量大，短新闻多。12月1日8个版除1个版广告外，7个版共刊登稿件123篇、照片20幅。特别是头版消息18条，都在千字以内。12月2日头版5条反映国有企业深化改革的消息，都是二三百字。

二是内容贴近实际，贴近生活，贴近群众。报道最多的是改革开放的新成果、新变化、新动向，同时报道群众普遍关心的问题，如南京安排失业和下岗职工、农民买化肥难有望解决、艾滋病正向我们逼近等。社会新闻大都是群众喜闻乐见的弘扬社会正气，鞭挞不良风气的人和事。

三是栏目丰富，标题醒目，编排新颖。除了刊登综合、经济、政治、科教文卫、体育和国际新闻外，还有专版、专栏共19个。各版编排新颖活泼，栏题设计精美。

据了解，《新华日报》这次改版经过半年的精心策划，广泛征术群众的意见，并选登了几十位读者的意见。

我们认为，《新华日报》的改版是成功的。

1995年12月11日

附件一

新华日报编辑部工作人员
实绩考核办法（暂行）

为了充分调动编辑部工作人员的积极性，实现提高报纸质量的目标，编委会决定进一步完善编辑部工作人员实绩考核办法，定性定量考核各个岗位上工作人员的实绩，客观公正地评价工作人员在自己的岗位上为办好报纸作出的贡献，考核结果与收益分配、职称评定、干部职务升降紧密挂钩，并且要最终形成这样一个局面：在编辑部得到好处最多的人是集中精力办报贡献最大的人，创造一个有利于新闻人才脱颖而出的小环境。

考核遵循一个原则：在编辑部分配的内部岗位上，各个岗位上的工作人员所得报酬、奖励的机会均等。

一、编辑部的考核以采写新闻的业务处室为基准

采写新闻的业务处室考核办法如下：

1. 编辑记者写稿实行打分制，常规新闻稿每条3分，一版头条是常规稿的3倍，为9分（常规会议新闻除外，此类头条得常规稿分）。二版头条是常规稿的2倍，为6分（常规会议新闻除外，此类头条得常规稿分）。简讯得分为常规稿三分之一，为1分。一个记者每月所发简讯不得超过3条。每分的含金量由编委会根据稿费发放的总盘子确定。

2. 除编委会统一调度的重大报道任务以外，记者写稿鼓励单兵作战，鼓励与通讯员合作。凡记者自发合作写稿，几人均分常规稿的得分。记者与通讯员合作写稿，记者得全额分，通讯员得全额稿费。

3. 每个记者的定额每月10分，定额之内的考核分，由编委会确定含金量，超额部分的含金量是定额之内的2倍。记者一年内有6个月完不成定额的调整工作岗位。

4. 奖金分配和稿酬收入坚持两个原则：（1）编辑、记者不搞以牺牲报纸质量为代价的创收。（2）堵死暗道，敞开前门。各个处、各版面的“小刊头”由广告部统一经营。每个月每人完成定额的再领取200元超产奖，差5分的扣一半，差8分的扣光。

5. 处长轮流值班，处长的定额在记者定额标准上下降三分之一，在自己所得分的基础上，副处长上浮30%，处长上浮40%。

6. 特殊品种稿件的计分：（1）分量较重的、由记者采写的来自现实生活的舆论监督稿得分为常规稿的2倍。（2）社论、“本报观察家”文章、有一定力度的宏观走势分析文章、经编委会派遣赴外地采访的重点报道、反映省委意图、提出问题的重点报道，经值班总编认定，得分为常规分的3倍，如已安排一二版头条，不再重复加分。（3）撰写的常规言论得分为常规分的2倍，编辑的常规言论得分为常规分的三分之一，即1分。

7. 记者到南京市以外的市、县、乡采访，考核分是所得稿件分的2倍。

8. 本报驻外记者考核办法和编辑部处室考核标准一致。记者处处长和本部编辑主要任务是及时编发记者来稿、组织、策划驻外记者的重点报道选题及“记者来信”等栏目的选题策划，其考核办法参照来稿编辑室考核办法另定。

9. 为鼓励各处处长抓重点稿件，编辑记者写出得9分重点稿件的，签发稿件的处长另得2分。

二、编辑部其他部门以采访处室的考核为基准，具体办法如下：

1. 算出采访新闻的各业务处室当月平均奖金。

2. 以平均奖乘以有关处室人数得出这个处的奖金总额。

3. 有关处室根据自己从事的工作性质，制定出考核办法。核定每个人当月得分。

4. 用全处的奖金总额除以全处的考核总分，再乘以各人的个人得分，即为当月有关人员应得奖金。

5. 出版处考核原则：（1）考虑到出版处夜班编辑工作的辛苦，为稳定夜班队伍，将他们的考核分在所得分的基础上上浮30%。（2）考核分分布在处理版面的工作量、版面质量、出版时间三个方面。

6. “思想界”“新潮”“当代农村”“新华周末”四个专版的考核办法：

（1）4个专版担负主要发稿任务的编辑，实行单篇发稿，由处长签发、值班编委审稿，审过的稿子返还有关处，由处长组版，交出版处划版。见报后单篇计分，分数作为二次分配系数。

（2）每月月底，由有关编委、处长和总编办负责人组成3人小组，对专版作逐个评判。专版质量分甲乙两等，每个专版具体得分以编辑部业务处室平均奖水平为基准上下浮动。

（3）承担有关专版主要发稿任务的编辑，以自己单篇发稿的得分作为分配系数参与专版奖金的二次分配（单篇发稿自己采写、撰写的得3分，编稿、组稿的每篇得1分）。

（4）获得甲等专版的有关签发处长另得2分。

（5）主要负责专版发稿任务的编辑记者保质保量地完成编辑任务即认定完成定额，写专版以外的稿件，采用一篇发一篇稿费。

7. 本报摄影记者在本报每采用一张照片发一张的全额稿费。上不封项，下不保底。摄影记者每月定额为本报刊用6张。完不成定额，按新闻常规稿的比例扣发“超产奖”。

8. “博览”专版发稿考核办法：

（1）“博览”专版发稿任务由本报资料室人员和聘请的一批兼职编辑承担。

（2）单篇向值班编委发稿，值班编委签发的文摘稿统一流向出版处组版、划版。

（3）发稿人员被采用一篇文摘得一篇稿费。

9. 来稿编辑室考核办法及评分标准：经一个月试运行再确定。试运行期间的稿酬，与每人实际用稿量挂钩。

10. 打分考核由总编办公室实施，总编辑签发。

三、实施编辑部工作人员考核办法的原则是：由粗到细，边实践边总结，逐步达到准确公平。但必须强调，一旦开始实施，坚决按确定标准兑现，不打和牌。在实施中如果出现不够完善的地方，可调整有关标准，上月结清后，下个月按新标准实行。

四、12月1日开始为期一个月的试运行，试运行期间，如果大多数完不成定额分，则按比例平均下浮定额，确保80%的人经过努力能完成定额。

五、报社其他各部门将另行制定有关考核办法。

新华日报党委会

新华日报编委会

1995年11月1日

附件二

关于加快新华日报编辑部工作节奏，提高新闻时效的决定

一、处长或编委指定有关记者执行的报道任务，必须按时完成，不得拖延，超过时限，丧失报道时机。重大新闻事件如因记者主观努力不够，延误报道，以致造成在新闻竞争中落败，有关记者应承担责任，扣考核分1分。

二、编辑部各处室记者当日采写的稿件各处值班处长必须在下班前发给值班总编，如来不及编，可将原稿送交值班编委当晚编发。处长不在岗，记者可直接向值班编委发稿。少数晚间发生的新闻，如演出、会议等，由写稿记者直发值班总编。记者稿件不得在处长手中滞留过夜。如因此丧失新闻时效，兄弟新闻单位抢先见报，有关处长应承担责任，扣考核分1分。

三、来稿编辑室对寄来编辑部的各种稿件，包括政府部门发来的新闻信息以及与兄弟新闻单位交换的新闻和中央新闻单位的专稿等，必须当日编好，发给值班编委，来不及编的，可将原稿发给值班编委，滞留稿件的编辑扣发考核分。

四、值班编委必须将各处室发来的稿件当日全部过目，不过夜，按照好稿先发、动态新闻先发的原则，按轻重缓急安排当日稿件进入版面，力求让时效强的稿件及时刊出，最大程度地发挥记者稿件的作用，以免耽误报道时机，造成损失。

本决定11月30日起实施。

新华日报党委会

新华日报编委会

1995年11月1日

附件三

新华日报关于组建特派记者组的决定

为了提高新华日报对社会生活的快速反应能力，及时组织采写反映省委意图的重点报道，捕捉动态新闻和突发性新闻，及时撰写针对性强的评论文章，决定成立新华日报特派记者组。

一、组成方式：特派记者组实行定期轮换制，每期一个月，每处每期抽调1~2人参加，由值班总编辑任组长，另外指定2名参加记者组的处级干部担任副组长。编辑部所有采编人员都有机会参加特派记者组。

二、工作方式：特派记者组每天由值班编委召集简短、高效的“飞行集会”，会上由记者各人谈情况，报新闻线索，发挥集体智慧，分析情况，确定采访方案，然后再确定有关人员执行采访任务。特派记者组要提倡雷厉风行、快节奏的工作方法，培养、锻炼“倚马可待”的快手记者和善抓善写中观、宏观新闻的能手。动态新闻力求当晚发稿，由值班总编签发直流版面。

三、应该强调，特派记者组要成为《新华日报》改版的突击队，要按照改版方案的要求采写新闻，探索新的报道思路，倡导新的文风。

四、特派记者在采编过程中有可能与有关处室分工记者撞车，如果特派记者与分工的有关记者在现场碰头，特派记者撤出。其他情况下，特派记者与分工记者谁先发稿用谁的稿。

五、新华日报特派记者组配备专用采访车辆和必要的通讯工具，确定热线电话号码并向社会公布，请读者提供采访线索，“热线电话”每天有人值班。

新华日报编委会

1995年9月26日

附件四

新华日报编委会关于强化驻市记者站采写和收集新闻功能的决定

《新华日报》改版以后，将增设各市新闻版，还要配合编辑部人员抓好重点报道，发稿任务加重。为保证新华日报对地方新闻的需求，必须强化记者站新闻采写和收集功能。

一、驻站记者的工作任务是，按编辑部要求，采写和收集所在城市的地方新闻，不再承担报社广告经营、代印点管理及报社来人接待工作。建议采写新闻以外的经营、接待工作，由经理部在各市设立办事机构具体承担。

二、为了解决目前驻站记者人手少、工作任务重的矛盾，采取应急措施：在当地返聘1~2名本地新闻单位离退休编辑到记者站工作，负责收集、编发当地媒体报道的新闻，其报酬分固定工资与活工资两部分，固定工资每月300元，活工资由稿酬支付，每采写一篇，支付一定量报酬（拟每篇15元）。

三、完善记者站设施。每站配直拨电话、传真机，记者配BP机、助动车，以后视条件发展，争取每站配备一辆汽车。

四、驻地记者列入编辑部考核序列，除确定采写任务外，本报用一条当地收集的新闻，记者另得2元。

五、记者站要确保当地新闻时效，记者和当地新闻单位同时写稿或与收集新闻撞车时，优先采用记者稿件；如收集新闻已成文而记者尚未完成者，记者不得扣发、缓发返聘人员收集得来的新闻。

新华日报编委会

积极推进党报的改革和创新

周正荣

（刊于《人民网》 原载《新闻战线》2002年第十二期）

《新华日报》新一轮改版方案已经得到中共江苏省委的批准。这次改版，版面内容格局要调整，而且配套实施一系列的办报体制和机制的创新，是一个很大的动作。这是《新华日报》自1995年以来第三次改版。这一轮改版，目标是要进一步提高党报的新闻宣传水平，使《新华日报》更加适应改革开放的新时代，增强党报在干部群众中的吸引力和影响力。

《新华日报》在舆论导向方面是掌握得好的，党报的主要职能是履行得好的，中央宣传部，江苏省委、省政府领导以及全省干部群众对我们的工作给予了充分的肯定。我们目前在省报中还维持着比较高的发行量。但是应当看到，我们的报纸还远远不能满足读者不断变化的阅读需求，报纸发行难度很大。党报发行依赖行政摊派，一定程度上损害了党委机关报的威信。我们要通过改版，让报纸质量上一个新的台阶，在发挥党报政治优势的同时，靠报纸质量赢得读者。

现在，国内大的报业集团基本形成这样的共识：报业集团要做大做强，单靠办好子报是远远不够的，必须做大做强主报。党委机关报巨大的政治影响、悠久的历史和良好的品牌效应，以及人才等丰厚的办报资源，对于巩固集团在地方报业中的主体地位至关重要。在经济上，做强主报，可以构成坚实的报业发展的平台。新华报业要做大做强，一方面必须继续支持子报发展壮大，与此同时，要采取措施，做强主报。党报的发展面临着客观条件的局限和困难，也有许多其他报纸不可比拟的优势。我们要充分利用这些资源，从提高党报的质量入手，扩大党报的市场份额，大幅度地提高社会效益和经济效益。

目前，《新华日报》发行的重点在广大农村，在城市的发行量相对较小，我们要通过大量增加经济、社会发展前沿的新闻，吸引城市读者，将发行的重心逐步从农村转向城市。这次改版，我们向省辖市派出了大批记者，开发城市新闻资源，把江苏地方新闻培育成《新华日报》的核心竞争力，就是要实现这个重要目标。《新华日报》在10多个省辖市做大了，我们可以顺势而上，分社挂牌，办事处挂牌，办报和经营双轮驱动，我们的事业发展就会获得更广阔的空间。

《新华日报》新一轮改版，改什么，向什么方向改？第一，要尊重新闻规律。既要坚持正确的舆论导向，又要按新闻规律办事。新闻规律最基本的一条，就是以读者为本，就是我们所采写的内容，报纸上发表的内容，是读者爱看、要看、想看、必须看的，这样，读者才会自觉自愿地掏钱买报订报。对读者来说，这张报纸才具有购买的价值。《新华日报》每天报道了大量有价值的新闻，比如中央和省委的重大决策、改革发展的重要信息，但是，也发表了许多读者并不要看、不想看、不愿看的东西。读者常常反映，有些晚报、生活类报纸，他们拿到手，从头看到尾，一份报纸要看几十分钟甚至个把小时，但是，拿到机关报，翻一翻，读一读标题，几分钟就放下了。这说明我们的报纸阅读效益太低，读者可看要看的内容不多，这样，他为什么要花钱来订你的报纸呢？报纸缺乏可读性，阅读效益差，这是个很大的问题。

现在党报大量报道的一些主题，比如改革开放，经济和社会发展，招商引资，产业结构调整，等等，这些关系国计民生的重大主题，不是没有新闻。我们这次改版，不是要绕过这些重大主题，去报一些软新闻，去报生活中鸡毛蒜皮的东西，而是转变新闻观念，从读者的需要出发，以新的视角、新的切入点、新的价值判断标准，作选择性的报道。这次改版的重要目标，就是以新闻的眼光、记者的眼光，从读者关心的角度，报道党和政府的重大决策和重要工作，从中发现和报道有价值的新闻。比如，今年年初，南京市委召开改进干部作风大会，用我们机关报所熟悉的一套办法，就是报道“南京市召开大会，部署改进领导机关作风”，再加个副标题“市委书记某某某作重要讲话，市长某某某主持会议”。我们如果用新闻的眼光，从读者关心的价值取向出发，可以突出讲话中的新闻因素。比如大会上市领导宣布开展万人评机关活动，根据评价结果实行末位淘汰，有的局级干部可能“下课”。又比如说，市领导在会上批评个别局长在浙江娱乐场所的行为损害了南京干部的形象。同样一个会议的新闻，处理以后可达到不同的效果。今后，对那些可报可不报的会议要坚决不报，对那些没有新意、重复的工作报道要压缩。我注意到省里的一些会议，经常将《新华日报》的稿子作为通稿来发，执笔的是我们报社的记者。在这种情况下，我们完全可以写得好一点，突出新闻因素。对于那些没有指令性报道任务的内容，对那些工作性很强，或者专业性很强、读者面很窄的内容，要尽量少写或者不写，腾出版面来刊登读者爱看的内容。记者在采写新闻的时候，要多写读者关心的内容，版面编辑在处理版面的时候，要突出有新闻价值的稿件。在新闻宣传中，作为省委机关报，要满腔热情地宣传好中央和省委的重大决策，完成上传下达的任务。但是，我们没有必要从一些部门和单位的利益出发，去写那些读者不爱看的新闻。改版以后，在地方新闻版，在文化版、体育版，不要报道市县和部门一般化的活动，要从他们的工作中发掘有价值的新闻，既要推动他们的工作，提高地方的知名度，又能吸引广大读者。只要我们大家一起努力，力争发表在报纸上的稿子，除了指令性的之外，读者都要看，那就不愁我们的报纸没有销路。

第二，拓宽报道面，全方位地反映现实生活，不留盲区。《新华日报》现在的一个不足，就是内容单调，报道面不宽，不能充分反映丰富多彩的现实生活，不能满足党报读者多方面的阅读需求。前两轮改版，强调“顶天立地”，强调对党和政府的重大决策要报深、报透、报活、报到位，把直接正面反映党和政府工作的新闻，反映各级领导干部政绩的新闻，特别是反映改革发展的工作新闻做得很到位很突出。也就是说，党委机关报主功能的这一面发挥得很好，包括《本报观察家》《深度报道》等专栏，出了很多好文章，出了不少精品。因此，《新华日报》的前两轮改版，受到各级领导机关、领导干部的充分肯定和欢迎，特别是省委、省政府领导同志的肯定和赞扬。现在看来，我们“顶天”的这一块，也就是直接为领导机关服务的这一块做得好，但是，“立地”的这一块做得不够，为普通的干部群众服务的这一块做得不够，《新华日报》对面广量大的普通干部群众缺乏吸引力。我们这一轮改版，一方面，为党政机关服务的这一块，“顶天”的这一块，要继续做好，保持强势；另一方面，要同时扩大《新华日报》的报道面，大量增加广大干部群众关心的与他们切身利益相关的新闻，他们关注的社会热点难点问题，也就是说，与普通干部群众的生存发展有关的各种问题。我们这次改版，扩充版面内容，搞B版、C版、D版，一是大量增加与《新华日报》读者关系密切的江苏地方新闻，二是同时增加文化娱乐新闻、体育新闻。改版后，《新华日报》的内容结构，要形成“龙头凤尾”的格局，“龙头”是党报的工作新闻，“凤尾”是干部群众爱看的反映变革时代丰富多彩的现实的内容，潜移默化影响读者的内容，色彩缤纷，最终形成“龙飞凤舞”的局面。

这里，有一个要全面看待读者需求的问题。党报的主要读者群是机关干部、知识界和企业家，这些高层次的读者，他可能是党员，是机关干部，同时也是普通的人，是普通的公民，他既有机关干部的需求，要了解工作的动态，但他作为普通的人，他又有公民的属性，他关心的事情和普通人没有两样，我们现在报纸的工作色彩太浓，会议新闻，机关化的东西太多，忽视了我们的读者作为公民的共性的一面，作为人的基本需求的一面。我们在确定报纸内容定位的时候，要解放思想，不要机械地划定界面。报纸作为一种新闻纸，传递现代生活的信息，我们不能抹杀它最基本的特性。现在有个现象值得思考，就是办得比较好的报纸，不管它属于什么门类，它的基本价值取向、它的新闻触角，不约而同地都往一条路上去，就是关注社会公众的视线。党报不能忽视读者作为社会公众的需求。现在社会竞争激烈，社会生活急剧变化，机关干部下班回家，他会考虑社会上的问题，孩子上学交多少费，上公办学校还是民办学校等等，我们应当满足党报读者对新闻信息多方面的需求，这样报纸才会受欢迎。分析一些比较受读者欢迎的党报，为什么成功，我觉得在内容定位上，最基本的成功因素，是它并没有把自己限制在很狭窄的党报的属性上面，它许多版面的内容与晚报、生活类报纸等基本上没什么大的差别。我在办扬子晚报的时候提出，要在晚报上嫁接机关报的优势，如果过分强调晚报娱乐消遣性的一面，排斥政治生活这一块，是片面的。后来，扬子晚报就以信息的全面取胜，八面临风，成为消息总汇。《新华日报》这一轮改版，要突破我们头脑中旧的观念和模式。我们的编辑记者，对新闻的关注和采集应该是全方位的，要广泛包容，所不同的是，我们要以党报的价值观，党报的新闻价值取向来选择、表达和评价新闻事实，有些社会新闻，小报可以登，我们也可以登，只是立足点不同、切入点不同，表现方法有所不同。

拓宽报道面以后，在淡化一般性工作色彩的同时，不能削弱对党和政府机关信息的采集。目前，党委政府是最大的信息源，社会上发生的许多事情，会很快地反馈到党政机关。我们不报市县的一般会议新闻，减少机关新闻，记者仍然要盯住机关，特别要盯好市委书记和市长这两个最大的信息源，地方上重要的会议、有特色的会议一个不漏，会议新闻没有新闻价值的原则上一条不报，但是要参加会议，从会议中提炼新闻因素，从领导的活动和讲话中捕捉重大的政策走向。

第三，关注民生，服务社会，体现人文关怀，增加党报的亲和力。改版后的新闻报道，特别是地方新闻，要做好人文关怀的文章。新闻报道体现人文关怀，有广义和狭义的两个方面。广义的人文关怀，是指我们的新闻报道要以人为本，报道的内容要贴近生活、贴近读者，要大量增加与干部群众切身利益密切相关的各类新闻，就是要报道干部群众的人生需求所涵盖的内容。通过新闻报道这种特殊的服务手段，为人们追求美好而富有价值的人生提供丰富的资讯，包括时代走向、环境变迁、生存艺术、发展策略、规避风险等各方面的内容，提供大量富有时代特色的服务，在服务中潜移默化，引导生活，帮助读者树立正确的世界观、人生观、价值观和积极健康的生活态度。通过新闻报道告诉读者，他们在改革发展和社会转型期所处的环境发生了什么样的变化，提醒他们适应已经变化了的环境，提高生活质量，实现人生的价值，关心和引导他们更好地发展自己，争取更好的前途。现在我们刊登的很多新闻工作色彩太浓。改版以后，要精心选择新闻的切入点，关注与人们升学就业、衣食住行、生老病死、事业成败等密切相关的各类题材和新闻。

所谓狭义的人文关怀，就是对各类不同的读者甚至个体提供具体实在的帮助。在这方面，我们要向晚报和生活类报纸学习，选择一些典型的个案，展开扶贫济困的报道，帮助那些处于困境的群众，实实在在地解决一些问题，显示党报对友情、亲情的关注和推崇，弘扬各种人间美德。这样才能让群众感到党报可亲、可信、可敬，增强党报的亲和力。我们不但要关注普通群众，也要关注我们核心读者群的机关干部、知识界和企业管理层的人士。党报的宣传中要贯穿尊重人、爱护人、关心人，既要有无可辩驳的真理的力量，又要有催人泪下的感染力。要让干部群众从党报实实在在的关爱之中，感到党报是自己的报纸，是自己的良师益友。这样，党报才能真正受到干部群众的欢迎。

第四，改革新闻采访和版面编排，用与当代人的生活和思想观念相适应的方式来报道新闻。20多年的改革开放，已经在很大程度上改变了中国人的思想观念、工作方式、生活方式和社会交往方式，社会生活已经发生了巨大变化。《新华日报》要和时代的脉搏一起跳动，不但新闻报道的内容应是当代读者所关注的，新闻的采访、写作以及版面编排都要改革，要用与当代人、当代社会生活相适应的方式报道新闻，编排新闻。

我们的记者要深入当代变革中的社会生活，要到新闻的第一现场去，而不是坐在家里拍脑袋想点子，要用记者的眼光去发现新闻，每个记者都要成为发现者，研究社会公众在关注什么、在想什么，写出引起社会反响的新闻，报社的总编辑、编委、部主任主要做选择工作，我们的报纸登出来的东西就不会千稿一面，一个模式。要少写静态新闻，多写动态新闻、事件新闻，要通过大批一线记者创造性的劳动，使我们的报纸与时代和社会生活保持同步。要加快工作节奏，提高新闻时效，多发首发新闻和原创新闻。要突破传统的表现方式，摒弃陈旧的文章模式，不要过分讲究文章的起承转合。报纸要保持较大的信息量，但是每天更要抓住若干重要新闻。对于精彩的新闻，不要单发“赤膊新闻”，要搞密集的组合式的报道，包括主体新闻、背景新闻、相关链接，既有文字，又有组照，做透做到位，以一当十，形成大开版报纸的大冲击力。根据内容需要，稿子可长可短，多用图片，对精彩新闻要有一定程度的渲染放大和包装。对于有吸引力的重大新闻事件，要搞追踪报道、连续报道。

要开辟专栏，让读者参与，通过记者、编辑和读者的互动，增强报纸的魅力。要充分利用当今现代化的通讯手段，大规模地开辟新的新闻渠道，拓展新闻资源，形成百川归海的格局。我们的焦点版、国内版、文化版、体育版，如果能自己采写原创新闻固然很好，但是，反映全国以及全世界的大的新闻，要充分挖掘通讯社提供的公共的信息资源，通过精心编排，形成富有本报个性的再生新闻。我们要精心选编新华社的新闻、国际广播电台的新闻，还要和全国兄弟省报、晚报和生活类报纸建立交换网络，实行开放式办报，以弥补我们自身新闻资源的不足。

本次改版，B版、C版、D版要以全新的面貌出现在读者面前。A版的版面，在保持庄重大方基调的前提下，也要创新，改变报纸的第一形象。版面编辑队伍要增加美术编辑，对版面进行适度包装，使我们的报纸版面与当今丰富多彩的社会生活相适应，使我们的报纸版面由静变动，充满色彩和声音，以亮丽的第一形象吸引读者。

第五，推进编辑部办报体制和分配机制的创新，保证改版目标的实现。这次编辑部的机构调整已经完成，60多名记者将走向12个省辖市城市，这在《新华日报》历史上是第一次，在国内的党报中也很少见。大量的年轻记者，走向采访第一线，再加上100多名特约撰稿人的配合，将给我们的报纸带来新的希望和生机。在体制创新的同时，我们要进一步完善编辑部分配机制和业务成果评价机制的改革，分配要向精品倾斜，向一线记者倾斜，向那些写出新闻价值较高的稿子的记者倾斜。今后对记者稿件的评分，要看它有没有实质性的内容，有没有可读性，记者有没有采访，采访的地方有多少，花的劳动有多少。《新华日报》的记者，应当有自己的追求，自己的品位和尊严，通过辛勤的劳动获得合理的报酬。报社对那些花费大量精力写出来的精品要重奖，竞争强度高的岗位收入要增加。《新华日报》7年中3次改版，是艰苦而有意义的探索，是我们党报工作者、新华报人在新的历史条件下，探索党委机关报兴旺发达的不懈追求。每次改版，都受到领导机关和读者的欢迎，每次改版都是对过去的总结、调整和对办报规律的新的探索，也是我们不断地与这个时代、与读者的需求对表。这一轮改版更有非同寻常的意义，如果我们改版成功，达到预定的目标，使报纸受到读者的欢迎，我们就可能在很大程度上甩掉发行这个沉重的包袱，而且，随着城市市场份额的扩大，获得两个效益的空间也会变大。这项工程，值得《新华日报》社的同志为之奋斗。对我们每个员工来说，每一轮事业发展都是我们创造业绩的机遇。在这次改版的过程中，一方面要解放思想，更新观念，大胆探索；另一方面要把握好方向，坚持党报的主功能不能削弱。党委机关报是党和人民的耳目喉舌，我们要毫不含糊地完成党中央、省委和省政府赋予我们的使命和职责。我们改版，是要提高党报的新闻宣传水平。通过改版，进一步增强党报在社会舆论中的主导作用，强化主流意识形态的渗透力，增强党报的影响力，这是我们坚定不移的原则。因此，为党和政府中心工作服务的宗旨不能改变。我们还要坚持正面报道为主，坚持团结、稳定、鼓劲的方针。一方面要加强舆论监督，另一方面要把握好舆论监督的度，讲究批评艺术，讲究以理服人。另外，党委机关报要形成高品位大报的风范，我们和兄弟市报及晚报、生活类报纸有一定程度的竞争，但是，更要合作，要虚心向兄弟报纸及电子传媒学习，借鉴他们改革创新的成果，弥补我们自己的不足。

《新华日报》的改版是一项艰巨的工程。推动党报改革和事业发展，是雄壮的进军。我们相信，本次改版，一定会获得比以往更大的成功。

背景介绍

本文作者周正荣是新华日报社党委书记、总编辑，新华日报报业集团董事长，高级记者。他在担任多年《扬子晚报》总编辑后，从1995年开始任《新华日报》总编辑，并于同年组织和领导《新华日报》第一次改版。改版中提出压缩“一厂一店一村一校”的微观工作经验报道，加强对党和政府重大决策的报道，加强与干部群众切身利益密切相关的新闻的报道，形成“顶天立地”的内容格局，引起党报同行的关注。1999年，组织和领导对《新华日报》的第二次改版，提出精选新闻信息，改革版面编排，以大照片、大标题增强报纸版面的冲击力，提出把党报办成以机关干部、知识界和企业管理层人士为核心读者的高层次、高品位的报纸，开辟的《本报观察家》和《深度报道》专栏先后被评为“中国新闻名专栏”。两次改版，都受到中宣部和江苏省委领导同志的肯定。今年12月1日，《新华日报》实施新一轮改版。本文根据作者在《新华日报》编辑部改版动员大会上的讲话整理而成，其中论述《新华日报》改版的必要性和改版的基本思路，实际上触及地方党报面临的共同问题，值得同行参考。

采访原中共南京市委书记罗志军同志（右）

提高党报质量的成功探索
——访《新华日报》总编辑周正荣

（原载《中国记者》1996年第九期）

中共江苏省委机关报《新华日报》自1995年12月1日改版以来，报纸质量得到很大提高，上上下下都比较满意。中共江苏省委书记陈焕友说："《新华日报》改版后，信息量大，可读性强，做到了扬党报之威，融晚报之长，改版是成功的。"中共中央宣传部新闻局的一份材料肯定了《新华日报》的改版，认为改版的报纸"面貌一新"，"信息量大、短新闻多，内容贴近实际、贴近生活、贴近群众"。很多读者也投书报社，对改版大加称赞。

最近，《新华日报》总编辑周正荣接受本刊记者采访，介绍了报纸改版的思路和实践。

办一张让党和政府满意、受读者欢迎的报纸

周正荣是去年8月由《新华日报》副总编辑、《扬子晚报》总编辑调任《新华日报》总编辑的。主持扬子晚报工作时，这位业余时间喜欢写小说、报告文学的记者淡泊个人名利，一心扑在办报上。周正荣说："我的作品就是《扬子晚报》。"他带领报社全体同志，努力跳出传统的晚报思路，积极寻求一种全新的办报思路，把晚报独有的优势与党报特有的长处相"嫁接"，晚报办出了大方向，使之成为一张党和人民都喜爱的优秀报

纸。发行量由最初的3万份上升到100万份以上。

周正荣到《新华日报》总编辑岗位上任伊始，就与编委会成员一起酝酿报纸改版。他主持召开了10多次编辑、记者座谈会，对党委机关报近年来发行量下降、辐射力偏小的严峻现实感受得越来越深切。报社上上下下对改版的必要性和紧迫性形成共识。随着改革开放的日益深入和社会主义市场经济的日益发展，党委机关报的办报环境发生了很大的变化，读者的阅读心理也发生了很大变化。如果不能根据变化了的情况及时调整办报思路，党报的新闻宣传就势必落后于时代，跟不上党和人民的要求。因此，必须改版，探索新的办报思路，适应新的形势，完成党和人民赋予党报的新使命。

回顾报纸改版8个多月的实践，周正荣说，报纸改版之所以能获得成功，关键是对报纸的功能和读者对象作了较为准确的定位。

新华日报编委会在酝酿改版方案时就明确一条，改版不能改变党委机关报的性质。这就决定了改版必须使新华日报“用正确舆论引导人”的主功能得到强化，而决不能为了追求发行量而弱化主功能、强化副功能，走“党报晚报化”路子。当然，党报也要学习晚报的长处，但学习的目的在于强化党报的主功能。从而做到扬党报之威，融晚报之长，增强时效性、指导性、可读性，增大信息量，进一步发挥党报优势，强化党报的舆论引导力度，提高党报的宣传水平。

关于读者定位问题，周正荣说，在现阶段，党报的主要读者群体是各级领导干部和广大基层干部，改版后的新华日报首先要努力满足他们的要求。但是，不能把干部需求和群众需求对立起来。事实上，社会普遍关注的、与群众切身利益密切相关的“热点”，也必然是干部密切关注的焦点。新华日报改版后，紧紧盯住干部、群众具有共同需求、共同兴趣的领域，深人开发新闻资源，力求做到既使党和政府满意，又深受广大群众欢迎，从而巩固和扩大了党报在报业结构中的舆论主体地位。

形成“顶天立地”的总体格局

周正荣用“顶天立地”四个字概括新华日报改版后的报道内容总体格局。所谓“顶天”，就是强化党中央、国务院，以及江苏省委、省政府重大决策的报道，要报深、报透、报活、报到位。所谓“立地”，就是强化与人民群众切身利益密切相关的各类新闻的报道。在这一总体格局中，“顶天”与“立地”不是各自独立的两大版块，一部分版面和稿件“顶天”，另一部分版面和稿件“立地”，而是所有的版面和稿件都要“顶天立地”。“顶天”，不等于对中央和省委精神做生硬、单调化的宣传；“立地”也不等于对生活作猎奇、消遣式的报道。他们注重从群众关心的角度宣传中央和省的重大决策，注重以中央和省委精神来分析群众关心的各种问题，尤其注重强化既是党和政府的中心工作同时又为广大群众所关心的“交叉点”新闻的报道。

根据这一思路，改版后的《新华日报》对中央和省委涉及全局的重大决策、重要活动，都精心组织了富有成效的报道，并浓墨重彩地宣传了一系列体现中央精神、贯彻省委决策、富于时代气息的典型，受到读者好评。

《新华日报》改版后压缩了上不“顶天”下不“立地”的一厂一店一村一校的一般性工作经验报道，压缩了部门和行业的业务性很强、读者面很窄的工作报道和会议报道，大量增加宏观、中观新闻的报道。周正荣说，在发展社会主义市场经济条件下，党和政府对经济工作的领导，已经从微观指导转向宏观调控。各行各业关心的是党和政府的重大决策、改革开放的最新进展、宏观经济环境的变化。这是社会生活的一个带有根本性的变化。报纸必须适应这个变化，在报道的组织上着力于宏观环境、发展趋势的观察和分析，通过发表分析性、解释性新闻，对经济工作、经济生活、社会生活的报道注入更多的理性思考和思辨色彩。改版后，《新华日报》设置了重头栏目“本报观察家”，已连续发表了70多篇既体现中央和省委意图，又紧贴现实政治、经济、社会生活的新闻分析和评论文章。这些文章选题都是编委会领导与编辑记者认真研究确定的，大都以新的视角，从经济和社会生活中的“热点”切入，观察和分析党和政府及人民群众普遍关注的重大问题。作者在采写过程中，广泛征询党委、政府领导部门和专家、学者的意见，把领导的思路、专家的研究成果和记者的观察与思考揉合在一起，突破了新闻评论偏重于演绎型说理的传统，形成了“信息大于说理”的鲜明特色，在领导与群众、理论家与社会公众之间，架起了理解的桥梁。这些文章既有新闻性，又有理论性，把针对性、指导性与可读性较好地结合起来，较好地发挥了党报引导舆论启迪思想的功能。“本报观察家”栏目被社会科学界人士誉为江苏各级领导干部和读者的“思想库”。

理论版是党报的重要组成部分，而长篇大论又是很多党报理论版的共同特点。周正荣说，我们在改版中对理论版“思想界”作了较大改革，对理论文章进行信息化处理，用新闻的形式将专家学者的新观点、新思路、新见解报道出来。这样，文章变短了，版面容量增大了。过去一个版只能发两三篇文章，现在可以发十几篇，读者可以在短时间内接收到大量的理论信息。同时，选择一些极具思想性和针对性的理论问题，组织学者进行多角度探讨，使理论版新而不浅，短而不浮。“思想界”设有“北京热线”“上海热线”，专门报道京、沪两地理论动态。还有反映两种不同见解的“双声道”和就有关问题与学者对话的“热门话题”等栏目。中宣部有关部门对新华日报的这一改革给予充分肯定，认为：“以短文集粹的方式，发表专家学者对一些热点问题有见地的议论，既有理论色彩，又有新闻价值，这是新华日报理论版的一个特色。”

报纸要赢得读者，必须大量增加贴近群众、贴近生活的新闻。作为党委机关报，新华日报对两个贴近的追求不同于晚报和其他生活类报纸。周正荣说，我们把着力点首先放在及时追踪报道省委、省政府和省辖市市委市政府对人民群众关心的重大决策的运筹过程上。改版后的《新华日报》特别注重组织策划对各级领导解决“米袋子”“菜篮子”、环境卫生、城市交通、教师工资、就业、物价、住房等问题的报道，把党和政府的努力告诉群众，使群众理解并支持党和政府的工作。新华日报编委会强调，所谓“贴近生活”，并不是无原则地迎合生活，而是通过反映生活、服务生活、干预生活，达到用正确舆论引导生活，帮助群众创造新的生活目的。因此，报纸还要担负起扶正祛邪、激浊扬清的责任。他们在“舆情聚焦”专栏对南京一家奶业公司开发“牛奶浴”以“满足一部分消费者的高层次需要”这一引导畸型消费的做法提出尖锐批评，受到读者称道。

周正荣说，“顶天立地”的版面格局，必须由具有新闻价值的新闻事实作为载体。为此，《新华日报》把充分发挥新闻优势，向读者提供尽可能丰富多彩的各种新闻作为改版的重要目标。以前，《新华日报》有固定专版27个，版面设置沿袭了与行业管理部门对口的专业化方式，编辑部各业务处室分兵把口，形成版面割据，专刊专版挤新闻的势头愈演愈烈。这次改版，编委会下决心大量压缩专版专刊，彻底扭转报纸杂志化的倾向。经过改版，《新华日报》一举撤掉了22个专版专刊。现在，每天正常刊出的8版中，只有一个专刊、一个广告版，其余6个都是新闻版。同时，改变以产业设置版面的传统，而以地域划分新闻版内容，每天一个“省城新闻”版、2个以上“江苏地方新闻”版。新闻版上多发精短新闻，加大信息量；多发图片新闻，增强感染力。8个月来，6个新闻版平均每天刊发新闻120多条、新闻图片20多幅，比改版前增加好几倍。同时，新闻的时效性大大增强，报纸对现实生活的快速反应能力大大提高。

既“改版”又“改制”

在报纸改版的同时，新华日报进行了多方面的配套改革，建立起保证改版方案实施到位的内部运行机制。

据周正荣介绍，主要进行了如下改革：

第一，强化激励机制，定性定量考核编辑记者的工作实绩。考核的结果与他们的劳动报酬、职称职务挂钩，确保那些埋头办报的人得的实惠最多，造成有利于人才脱颖而出的环境。

第二，实行采编分开，把精干力量放在新闻采访第一线。编辑部把那些年龄较大的资深编辑从采访第一线剥离，成立来稿编辑室和新闻信息中心，专门编发通讯员、特约记者和外部新闻渠道来稿。编辑部其余处室只管自己写稿，不编来稿。这些第一线的处室成为年轻力壮的编辑、记者们充满活力的竞技场。

第三，将最终用稿权掌握在值班总编辑手中。为了改变过去版面部门割据局面，改版后，进入版面的所有稿子必须经由值班总编签发，以确保导向正确和稿件质量，杜绝质量低劣的关系稿、人情稿上版面，从而保证改版方案的正确实施。

第四，强化指挥调度，加快工作节奏。改版后，新华日报每天上午开两个会。8: 20至9: 00，开特派记者组会。特派记者组是一支捕捉新闻的突击队，由周正荣任组长，成员从各处室抽调，每个月轮换一次。它的作用是加强报纸对社会生活的快速反应能力，及时组织采写体现中央、省委精神的重点报道，捕捉有价值的动态新闻和突发性新闻，及时撰写针对性强的评论文章。特派记者每天聚会，汇总各方新闻信息，分析社会生活各方面的变化和热点，确定当日重点新闻选题。9点之后，特派记者们按照各自领受的任务，分头出击采访，于当天夜班截稿之前交出“精品”。这样，保证报纸每天都有源源不断的新闻。9: 00至9: 40，召开值班处长编前会，由总编和值班编委主持，传达上级指示和编委会意图，交流社会动态和各处室运作情况，确定当日重要报道选题。2个会天天准时召开，时间短，效率高，而且，2个会都是直接研究报道，编委会从“源头”上抓稿子，对新闻报道的指挥更加灵敏有效。

（新华日报工作人员在街头赠送改版试刊号）

勇立潮头探新路
——《新华日报》实施新一轮改版

记者 陆宏德 万仕同（原载《新闻战线》1999年第八期）

1999年3月22日，新华日报实施新一轮改版。在世纪之交，新华日报党委会、编委会通过加大新闻宣传改革力度，进一步拓展党报生存空间，探索社会主义市场经济条件下党报新的发展之路。

改版形成了冲击波。5月26日，江苏省委书记陈焕友批示：“《新华日报》改版后，党的路线、方针、政策的宣传更加集中，弘扬主旋律更加突出，报道范围更加广泛，而且图文并茂，信息量加大，版面多样化，满足了不同层次读者的阅读需要，使党报更加贴近时代，更加贴近群众。这是报纸适应快节奏的信息社会和丰富多彩的现代生活的大胆尝试。希望你们进一步总结经验，广泛听取群众意见，使报纸改版更加完美，力争成为我省千百万人民喜爱的、每日必读的‘精神食粮’，力争办成全国一流水平的省报。”7月5日，陈焕友再次肯定“最近的这次改版，使《新华日报》版容版貌有了很大的改变，形成了与现代人们生活节奏相适应的党报新形象”。

“党报新形象”很快吸引了读者的视线。4月中旬的一天早晨，新华日报记者处处长李大容在上班的路上看到一位中年男士边走边看《新华日报》。李大容问对方，报纸是从哪里来的？读者的手往后边一指，说：“是在报摊买的。”李大容心里好一阵激动，因为他在省委机关报工作30多年，这是第一次遇到读者自己掏钱买《新华日报》，而且还边走边看。

中宣部阅评组的一份材料也热情肯定《新华日报》的新一轮改版，指出“《新华日报》的改版实践证明：在加强党报主功能的前提下，省级党报一样可以办成既庄重大方又洒脱活泼、干部要看群众也爱看的报纸。《新华日报》新一轮改版才一个多月，其探索新时期省级党委机关报改革的新思路值得重视。”

第三条路：可读性较强的高品位大报

改革是一个不断推进的过程，党报的改革不可能毕其功于一役，而只能随着思想的不断解放、市场经济体制的逐步建立而渐次深化。

《新华日报》1995年底实施了大规模的改版，强化了对党中央、国务院、省委、省政府重大决策的报道，强化了与群众切身利益密切相关的各类新闻的报道，形成了“顶天立地”的报道格局。为此，《新华日报》对版面内容作出重大调整，撤销多个分兵把口的各类专刊，剔除一厂一店缺少社会关联度的稿件，腾出版面多发鲜活新闻，继而又成功地创办了彩色《新华周末》《城乡大市场》和《华彩》，开辟了《焦点》版，改造了理论专刊《思想界》和文艺副刊《新潮》。

3年辛苦不寻常，新华日报的办报水平上了一个较大的台阶，报纸质量有了很大改进，发行量也逐年上升，今年居全国省级党报第二位。但是，“顶天立地”的最终目的，是要让上下都满意。回首改革路，新华日报人清醒地意识到上次改版，还没有完全实现预期的目的。3年多来，主要是强化党报主功能的改革，对党委、政府工作新闻的报道，内容实了，空话套话少了，报纸变得更加凝重，更加适应我们这个务实的时代。但普通的干

编委和出版部门同志研究设计改版后的新版面

部群众对报纸还是不大满意。

1998年的发行，使新华日报参加发行的每位编辑记者对省报的处境有了更切身的感受，在连天烽火的发行战场上，省级党报处于重重包围之中。对党报发行，基层部门也出现畏难情绪，单靠行政力量越来越困难。新的情况、新的形势，迫使新华日报人进一步解放思想，酝酿新一轮报纸改革。他们决心靠报纸质量取得生存权，让读者感到确实需要这张报纸。

如果作一粗线条的划分，现在中国的报纸从某种意义上来说基本有两种模式，一种是各级党委机关报，另一种是各种晚报都市报和生活服务类报纸。现在后一种报纸比较走俏，发行量大，广告也多。这类报纸大的格局是为市民大众服务，以信息密集、社会新闻等取胜，可读性较强；传统党报则大量地刊登机关新闻、工作新闻和会议新闻，比较呆板沉闷。

新华日报人在沉思：这几年的改版虽然迈出了很大的步伐，但仍是在原有的党报模式中调整内容结构，仍是在原先工作新闻的总体框架中进行的改革，基本格局仍是上述两种模式的第一种。

新华日报人开始探寻第三条路。

首先党委机关报的性质不变，也不能变。《新华日报》改版不走小报的路子，不重复一些小报低层次的东西。这次改版瞄准的总体目标，是要成为进入主流社会的大报。根据中国的国情，他们把自己的核心读者群确定为各级党政干部、知识分子、企业管理层等社会中上层人群，把具有中等以上文化程度的广大读者作为自己的紧密型读者群。

传统党报的读者定位是“广大干部群众”，党报改革的努力方向是企图涵盖所有读者。而事实上，绝大多数党报的实际读者是各级党政干部，面比较窄。《新华日报》新一轮改版对读者对象进行了结构性调整，一方面压缩名义上的读者群，减少无谓的努力；一方面对实际上的读者群进行扩展，在各级党政干部的基础上增加企业界、知识界人士和中等以上文化程度的广大读者，也就是针对主流社会群体。这一群体对社会问题有一定的思考，具有较强的同质性，在阅读需求和兴趣上有很多一致的地方。

新的读者定位决定了报纸新的内容定位。改版后的《新华日报》对可读性提出了新的要求，既增强可读性，又不等同于小报的可读性，努力反映主流的东西，保持一定的品位。他们的选稿标准，是高雅、凝重、鲜活、有冲击力等，刊登的稿件以重要的政治、经济新闻及其深度开掘为主，关注改革和发展、和平和发展中的重大问题，力求有丰富的思想内涵，有一定的思想穿透力，尽可能展示事物本质，发人思考，给人启发，以新闻的必读性建立权威。

他们剖解“增强可读性”的涵义，首先就是关注人的需求，围绕人的生存发展作文章。一是时代走向。报道改革开放大的变化及各种社会思潮、政策变化。二是环境变迁。这个“环境”不是指楼道环境卫生，而是大的生存环境。从医疗制度改革到取消大锅饭，从大学生毕业自寻出路到取消福利分房，都是很重要的生存环境变化。三是生存艺术。在从计划经济到市场经济这个环境变迁中，你怎么去生存？生存艺术涉及工作、生活、人际交往等各个方面，范围非常广泛。四是发展策略。与生存相联系，人还需要发展，水往低处流，人往高处走，发展是人的本性，发展是每个人的追求。五是规避风险。当干部的怎样不犯错误，普通人怎样不丢掉饭碗，规避风险的内容非常丰富。

围绕人的需求做文章，新华日报强调要注意需求的广泛性，避免专业化，在明确了基本读者群的前提下，寻找那些与读者关联度大的有共同兴趣的新闻。另一方面，新华日报的老总们又提醒记者不宜把所有的共同兴趣都纳入考虑范围，消遣、猎奇、寻求刺激之类浅层次的茶余饭后的暂时需求不能成为报道的取向，要注重读者作为整体的深层次的长远的需求。

7月4日晚，新华日报总编辑周正荣在和我们交谈时，表示：“新华日报走的不是晚报的路子，是党委机关报自己的路子。将来我们靠什么取胜呢？必须靠反映社会变革、改革开放、经济发展等历史潮头上的东西，靠反映主流的东西。这些东西牵涉到千千万万社会公众的命运变迁和根本利益。新华日报要办成一个‘灯塔’，为社会导航，为人生导航，通过新闻报道这个形式，教会大家认清时代走向，努力适应时代，实现自己的美好愿望，使自己的人生和事业达到较高的境界。”

随着公众文化水平的提高，知识界和企业界的崛起，以及电视对读者的逐步分流，可读性强的高品位大报在报业结构中势将发挥越来越大的作用。新华日报人希冀通过自己的努力和探索，把这张省委机关报变成整个江苏干部群众的思想库，变成改革开放大时代中时代变迁的信息库，成为全省干部群众在社会转型期人生和事业的导航站。

两难之中求两全 可以动的动到位

扑面而来的市场经济之潮，使党报的改革势在必行。同时，党报改革又受到它所处的客观环境的制约。党委机关报正处于两难境地。一方面由于自己承担的使命难以走向市场；另一方面又受到市场的无情挤压。党报的这种尴尬，使得党报的改革成为最具挑战性的、难度最大的工作。

1998年年初，新华日报把改革的着力点放在一版，出台了一系列措施，希望能把一版“这张脸”打扮得更靓一点。苦心经营一版，不断加大一版内容、风格的调整及改进力度，收到了一定的成效。但党委、政府的工作性稿件和会议新闻，使一版改革的成果难以巩固。

党报的任何改革都有它的基本原则，一是在坚持党报性质不变的前提下进行改革，不能把党报改成其他报纸；二是要强化而不能弱化党报的主功能。同时一定要考虑到社会心理承受能力，超越了党报目前所处的实际，就难免碰壁。

另一方面，新华日报在这次改版中，要求不能以不可动为托词，可以动的也不动；强调可以动的一定要动到位，充分尊重新闻规律，充分发挥主观能动作用，增强报纸的可读性。

两难之中求两全，新华日报采取分版形式，用“A版”“B版”“C版”锁定内容区分。

将关于中央、省、市、县中心工作的报道，国内要闻和全省宏观新闻、深度报道以及省级机关部门工作报道集中到前4个版，作为《新华日报》的“A版”。这样，对主旋律的报道就更集中、更突出、更强烈。

压缩原来后四个版的次要内容和部分专版、专栏，腾出版面，作为《新华日报》的“B版”，集中报道读者爱看的国际国内和省内新闻，报道反映时代大潮和提高人民生活质量的各类新闻。

为了增加报纸的都市色彩，加大对省会南京的报道力度，增辟《新华日报》“C版”。

A版着重于宣传的内容，直接宣传党的方针政策，宣传省委、省政府大的决策，宣传各市县怎么贯彻党的方针政策。对党和政府的重大决策，对机关新闻、工作新闻，不但不能作为包袱，而且作为党报的优势，真正把它重视起来。在对党中央、国务院、省委、省政府的中心工作报深、报透、报活、报到位的基础上，对省委特别重视的东西做足文章。对市县领导欢迎的内容，保留下来并给予增容扩量；并真正从市县领导的需要出发，市县领导最想服务、最需要服务的地方，要提供服务并让他满意；摒弃那些既不符合新闻规律，又不符合市县领导胃口的内容。

B版和C版则在坚持党的新闻宣传工作基本方针的前提下，按新闻规律办事。B版、C版追求主旋律宣传和新闻规律的有机结合，以记者的语言、新闻的语言讲党、政府和人民群众要说的话。可以说，B版、C版是在同一方向下通过不同的路径达到强化党报主功能的目的。按照新闻规律办好B版、C版，其对A版的连带效应将使更多的读者听到党和政府的声音。比如

B1是《焦点新闻》版，报道干部群众普遍关注的各类新闻，包括省内外改革开放最新进展、公众普遍关心的经济社会发展的重要宏观信息，国内外突发性的热点新闻，社会公众在生存发展过程中普遍关注的热门话题，反映时代走向、公众生存环境的最新变动，反映社会转型期人们在人生和事业发展中面临的最新课题以及能给人以启发和引导的独到见解。如果说A1版是A版中政治性最强的一个版，B1版则是B版中最强调新闻性的一个版，洞察性与动态性相结合，打破行业和地域界限，以公众视点为取向，办成另外一种要闻版。头条尽量选择当天国内外新闻价值最高的新闻，尤其追求与读者关联度大、有思想内涵的热点新闻。

C版则努力发挥双重功能，一是增加对南京读者的吸引力；二是以南京新闻为载体，反映城市生活，以省会城市先进的思想观念、生活方式对全省城乡产生辐射、影响和带动作用。对于南京地区读者普遍关心的重要新闻，C版力争一条不漏；而对新闻价值不大的应景新闻和琐碎的社区新闻，C版一概不登；C版抛开现有的报道套路，以新的思路、新的视角报道活生生的南京生活、南京人。

新闻具有用事实说话的基本特征，党报的理想状态应该是宣传与新闻的高度结合和统一。如果能够达到这种理想状态，党报就能集政治宣传功能与产业经营功能于一身，既赢得党和政府的赞同，又能在市场竞争中处于有利地位。A版与B版、C版的区分，充分利用报纸形式对报纸内容的限定和促进作用，使“顶天”“立地”两方面都得到强化，向“上下都满意”的目标大大迈进了一步。

从重视信息量到追求信息质

新华日报社主办的《扬子晚报》以信息密集、八面临风而赢得读者的厚爱。打开《扬子晚报》就像芝麻饼一样，密密麻麻，信息量大。

改版后的《新华日报》则强调清新、刚劲、有冲击力的版面风格，追求强烈的现代气息。给读者的直观感觉是，大标题、大照片、热新闻，版面不再是“芝麻饼”，而是图文并重，厚题薄文，减少文字的量，留出空间增强冲击力。

新闻竞争，其焦点是新闻信息质和量的竞争。谁能最大程度地满足受众对信息的需求，谁能快捷灵敏地反映社会生活的变动，谁就能赢得受众的信赖。

但是，如果说20世纪90年代前，信息量不足曾经是报纸的一大缺陷，从90年代初开始，读者对媒介的主要要求已经逐渐从信息的量转向信息的质。随着各式各样生活服务类报纸、早报、晚报、都市报的面世，广播电视媒体各种版块、频道的增加，以及因特网普及速度的加快，目前媒体已经出现信息泛滥的苗头。读者面临的问题已不是信息短缺，而是信息过多、过滥，新闻信息泥沙俱下，重重复复，鸡零狗碎，读者已啧有烦言。上海解放日报6月份的一份调查显示：反对报纸变厚的读者比例上升到22%，有人已发出了“厚报讨人嫌”的呼声。在快节奏生活的今天，一方面“时间就是金钱”，另一方面读者的生存压力增大，人们不可能用很多时间和精力去接受排山倒海的信息。

正是顺应这种形势的变化，《新华日报》新一轮改版不再追求信息密集，而是强调精选信息，放大热点新闻。

新闻的长短不是机械地用字数去加以限定，而是根据新闻内容的质量和受欢迎程度灵活掌握，质量好的长也不嫌，质量差的短也弃之。

与此同时，他们从重视动态消息转变到动态消息与深度报道并重，以动态消息为依托，采用动态新闻加背景，动态新闻加分析的方式，加大分析性、解释性报道的比重。我国现正处于转轨变型时期，各种社会现象纷纭复杂，政治、经济、文化、社会、伦理等大量问题，人们需要了解，需要思考，文化程度较高的主流社会读者更是如此。改版后的《新华日报》

力求注人新的自然科学和社会科学成果，注入专家见解，强化思辨色彩，对各种社会现象“高看一眼，深看一层”，追踪热点，剖析难点，以洞察事物的本质见长，以透辟而雄辩的见解征服读者。朱镕基总理在美国访问期间，中美达成农业合作协议，第二天，记者就分头采访了省农林厅领导、国际贸易专家、商业界权威人士、企业管理部门，发表了以“入贸：江苏怎么办”为主题的系列稿件，如《洋小麦来了怎么办？》《跨国公司兵临城下，企业怎样迎接挑战》《如何应对外贸合资》等，分析江苏实际，寻求应对措施。一位外宾在和江苏省省长季允石交谈中问及：江苏对中国“入贸”怎么看？季允石回答：《新华日报》近日刊登了不少有关稿件，就代表了省政府的观点。

追求信息的质，记者扩展了活动半径，新闻渠道向社会各部门延伸。为了抓到真正的新闻，改版后有的记者感到自己始终“处于找新闻的状态，常感到吃了上顿没下顿”，有的记者则形容自己“时刻思考与准备，有了线索赶紧跑”。编辑部在新闻写作方式上也向记者提出了要求，提倡以实实在在的事实，原汁原味地再现丰富多彩的现实生活，避免作表面文章和哗众取宠，强调咬定“新闻硬件”，抓住问题实质，抛弃起承转合，直奔主题，将最重要、最新鲜的新闻事实凸显出来。

信息的质和量是辩证统一的，追求信息的质必须以保持一定的量为基础。周正荣总编辑特别强调“精选信息不是放弃信息量，量少就单薄”。与此相联系，大标题、大照片也只是一种基本的版面风格，周正荣认为，“不能绝对化，走极端，要掌握好度，要能在一个版上看到相对的大小区分，该大的大，该小的小”。关键还是要从读者需要、读者心理出发，方便读者阅读，能使读者轻松愉快地接收信息。

《新华日报》是一张具有光荣革命历史的报纸。紧跟时代步伐、站在时代潮头，是她的优良传统；在建立社会主义市场经济的今天，她又勇敢地站在了新闻改革的潮头浪尖。

《新华日报》实施新一轮改版才刚刚4个月的时间，其探索新时期党报发展之路的勇气和思路弥足珍贵。但是，对于一项艰难的改革来说，4个月的时间毕竟太短暂。新华日报人需要有更多的时间去探索、去总结、去提高、去完善。时间将会作答。我们寄希望于新华日报人，通过自己不懈的努力来进一步展示其改革改版的迷人风采。

新华日报1999改版：思路与实践

新华日报编委会

今年是《新华日报》创刊61周年，在南京出版50周年，报社党委决定通过实施新一轮改版，提高党报宣传水平来纪念自己的生日。报社内部十多次改版座谈、多方征求意见形成的《新华日报改版方案（1999）》，经报社党委会讨论通过、省委批准后，于3月22日正式实施。2个多月来，无论是报纸内容还是版面形式，都较好地体现了改版的指导思想，达到了预期的目的。省委领导同志说，从省内方方面面的反映来看，改版的效果是很好的。中宣部新闻局《新闻阅评》第233期肯定了《新华日报》的改版，认为改版后“版面安排上主次分明，错落有致，方便阅读”“可读性进一步增强，跟读者的距离更近”“高雅、大气，有看头，有品位”。阅评员认为，“《新华日报》的改版实践证明：在加强党报主功能的前提下，省级党报一样可能办成既庄重大方又洒脱活泼、干部要看群众也爱看的报纸”；“其探索新时期省级党委机关报改革的新思路值得重视”。

适应新的形势，调整党报定位

《新华日报》这次改版是对1995年年底改版的深化和延续。上次改版，压缩了一厂一店一村一校的报道，强化了党中央、国务院、省委和省政府重大决策的报道，强化了与人民群众切身利益密切相关的各类新闻的报道，增加了信息量，形成了“顶天立地”的基本格局，报纸质量有了很大改进，多次获得中宣部和省委领导的好评，发行量也在逐年上升，1999年突破43万份。但是，这些成绩都是在非常困难的条件下取得的。特别是近年来，媒介竞争日趋激烈，全国各地党报发行量普遍下滑，党报无法走向市场却又不可避免地受到市场的挤压，发行工作单靠行政力量越来越困难。面对这种新的情况、新的形势，《新华日报》必须花大力气进行报纸改革，切实增强可读性，让读者感到确实需要这张报纸，靠报纸质量取得竞争优势。

可读性的含义是很广泛的，不同的报纸有不同的可读性。新华日报要增强可读性，首先必须明确自己的读者定位和内容定位。

江泽民同志提出，中国要进入世界主流社会，对世界发挥更大作用。借用这句话，《新华日报》这次改版的总体目标，是要成为进入主流社会的大报。中国有中国的国情，中国的“主流社会”包括各级党政干部、知识分子、企业家、企业决策者等社会中上层人群（核心读者群），以及其他具有中等以上文化程度的广大读者（紧密型读者群）。党报传统的读者定位是笼统含混的“广大干部群众”，党报改革的努力方向是企图涵盖所有读者。实际上，任何报纸都不可能占尽天下风流，在各类媒介激烈竞争和总体性社会向分众化社会转变的今天，这一改革目标是很难实现的。我们的主要读者不能是文化层次较低的人群，不能是晚报所包括的农民工、菜贩子、下岗工人和一般的家庭妇女、营业员等，要有所取舍。另一方面，绝大多数党报的实际读者是各级党政干部，面比较窄。此次改版对读者对象进行结构性调整，一是压缩名义上的读者群，减少无谓的努力；二是对实际上的读者群进行扩展，从各级党政干部增加到整个主流社会群体。这一群体在改革开放、经济社会发展和社会舆论的变化中起着主导作用，党报对他们的影响在一定程度上也就是对整个社会的影响。这一群体视野开阔，思想活跃，对政治、经济、文化和各种社会问题有一定的思考，具有较强的同质性，在阅读需求和兴趣上有很多一致的地方，报纸内容安排上容易把握，容易形成特色。

我们的主要读者对象是主流社会，报纸内容要保持较高的品位，一方面有很强的可读性，但另一方面不同于小报的可读性，不能重复某些小报低层次的琐碎的东西。另外，从报纸与电子媒介的竞争来看，报纸的优势在于对新闻事件深层次的观察与思考，要靠信息的深度取胜。从现阶段的社会特征来看，从计划经济到市场经济的转轨变型正在向纵深发展，社会变动很多、很大，纷纭复杂，经济、文化、社会、伦理等大量问题，人们需要了解，需要思考，文化程度较高的主流社会读者更是如此。因此，在内容定位上，改版后的《新华日报》撇开了低层次的社会新闻，撇开了直接而琐碎的生活服务类新闻，撇开了电子传媒直观浅显的表象性新闻，强调反映社会生活主流，洞察事物本质，注入自然科学和社会科学成果，注入专家见解，强化思辩色彩，追踪热点，剖析难点，以丰富的思想内涵见长，以透辟而雄辩的见解征服读者，树立高雅、凝重、鲜活、有冲击力的高品位大报形象。《新华日报》要成为整个江苏干部群众的思想库，成为改革开放大时代中时代变迁的信息库，成为全省干部群众在社会转型期人生和事业的导航站。

为此，改版后除了进一步强化“思想界”专刊和“本报观察家”专栏，要求记者在日常报道中对各种社会现象“高看一眼，深看一层”，还专门开辟了“深度报道”专栏，借助自己的人才优势和社会上专家的优势，以动态消息为依托搞分析性、解释性的深度报道。这方面的努力取得了明显的成效，报纸上涌现出了一大批有品位、有思想、有深度的好稿。3月24日刊登的《消费信贷不等于寅吃卯粮》，对社会上流行的关于消费信贷的误识进行了精辟的分析，受到中宣部阅评小组的充分肯定。5月24

日《农业效益辩证看》一文，针对近两年农业效益持续下降，不少人为此忧心忡忡甚至怨天尤人的情况，提出农业效益下降是正常的、有益的这样一种观点，发表后获得了读者的高度评价。中美达成农业合作协议后，有关记者立即分头采访农林厅领导、国际贸易专家和商界权威人士，写出了《洋小麦来了怎么办？》等一系列分析性稿件。季允石省长在回答外宾“江苏对中国‘入贸’怎么看”这一问题时说：《新华日报》近日刊登的不少稿件，就代表了省政府的观点。

A、B、C版分工协作

突出党报主功能，切实增强可读性

从上次改版实施结果看，主要是强化党报主功能的改革，对党委、政府工作新闻的改革。这方面是很成功的，比较突出的反应是，省委、省政府满意，市县与我们的关系更加密切。主功能方面得到强化，是我们来之不易的重大成绩，但普通的干部群众对报纸还是不大满意。究其原因，上次改版主要是在原有的党报模式中调整内容结构，仍然是在原先的工作新闻的总体框架中进行的改革，在这种模式和框架中，新闻规律没有得到足够的重视。因此，这次改版一方面要继续巩固和强化上次改版的成果，另一方面必须突破传统的党报模式，充分尊重新闻规律，切实增强报纸的可读性。这就是本次改版的基本思路“不该动的不大动，可以动的动到位”。

什么是不该动的呢？党委政府机关赋予我们党报的基本职能、主功能，这一块不能去大动。党报的任何改革都有它的基本原则，一是在坚持党报性质不变的前提下进行改革，不是要把党报改成其他报纸；二是要强化而不能弱化党报的主功能。这种政治优势是其他报纸没有的，必须保持下去。这部分内容是龙头、是为主的，反映《新华日报》的本质特征，这一点不能偏离。但不大动不等于不动，可以小动，可以搞得活一点、新一点、深一点，标题大一点，文章短一点，可以转版，等等。

另一方面，可以动的动到位，不要以不该动的为理由，将可以动的也归罪于不可动的。现在对党报改革在认识上有两种误区，一种误区是，不该动的也想大动，脱离实际，还有一种倾向呢，可以动的也不动，以不该动的为托词，认为我们党报反正动不了，把自己能发挥主观能力性的这一面推到客观、强调客观。积极的态度应该是不可动的要坚持党的新闻宣传最基本的东西，可以动的部分要充分尊重新闻规律，充分发挥主观能动作用，增强报纸的可读性。

实际上，这种内容上的区分，在改版前的选稿用稿标准中已经得到体现。但在两种内容相互混杂的版面基本格局中，重视新闻规律变成了“软性”的任务，缺乏非做到不可的紧迫性和强制性，因此新闻规律所发挥的作用始终是有限的。为了强化这种内容上的区分，我们在形式上把它固定下来。将对中央、省、市、县中心工作的报道，对国内要闻的报道和对全省宏观新闻、深度报道和省级机关部门工作报道集中到前四个版，作为《新华日报》的“A版”。这样，对主旋律的报道会显得更集中、更突出、更强烈。与此同时，压缩后四个版的次要内容和部分专版、专栏，腾出版面，作为《新华日报》“B版”，集中报道全省干部群众爱看的国际国内和省内新闻，报道反映改革开放时代大潮和提高人民群众生活质量的各类新闻。为了增加《新华日报》的都市色彩，加大对省会南京的报道力度，增辟《新华日报》“C版”，在南京出版。B版和C版在坚持党的新闻宣传工作的基本前提下，完全按新闻规律办事。

改版后的《新华日报》进一步强化党报服务党和政府中心工作的主功能，坚持对中央、国务院、省委、省政府的重大决策，报深、报透、报活、报到位。充分报道全省各市县党委和政府贯彻落实省委、省政府决策的重要动作和改革开放、经济和社会发展的新成果、新经验。改版的基本思路确定下来后，在具体的筹备过程中，编委会所做的第一件事就是制订A版宣传计划，布署A版报道工作。2个多月来，我们对中央和省委涉及全局的重大活动、重大决策精心组织了富有成效的报道。比如纪念“五四”运动80周年，我们采用多种形式进行了突出的宣传，从4月下旬到5月上旬，共发消息、评论、理论文章、人物通讯、照片等30余篇（幅），其中5月5日用了3个整版的篇幅进行了集中报道。在“三讲”教育过程中，新华日报充分反映了中央领导同志的讲话精神，对省级领导班子成员集中学习讨论的活动作了连续报道，共发文章10多篇，大部分刊登在A1版重要位置。5月8日清晨，以美国为首的北约悍然轰炸我国驻南联盟大使馆，新华日报按照中央和省委统一布署，高度重视，精心组织，以强烈的政治责任感就这一严重事件展开了声势浩大的宣传报道活动。事发当天，编委会领导连夜召集记者采写有关报道，充分反映了南京各界坚决支持我国政府严正立场、愤怒声讨北约暴行的呼声。A版、B版都利用大量版面对这一事件及有关反应和后续活动进行了大规模的报道，其中A版在事发一周内就用了11个整版、74篇（组）文章和25幅照片进行反映。在这场宣传报道活动中，新华日报认真领会和贯彻江泽民同志和胡锦涛同志的讲话精神，严守宣传基调，既浓墨重彩，形成了舆论强势，又分寸得当，顺利地实现了中央的宣传意图。

为了强化改版后的新华日报主功能，编委会还紧紧围绕省委、省政府的中心工作，精心安排，积极主动地策划了一系列重点栏目和重头文章。在A1版右下角推出《奋战1999——市委书记访谈录》系列报道，集中登出，每天一篇，营造出迎难而上、加快发展的浓厚氛围。在A2版头条位置推出《本报观察家》系列评论，切实贯彻中央和省委关于经济社会发展的最新精神，如《重提“快了不用刀子砍，慢了不用鞭子赶”》《让投资和消费需求都走旺》《扩大内需，不能放松外向开拓》《结构调整：体味老题新意》《重视启动民间投资》等等，改版两个月共发此类文章近20篇，以其高屋建瓴的视点、强烈的思想性和现实意义在读者中引起普遍反响。为提升市县新闻的质量与地位，除在一版腾出版面加强市县报道外，在A4版头条位置推出《市县得意之作》和《城区风采》专栏，每天一篇通讯，集中反映各个市县和部分城区的新举措、新发展，获得广大读者好评和市县领导的高度重视。在A4版辟《公仆讲坛》专栏，到5月底已刊登各个县县委书记、县长的短论20多篇，这些短论生动活泼，有思想、有见解，对基层工作发挥了较好的指导作用。

改版后的《新华日报》追求主旋律宣传和新闻规律的有机结合，思想性与可读性的高度统一，强调用记者的语言、新闻的语言讲党和政府要讲的话，彻底突破了党报可读性不强的传统面目，切实提高了党报宣传艺术，增强了宣传效果。在改版的讨论酝酿过程中，编委会和全体记者编辑充分认识到，B版和C版按新闻规律办，并不是不讲政治，它是有政治标准的，这个标准就是我们党的新闻宣传工作的基本方针，就是坚持以正面宣传为主，坚持团结、稳定、鼓劲，不打政治擦边球，不打黄色擦边球，反党的、阴暗的、低级趣味的东西，坚决不登。这是办好B、C版的基本前提。主旋律的内涵很丰富，B、C版也是宣传主旋律的，只不过它以新闻价值为基础进行宣传，在主旋律和可读性的结合点上做文章。比如改版后发了不少关于反腐倡廉的报道，这些报道不是简单地反映开了什么会、发了什么文，而是用生动鲜活的新闻事实进行宣传，如《泰州市委决定：组织部长易地任职》《南京热岗处长交流》《处长观摩坐走廊》，等等，都是具有较强的新闻价值，干部爱看群众也爱看的新闻。

对于增强可读性，改版后的《新华日报》强调新闻价值所要求的鲜活、重要、及时，强调反映改革开放和经济社会发展潮头的东西，如《六合脚手架撑起“泰坦尼克”》《人才可以租着用》《一个拆字结束城南旧事》《城建快，地图改版忙》《扬州10名私营业主进中央党校学习》《南京市民网上做高参》等，都给人一种耳目一新的感觉；强调更新写作方式，突出实实在在的新闻“硬件”，抛弃僵化的程式，直奔主题。此外，改版后还给“可读性”赋予了特定的涵义，即关注人的需求，围绕人的生存发展作文章。这种需求不是个别人的需求，也不是消遣、猎奇、寻求刺激等浅层次的茶余饭后的暂时需求，而是与读者的生存发展紧密相关的深层次的长远需求。通过新闻报道的方式建立人生的“灯塔”，为读者提供必要的信息资源，让读者在改革开放的历史条件下，在激烈竞争的市场经济环境中，积极灵活地调整自己的思想和行为，确立符合社会规范的健康向上的思想方式、生活方式和工作方式，从而提高生存质量，实现发展目标。这方面的内容是十分广泛的，时代走向、环境变迁、生存艺术、发展策略、规避风险，等等，都是读者共同关心的主题。围绕这些主题，改版后的新华日报B版、C版刊发了大量的新闻报道，如《高考改革怎么改》《房改房怎样上市》《今年高职怎么考》《户口迁移如何操作》《中层职位竞争上岗，普通干部双向选择》等等，受到读者普遍欢迎。

大标题，大照片，精选信息，放大热点

改版后的《新华日报》在版面上给人的直观感受是，照片增多，文字量减少，厚题薄文，大标题、大照片，视觉冲击力明显增强。这种版面安排体现了新华日报对信息时代办报思路的深层思考。

在晚报和生活服务类报纸中，有些以信息量大取胜，打开报纸像密密麻麻的“芝麻饼”一样，读者需要的东西上面全有，读起来觉得很充实、全面。在报纸种类偏少，报纸内容普遍比较单调的背景下，信息量是报纸的一大优势，“信息总汇”式的办报策略无疑是正确的，党报在十几年的新闻改革过程中也一直在强调加大信息量。但随着中国信息传播业的迅猛发展，随着信息社会特征的日益凸显，信息污染正越来越成为一个引人注目的社会问题。目前媒体已经出现信息泛滥的苗头，报纸杂志、电子媒体急剧膨胀，仅南京的日报就有五六份，有些报纸一天一二十个版，密密麻麻的全是信息。广播、电视、早报、日报、晚报，信息铺天盖地。因特网普及速度也很快，甚至连寻呼机、街头电子屏幕都在不停传播新闻。读者面临的问题已不是信息短缺，而是信息过多、过滥。翻开每天的报纸，读者特别想看的热点新闻并不多，新闻信息重重复复，泥沙俱下，泛滥成灾，不少读者已感到厌烦。现在读者的生存压力很大，机关减员，工人下岗，人们不可能有很多的时间和精力去逐条研究排山倒海的信息。对国内读者调查的综合研究表明，从90年代初开始，读者对媒介的主要要求已经逐渐从信息的量转向信息的质，密密麻麻的“芝麻饼”版面已不像以前那样大受欢迎。

基于这样的认识，《新华日报》改版不再追求信息密集，而是在保持一定量的基础上追求信息的质，帮助读者做好筛选过滤工作，从大而全、多而杂的“信息超市”模式转变为“信息精品”展示，强调精选信息，放大热点，对读者普遍关心的重要新闻和精彩的新闻照片予以突出处理。比如B1版“焦点新闻”，坚持洞察性与动态性相结合，打破行业和地域界线，以公众视点为取向，突出报道省内外、国内外各个领域关联度大、有思想内涵的最新变动、宏观信息和热点新闻、热门话题。以美国为首的北约袭击我驻南联盟大使馆后，“焦点新闻”一周之内用了7个整版加以报道，浓墨重彩，酣畅淋漓。由于坚持好中选优，严格把关，争取版面上每一块都是读者爱看的东西，改版以来，值班总编手边积压下来的稿子过两三天就是厚厚的一大叠，而这些稿子都是经总编签字能发而临时被挤下来的。版面处理采用疏朗、大方、明快、重点突出、视觉冲击力强的风格，大标题，大照片。稿件安排多用并列，少用穿插。一个版从密密匝匝塞满6000 多字改为仅安排4000字左右，读者看看标题，看看照片，再看看正文，感觉方便自由，轻松随意。

建立富有活力的运行机制

保证改版工作顺利实施

《新华日报》改版是涉及方方面面的系统工程，除了更新新闻观念、调整办报思路和内容格局之外，还包括其他很多内容。报社党委会、编委会在广泛征求编辑部内外意见的基础上，多次认真研究讨论，陆续出台了一系列文件。其中包括《新华日报改版方案（1999）》《党委会、编委会成员分工办法》《B、C版改版工作计划》《新华日报B、C版操作方式》《改版后编辑出版各个环节的职责范围》《编辑部工作人员实绩考核办法》，等等。3月22日正式改版以来，这一系列文件的内容得到了认真细致的贯彻落实，并根据实际运作情况作了进一步完善，保证了整个改版工作的顺利实施。

这些配套改革继承了1995年年底改版以来报纸管理工作的成功经验，同时紧紧围绕本次改版的需要，强化了本次改版的特点，其主要内容包括：

一、合理配置人员，强化指挥调度。改版后整个报纸版面分为A版、B版、C版三个部分，人员的合理配置对三个部分的协调运行具有非常重要的意义。为了确保党报主功能的顺利实现，原有处室机构和人员基本不变，只做局部调整。由于改版后取消了文体专版和城市生活处主办的《生活周刊》专版，因此相关编辑记者全部转入B、C版工作。文艺处除“新潮”副刊的两名编辑外，其余编辑记者专职为B版供稿。为B版供稿的还有科教处的体育组、新闻信息中心、出版处（热点新闻组稿）以及新成立的京、沪、粤记者站等。专职搞C版的包括城市生活处的全体编辑记者和南京记者站记者。改版后每天出12个大版的报纸，采编工作量大大增加，为了缓解值班编委的编稿压力，强化各版的指挥调度，分别各由一位副总和相关处室负责人组成B、C版编辑领导小组。编辑领导小组负责向总值班编委发

B、C版成品稿，每天早晨8点20分召开B、C 版编辑记者业务策划会，内容包括评讲当天见报稿件，汇报和研究选题，讨论业务难点，分派采访任务。这一制度提高了B、C版的组织化程度，强化了报纸对社会生活的快速反映能力。

二、强调分工协作，建立开放的供稿机制。编委会强调，A、B、C 是一整体，各处室写稿、供稿要有整体观念，不能画地为牢。供稿体系是开放的，完全置于新华日报大的公平竞争环境之中。编辑记者必须全体动员，紧密协作，任何一个部门、任何一位编辑记者都可以畅通无阻地向A、B、C三个版供稿。值班编委一把尺子量到底，A、B、C版稿源统一安排，适合上什么版就上什么版。这种交叉重迭的供稿机制，保证了B、C版有大量稿源备选，同时鼓励记者在采访过程中将各种类型的素材一网打尽，提高了工作效率。

三、更新新闻采集方式，开辟广阔的新闻渠道。改版对新闻采集提出了更高的要求，新闻渠道要上伸下延，纵横交错，做好开渠引水的工作。为此，在强化原上海记者站的基础上新成立了北京记者站和广州记者站，在全国各个区域的大城市建立了信息站，加强了同省内市县新闻媒介的合作，加大了对互联网的使用力度。通过这些方式，新华日报同国务院各部委、各国家级新闻单位和省内外报纸的关系更加密切，新闻采集的面更宽更广。改版酝酿之时，编委会就强调，今后记者之间的竞争，除了业务水平、思想水平的竞争，很重要的就是新闻渠道的竞争，记者要重新编织各自的新闻网络。改版启动后，编辑部记者改变“等、靠、要”的作风，主动出击，加强同相关社会部门的联系，广交朋友，寻找一切可以利用的新闻线索，写出了大量的好稿。B版打破传统的按行政条线分兵把守的模式，经过一段时间的摸索，根据实际运作情况，将记者分为5个小组，分别为科教卫组、城建交通环保组、政治改革组、金融证券组、生产流通组，使采访分工更符合现阶段社会运行状况，符合改版后的版面需要。B版在运作过程中还探索出一条全新的采访思路“机关拉网，基层采访”，即改变以前仅仅报道机关工作本身的做法，将省级机关作为全省各市县情况的信息源，顺藤摸瓜，深入基层采访。各省级机关无疑是全省某方面情况最权威最丰富的信息汇集地，这一采访思路极大地拓展了记者的视野，提高了新闻采写的效率，产生了一大批重要而鲜活的好稿，如《南京推进人才代理制》《土专家也拿政府津贴》《镇江设立人才保护价》《沭阳正官风顺民心》《苏州乡镇长进修“城市学”》等，在社会上引起较大反响。

四、完善激励机制，强化内部导向。经过反复讨论研究，对原有的编辑记者定性定量考核办法做了进一步的修改和完善，使其更加符合改版的需要，在报社内部营造出了为办好报纸争作贡献、争出好稿的良好氛围。一位年轻记者说，工作7年了，从未有过这么大的压力、这么足的干劲，每天早晨一睁眼就想到工作。有的记者一个月内出40多篇稿子，最多的一天A、B、C版同时见报4篇。按照改版思想写稿有一个更新观念、逐渐适应的过程，为引导记者准确把握编委会的用稿意向，尽快转轨，每天的编前会上，总编辑评出“导向奖”并予以讲解。为鼓励创新，多出精品佳作，除了惯常的月度好稿评选之外，坚持每天评“创新奖”，每月月底评出优秀的分析性、解释性新闻和特级精品、一级精品。这种及时反应、立体交叉的评稿机制，促进了改版方案的尽快落实。

《新华日报》改版几个月来，出现了许多变化，崭新的局面正在形成。在取得可喜成绩的同时，我们也清醒地认识到，党报改革是一个动态的探索过程，不可能毕其功于一役，一步到位，一些新的问题正等着我们去逐步解决，改版工作还需要不断地加以完善。今年4月，江泽民同志专门就《新华日报》在南京出版50周年为《新华日报》题辞：“紧跟时代步伐，传播党的声音，服务人民群众。”我们要牢记江总书记的嘱托，进一步做好工作，把《新华日报》办成党和政府满意，人民群众欢迎的优秀报纸，办成一份无愧光荣历史、站在时代前列的精品党报。

党报总编辑的新闻价值取向

新华日报总编辑 周正荣 （原载《新闻战线》1996年第十二期）

“坚持政治家办报”是我们党对党委机关报的一贯要求，也是江泽民同志此次视察人民日报重要讲话中强调的。作为一个党报总编辑，对于“政治家办报”的领悟，既是抽象的，又是具体的；既是宏观的，又是微观的。每天面对潮水般涌来的新闻信息，面对不断发展变化的政治、经济、社会形势，面对改革开放大环境中各种观念、思潮的冲击，面对各行各业希望报纸宣传报道自身工作等局部利益的挤压，面对处于竞争状态的记者、编辑强烈的见报欲望，如何把握好党报的“舵”，坚持正确的舆论导向，既当好党的喉舌，让党满意；又反映人民群众的愿望，让人民群众满意，这一切，每天都是对党报总编辑的严峻考验！我从实践中感受到，这里成败的关键是党报总编辑的新闻价值取向，也就是党报总编辑手中每天衡量用什么稿，不用什么稿的“尺子”。

党报总编辑的新闻价值取向，首先是看所办的报、所宣传报道的内容是否服从、服务于全党工作的大局。这就需要我们强化大局意识，任何时候都不能偏离党的工作中心去确定自己的中心。

江泽民同志要求："报社的同志要有大局意识、全局观念"，"登什么，不登什么，怎么登，都是从全局出发，从党和人民的整体利益出发。"这就决定了党报的宣传报道必须紧紧围绕实现党的战略目标、中心任务来进行。党报及其总编辑任何时候都不能偏离党的中心去确立自己的中心。是否有利于推进改革开放，是否有利于发展社会主义市场经济，是否有利于两个文明建设，这是党报总编辑每天选择稿件、组织版面的根本标准，是最重要的新闻价值取向。任何稿件都要放在大局这个天平上以衡量其价值，决定其位置，让那些服从、服务于党的中心任务，符合党的主旋律宣传要求的稿件占据突出位置，在报纸版面上形成强势。在这个前提下要注意拓宽报道面，但切不可让次要的东西喧宾夺主。而那些有碍大局、不利于实现党的战略目标和中心任务的报道内容，就是点子再新、文字再精巧，也不能见诸报端。

严格地按上述要求去做，使党报宣传报道服务服从于党的工作大局，总编辑在实际操作中往往会碰到许多难题。其中一个突出矛盾就是局部和全局的矛盾。从每个地区、每个部门、每个单位的角度看，落实到自己头上的工作任务是最重要的，从这一点出发，他们常常向党报提出突出、加强本地区、本部门、本单位局部工作和"政绩"报道的要求，如果总编辑全局观念不牢固、顶不住"压力"、把不好关，就势必造成报道分散，版面分割，从而削弱党的战略目标、中心任务的宣传报道。有时候，妨碍、影响大局报道的"压力"来自报社内部。我们当然要教育所有记者、编辑和编辑部各部门的负责同志都要有较强的政治自觉和宏观意识，但他们在日常工作中仍然不可避免地出现强调局部利益的现象，甚至成为所分工报道"口子"或地区的代言人，这就更需要总编辑把价值取向牢牢定位在党的中心任务上，不能被有"背景"的部门、单位或记者、编辑牵着鼻子走。前一阶段，关于加快两个根本“转变”、搞好国有大中型企业的报道；关于宣传张家港经验、推进全省两个文明建设协调发展的报道，都在我们报纸上形成强势，根本原因是把服务大局放在首位。我们感受最深的是建设“沪宁高速公路江苏段”的战役报道，这是中共江苏省委常委会下达给《新华日报》的中心宣传任务。“决不能把它等同于一般的建设成就的报道，一定要把这条江苏通向21世纪的黄金大道宣传得家喻户晓，把省委加快现代化建设步伐的战略决策宣传得深入人心”。编委会形成共识后制订了详尽的报道计划，并组织了以总编辑、分管副总编辑为首的报道班子。从今年3月到9月，按计划推出的新闻、通讯、言论、图片、图表等成系列报道，使本报宣传“沪宁高速公路”建设在一版和其他版面的重要位置高潮迭起，影响巨大，得到省委和广大读者的好评。

从主观愿望讲，党报总编辑总是想正确把握新闻价值取向、坚持正确舆论导向的，但由于受自己理论根底和认识水平的局限，一旦碰到纷纭复杂的实际问题，就觉得心里没有底，难以做出准确的选择了。比如，如何科学分析社会变革时期在各个领域出现的新情况、新问题？如何对群众关心的热点、难点作出正确的分析和引导？特别是新闻姓“新”，求新，是新闻工作的重要特征。但是新的东西可能是代表社会前进方向的新事物，也可能是披着时髦外衣的新谬误。稍有不慎，就可能受某些新的但却是错误的思想政治观念的干扰，作为党报总编辑，一定要在思想上政治上与党中央保持一致的前提下求新，一定要在大局意识的指导下求新。为此，我们一定要认真学习邓小平建设有中国特色社会主义的理论，并用以指导自己的办报实践。正如江泽民同志所说：“理论路线根底打好了，不管情况多么复杂，形势怎样变化，都会保持坚定正确的政治方向和政治立场。”

党报总编辑的新闻价值取向，还要看报纸登载的大量新闻能否把握社情民意，这就需要我们强化群众意识，把来自人民群众的呼声视为党报的

“第一信号”。

邓小平同志曾把“人民满意不满意”作为衡量各级党和政府工作的重要标准，江泽民同志这次讲话中关于党报“要把最好的东西奉献给人民”，宣传报道要更加贴近生活、贴近读者，使广大读者喜闻乐见”的论述深刻体现了邓小平同志的思想。我们党办报的目的就是要通过报纸的宣传报道去组织群众、鼓舞群众，让群众精神振奋地投身到社会主义现代化建设事业中去。党报一直是紧密联系党和人民群众的桥梁和纽带。要使党报每日大量登载的新闻达到最好的宣传效果，党报总编辑就应该尽可能多地组织采写、突出刊登既服务于党和政府的工作中心，又是广大人民群众

周正荣（前排左3）在美国访问《美国侨报》

喜欢看、看了感到高兴的新闻。比如，党和政府发布的与人民群众生活、工作、学习密切相关的各项方针、政策；改革开放、发展社会主义市场经济时代发生在人民群众身边的喜人的变化；党和政府及领导干部满腔热情地带领、帮助人民群众解决菜篮子、米袋子、就业、升学、住房、交通等实际困难所取得的卓有成效的进展。我们《新华日报》改版后十分注意调动一切新闻手段加强这些方面的报道，形成了“顶天立地”的总体格局，如果说“顶天”体现了“大局意识”，那么“立地”就从社会生活的方方面面体现了“群众意识”。

党报总编辑重视“第一信号”，多登贴近群众贴近生活的新闻，在实际操作中需要精心组织，舍得花力气。我担任新华日报总编辑以来，试行的具体做法是，每天早上亲自主持召开“特派记者”会和编前会，集中搜集记者编辑们对社情民意的“监控”情况，分析和筛选“第一信号”，从中精心选题并迅速组织报道。去年年底以来，我与编委会其他同志直接策划的房改组合报道、高价择校生的追踪报道、下岗职工自强不息再就业的深度报道、“文明正大步走向生活”的系列报道等，都因其从正面积极地反映了人民群众的愿望并把党和政府的努力告诉了群众，从而激起热烈的社会反响。

对于反映社情民意的大量信息，党报总编辑必须着眼大局进行“过滤”，审慎选择，以免作出错误的判断。我们经常会碰到一些确实反映“社情”，可读性也较强的新闻稿，但刊登出来很可能会在群众中产生负面影响，甚至引发一些不稳定因素，给党和政府的工作带来被动，归根到底也会损害群众的利益。对这类稿子，我们坚决不予编发。这里最重要的是坚持“大局意识”与“群众意识”的统一。

党报总编辑的新闻价值取向，还要看是否能实行坚持正确导向和提高引导水平相统一，这就要求我们强化质量意识，坚决按新闻规律办事。

有相当多的稿件，虽然导向没有错误，但套话连篇，内容空泛，表现形式呆板陈旧，从中找不到鲜活的新闻事实。

如果听任这类稿件充斥版面，党报即使一百年不说一句错话，其权威性、战斗性也会逐渐丧失，不能完成党赋予的任务。

在视察人民日报的重要讲话中，江泽民同志意味深长地指出，党报“要讲求宣传艺术，提高引导水平”，这是对每一个党报工作者，特别是总编辑提出的高标准、严要求。党报宣传艺术表现在方方面面，如新闻作品的构思谋篇、辞章文采、版面的设计美化等；党报的引导水平也体现在方方面面，如典型报道的适时推出、重要言论的切中时弊等。然而，不管从哪一方面说，归根到底都必须遵循新闻的基本规律。长期以来，我们改进会议报道，力求把会议中为读者所关心的新闻写出来；我们改进形势宣传，力求调动多种手段让读者一目了然；我们改进言论宣传，力求克服“训人”腔调，让每一篇言论通俗可读；我们改进典型报道，力求使跃上重要版面的先进人物亲切感人。尽管在这些方面做得还很不够，难以尽如人意，但我们将不懈地追求，以提高党报的引导水平，努力使党报宣传更加贴近生活、贴近群众，为广大读者喜闻乐见，达到真正按新闻规律办好党报之目的。

没有强烈的质量意识，不求有功，但求无过，得过且过是不能担负党报总编辑这一重任的。然而，要真正把好每一天报纸、每一篇稿件的质量关，党报总编辑除了必须具有强烈的事业心、聚精会神地办报外，还必须按照江泽民同志所要求的：“在打好思想政治和业务根底上，老老实实地下一番真功夫、苦功夫。”在打好“两个根底”方面，总编辑自己一人过硬远远不够，关键还要带出一支高素质的编辑记者队伍。有了高素质的队伍，质量才能一以贯之，不会出现大的起落。在这个方面，新华日报编委会采取了一系列措施，如版权集中收归编委会、值班总编辑“一把尺子量到底”、记者轮流参加“特派记者组”等等，都取得了良好的效果。但报纸质量的稳定、提高还有待于报社内外对“尊重新闻规律”形成共识，对讲求“宣传艺术”，提高“引导水平”形成共识，把我们的认识统一到江泽民同志视察人民日报的重要讲话上来。

党报应关注人的需求，围绕人的生存发展作文章

《新华日报》总编辑 周正荣

党报的指导性要通过可读性来实现。增强可读性，很重要的一条，就是要关注人的需求，围绕人的生存发展作文章。

计划经济体制下，个人生存和发展所需要的基本条件，都必须从国家获得，由国家来计划和安排。个人通过自身努力改变自己的社会身份、社会角色和生活状况的空间是很小的，社会成员的积极性、主动性因此而逐渐萎缩。改革开放以后，在市场经济环境中，个人转而到社会上、市场上去寻找生存发展的资源和机遇。人们的自主性和竞争意识大大增强，可以充分发挥自己的特长和才能，通过自身努力改变自己的生活，实现自己选择的人生目标，得到合法的利益满足。在这样的背景下，报纸关注人的需求，为人的生存发展提供丰富的信息资源，具有重大的现实意义。

从这一点出发，我们的读者所面临的、关心的问题是什么呢？

（1）时代走向

影响中国发展进程的国际关系的变化、重大国际事件，国内经济、政治、文化和社会发展的宏观趋势，改革开放大的走向，各种社会思潮，党

和政府大的政策变化等等。时代走向中，有些东西同人们的日常生活似乎没有什么直接联系，但它或远或近地都会对人们的生存发展产生影响，是读者必须了解的重要生活背景。它主要包括两个层次，一是影响时代走向的大事件，二是体现时代走向的新事物。

北约空袭南联盟、北约袭击我驻南大使馆、日美加强军事合作、江泽民主席与克林顿总统会谈，这些对国际局势，对我国的政治、外交、军事和总体发展战略有深远影响的大事情，就是读者关心的时代走向方面的内容。亚洲金融危机、欧元启动、中美签订农业合作协议、中国入贸谈判，等等，这些关系着中国经济发展前景的大事，也属于时代走向的内容。对此，我们都作了突出报道。比如中美签订农业合作协议和入贸谈判取得进展，新华日报除了对事情本身进行重点反映外，还发表了一系列专家访谈和“本报观察家”文章：《洋小麦来了怎么办？》《中国农业如何面对国际竞争》《入贸：竞争总动员》等。党中央、国务院的重要会议、重大决策，如“十五大”、十五届四中全会关于国企改革和发展的《决定》，这些直接影响我国政治、经济、文化和社会发展的大事，同样是时代走向方面的内容。

这些直接影响时代走向的全局性的大事，是新闻报道的重头戏，但这方面的内容在量上毕竟不是很多。在日常的新闻工作中，大量的内容还是通过具体的新闻事实对时代走向加以反映。知识经济的兴起和发展，是现代经济的重要方向，我们就此发表了一系列文章：《恭喜教授发财》《靠知识起家的金领》《呼唤中国的比尔盖茨》《院士教授为何纷纷参与办公司》《一位专家型厂长的倍率效益》《教授博导成股东》《科技人员束缚少了，知识资本分量重了》等等。《商业呼唤差异化经营》《微利时代需要“精耕细作”》，反映了买方市场条件下商业的发展趋势；《高考改革：挑战中学教育》《教育新浪潮：小班化教学》，反映了强化素质教育的改革趋势；《南师大12名学生承包做清洁工》《无锡大学生钟情环卫》，反映了市场经济环境中劳动就业观念的必然变化；《承包家政公司的副教授》，反映了家务劳动社会化、产业化的大方向。只要是符合社会发展潮流的东西，改革开放前沿的方向性的东西，都体现了时代走向，内容十分广泛。

（2）环境变迁

这个“环境”不是指楼道环境卫生的“环境”，而是大的生存环境。人生活在环境当中，环境发生了变化，人的思想和行为必然发生相应的变化以适应这个环境。因此，了解环境的变迁是人生存发展的前提。人对环境的了解有多种途径，可以通过人际交流、传播媒介去认识，也可以身体力行地直接去观察，古人所强调的“读万卷书，行万里路”，就包含了这样的意思。但在现代社会中，人的生活环境越来越巨大化、复杂化，日新月异，变化很快，而社会分工越来越细，人们的活动范围有限，精力和时间有限，不可能对整个外部环境都保持直接的接触，对超出自己亲身感知范围的事物，只能通过各种新闻传播媒介去了解。像雷达一样“守望环境”或者说“监测环境”，让人们不出门便知天下事，这是新闻媒介的主要功能之一。正是因为新闻媒介有这样的功能，才使它成为影响巨大的社会组织，成为人们重要的依赖对象。很多人都有这样的体会，只要几天不看报纸，不看电视，不接触任何媒介，就会有一种“与世隔绝”的惶惶不安的感觉。

从广义上说，时代走向也属于环境变迁的范围，但这里所说的环境变迁与上面讲的时代走向有很大区别。时代走向侧重于当前的重大事件对将来的影响，或者当前的新闻事实体现出来的大的发展趋势，它主要着眼于将来，让人明白将来会是一个什么样子。而环境变迁侧重于事实变化本身，它主要着眼于现在，让人知道现在发生了什么事情。换句话说，时代走向是路标，而环境变迁就是脚下的路。路标告诉你哪条路通往哪个地方，脚下的路则决定了你应该穿什么样的鞋，坐什么样的车。

人的生活环境也包括自然环境，与人们关系密切的自然环境的变化，报纸应该关注。《长江局部断航》《南京的大树少没少》《7亿元换个碧水长流》《月牙湖水质恶化》《雾霾为何锁金陵》，等等，反映的就是这方面的内容。C版还专门在头版上辟了一个小专栏《医疗保健气象》，每天公布“今日人体舒适度指数”，并对相关的医疗保健知识作些简要的介绍，受到广大读者的欢迎。但从总体上说来，社会环境对现代人生存发展的影响更为频繁、重要。这里所说的环境变迁，主要的也就是指社会环境的变化，这方面的内容非常广阔，涉及社会生活的各个领域。公费医疗取消了，是一个环境变迁；从吃大锅饭到竞争，是一个环境变迁；大学生毕业，过去的环境是国家给你安排一个岗位，可以干一辈子，现在的环境是自己去找，这就是生存环境的重要变化；国务院机构改革，对干部来说是一个很重要的环境变化；福利房分配取消了，这涉及所有的人，也是生存环境的变化。《新华日报》改版后，对环境变迁进行了大量的报道。《江苏高校怎样增招2.5万人》《高考改革怎么改》，这是所有考生和家长都关心的问题；《南京热岗处长交流》《中层职位竞争上岗，普通干部双向选择》，这是所有干部都关心的内容；《住宅小区建设重点转向“大而全”模式优先》《房地产市场面临新的空置压力》，这是所有买房者和卖房者都关心的东西；《又一批商业巨舰驶向新街口》《麦德龙兵临城下》，这是南京商家面临的环境变化；《今年企业工资指导线公布一企业最低工资标准上调》，这是所有企业职工都关心的环境变迁。

（3）生存艺术

人首先要好好地生存下去，然后才谈得上进一步的发展。生存艺术是指在自身的事业、生活各方面的条件没有发生重大变化的情况下，怎样顺利、舒心地高质量地生活。在从计划经济到市场经济这个大的环境变迁中，有的人活得非常好、非常滋润、非常潇洒，各种资源掌握得很多，生活质量很高，有的人为吃不上饭而苦恼，为生存而奔波；有的人处处碰壁，老是怀才不遇，有的人却到处受欢迎。这就是生存艺术造成的差距。生存艺术涉及工作、生活、人际交往等各个方面，非常广泛。

对人们在现实生活中遇到的各种疑难问题，报纸可以直接提出参考意见，告诉读者“可以怎样做”或“应该怎样做”。小孩很快就该入学了，而户口还在外地，现在可以迁户口了，要办些什么手续？单位分的房子已经买下来了，现在想卖出去重新买一套大的，怎么卖？元旦放假想出去玩几天，但现在外出旅游的各种问题真是让人头疼，有什么办法可以玩得好一点？超市里的儿童饮品多得让人眼花缭乱，想给女儿买几瓶又不知道买哪种好，怎么办？好多人都带着小孩去摸奖，说是小孩手气好，明天要不要也带儿子去试试？母亲年纪大了，生活条件很好，但总是郁郁寡欢，怎样让她高兴起来？3个月前就下岗了，一直没找到满意的工作，怎么办？银行存款利息又降了，要不要把存折上的5万元钱取出来买股票？肉价还在往下跌，下个月还买不买猪仔回来养？种了一大片菜没卖到多少钱，下一季种什么呢？针对这样的众多问题，《新华日报》发表大量文章作了解答，如《户口迁移如何操作》《房改房怎样上市》《出门旅游怎样才能玩得好—专家开出快乐药方》《选购儿童饮品，先听专家忠告》《建议别让娃娃摸奖》《亲情是老人的心灵鸡汤》《找饭碗的两条真经》《造个饭碗，如何？》《降息后如何理财》《肉价走低如何养猪》《种什么菜赚钱》等等。

别人的生活是自己的一面镜子，读者通过对其他人生活状况的了解，可以对自己的生活有一个全面的认识，可以开阔眼界，学到一些成功的经验，感悟到一些生活的道理。报纸可以通过这方面的报道，让读者“看看别人在怎么做”。《月牙湖的新住户》《彩票造就的百万富翁的故事》《扬州3700人国外“上岗”》《一出戏改变了小老板》《锡山农民潇洒消费》《老李和他的卖鸭子自救组》《下岗职工徐兴良和他的家庭养鹿场》《人畅其流有新路——访南京人才租赁第一人》等，就是这方面的内容。

（4）发展策略

所谓发展，就是在一定的社会条件下，通过努力大幅度地改变自己的生存状态，提高生活质量，实现人生价值，达到生活上和工作上的追求目标，使自己成为对家庭、对社会、对国家更有用的人。人往高处走，水往低处流，发展是人的本性。想评上职称，这是很正常的要求，是发展；要富起来，这也是发展；干部希望能升迁、发展，一般人都希望事业有成，硕果累累，能衣食无忧，高层次地生活。要发展必须有实力，有些什么方法可以增强实力，你将这个告诉他，肯定受欢迎。上海《新闻报》开了个专版，叫“成功版”。刚开始也许会有人没头没脑的，什么叫“成功版”？实际上设计这个版的人非常有见地，看透了当前社会的本质，看到了竞争环境中人们对成功的迫切愿望。对《新华日报》来说，反映发展策略有比较突出的意义，因为《新华日报》的读者对象是以各级党政干部、企业经营者和知识分子为主的主流社会群体，怎样获得进一步发展是他们非常关心的事情。

在改版后的内容格局中，有相当大的一部分都是围绕这个问题展开的。比如《600 万亩粮田怎么调》《启东棉花书记自动转岗》《苏州乡镇长进修城市学》《吴县：科技孕育精致农业》《庭院渔业助农民增收2亿元》《阜宁农产品何以跨进都市》《水产养殖如何升级，请你看看外面世界》，市县、乡镇的党政干部要发展本地经济，创造更大的工作业绩，这些文章有很好的启迪作用；《何为企业家》《多元化经营，用好这把双刃剑》《南京350 位个私业主国外当上洋老板》《如何创造市场需求》，对企业家来说是有借鉴意义的；旅游部门的负责人，可以看看《夫子庙东方艺术苑取消门票名声大噪》《夫子庙借景生财》；房地产开发公司的负责人，可以看看《什么样的房子受欢迎》；想让地方特产走向全国，可以读一读《看桂花鸭怎样进军全国市场》；商场经理想促销，可以看看《一个善抓商机的成功实例》；科技人员想“下海”，可以看看《农学家严少华谈当老板的感觉》《一位下乡创业的副教授》，等等。

（5）规避风险

人要好好地生存、发展，而不是走向相反的方向，就要规避风险，既包括人身安全上的风险，也包括生活上、事业上的风险。吃东西怎样不生病；怎样使用热水器不出事；当干部的怎样不被撤职；作为一个普通的人，他怎样不被甩到社会下层，不丢掉饭碗，不失去自己人生最珍贵的东西；等等。在这方面，新闻的力量是非常强大的。比如安全使用热水器，宣传人员讲千句万句他不在意，你来条新闻，说某家三口洗澡时窗户没开死掉了，小孩子死得多可怜，老父亲死得多可怜，触目惊心，每家都会注意。

《新华日报》改版后发表的大量文章，如《虹桥垮塌案庭审纪实》《是人为热炒还是信息误导——关于蓝狐养殖能否赚钱的调查》《近期邮币卡涨声响起》《南师大不称职教师下课》《千年虫会进你家吗》《启东实行领导决策失误追究制》《街头洋水果，多属国产货》《电视直销暴利知多少》《保护患者隐私》《一企业依法化解跳槽风波》《失败的旅游项目告诉我们什么》《不要落入“泡沫高薪”陷阱》《不可盲目引种白皮小麦》等等，对相关的读者都是有警醒作用的。

多年来一直在琢磨，“可读性”到底是个什么东西，上面这些就是总结和回答。当然可读性强的还有其他一些内容，像什么“海龟救人”，满足了人的猎奇心理。日复一日按轨道运行的生活太平淡了，读者需要看到变化，看到奇异的东西。“跳”出来的特殊的反常的东西容易引起注意，所以可读性也强。但这些东西与升学、就业、住房相比，重要性不够。实际上我讲的这个，是老早以前我在《扬子晚报》概括的。《扬子晚报》这么多新闻，洋洋洒洒，无奇不有，大家反映条条都爱看，从专家学者到农民工、街头小贩都要看，为什么？我说有一个解开《扬子晚报》可读性的密码，这就是关注“人的需求”。《新华日报》以前最大的不足，就是抛弃了人的需求，漠视人的需求，对社会公众普遍关心的东西非常冷漠。

关注“人的需求”，要注意这种需求的广泛性。新闻的大忌是专业化，在明确了基本读者群的前提下，要强调大众传媒的大众性，强调共同兴趣。这一点说起来容易，操作起来就容易犯糊涂了。“虎踞路改造”，在南京城西是个新闻，但在城东可能就有很多人不懂。《新华日报》是面向全省的报纸，搞什么“虎踞路改造”呢？这种社区新闻只有在那个小范围内人们才会感兴趣。我们的发行量几十万，不应登只有几百人、几千人关心的东西。关联度小的专业性、学术性新闻，如哥德巴赫猜想具体的论证过程，只有搞数学的人关心，其他人谁感兴趣呢？如果某个专家搞的学术研究取得了突破性的进展，能延长人的寿命，关联度就大了。关联度大的，具有最大的共同兴趣的，是生老病死、爱情、悲伤、猎奇、基本欲望、基本生活如住房、医疗、就业，等等。

另一方面，并不是所有的共同兴趣都能纳入我们的考虑范围，关注“人的需求”，还要注意这种需求的层次性。消遣、猎奇、寻求刺激这种浅层次的、茶余饭后的暂时需求，不能成为我们的取向，要注意读者作为整体的、深层次的长远需求。也就是说，关注“人的需求”是报纸增强可读性的共性，而新华日报作为党报，还要在“人的需求”这个大的范围内进一步界定，这就是“围绕人的生存发展作文章”。我们的报纸要靠什么取胜呢？靠反映社会变革、改革开放、经济发展等历史潮头上的东西，靠反映主流的东西，这些东西牵涉到千千万万社会公众的命运变迁和根本利益。新华日报要办成一个“灯塔”，为时代导航，为人生导航，让人提高自己的生存质量，实现自己的美好愿望，避免在人生的大海中翻船。我们要通过新闻报道这个形式，教会大家适应这个时代，利用这个时代所提供的各种机遇、资源为实现自己的人生目标服务。古语云，“识时务者为俊杰”，新华日报要能洞察世事，教会许多人“识时务”，认清时代走向，让他的人生和事业达到较高的境界。所以在我们的可读性中，“好玩”的东西不占主要地位。新闻要追求比可读性更进一步的东西，这就是必读性。比如说标题，要能产生一种强制的力量，使读者看了标题之后不得不继续看下去，因为事关他的人生大事和命运发展。“你有没有得癌症？”所有人都会见之色变，不得不看下去。“下半年机构改革，多余的干部向哪里去，要淘汰哪几类人”，所有的机关干部，甚至他们的亲朋好友，知道这篇文章后，一定要弄到手看一看。

新华日报《本报观察家》获评中国新闻名专栏

1999年11月28日，由中国记协主办的首届中国新闻名专栏奖评选在重庆揭晓。新华日报的专栏《本报观察家》获奖。同时获奖的还有人民日报的《人民论坛》、中央电视台的《焦点访谈》等48个新闻专栏。《本报观察家》是新华日报改版后设立的专栏。该专栏围绕政治、经济、文化、社会生活中的热点，由有关专家或权威人士撰写有说服力的文章，为读者释疑解惑，受到读者的欢迎。

在新闻事件中展示优秀人物的风采

周正荣 （刊于《新闻通讯》1990年11期）

好的人物报道，对读者具有巨大的感召力。在报纸上，新闻人物应当同新闻事件占有同样重要的地位。今年以来，《扬子晚报》局部调整报道思想，编委会决定增加优秀人物的报道，以强化正面宣传的态势。据统计，从今年5月至9月底，《扬子晚报》共发表人物报道57篇，其中一版头条25篇。这一系列人物报道，形成了一定的气候，受到读者的肯定和新闻界同行的注意。有的地方党政领导同志感谢本报记者的报道弘扬了正气，策应了他们的工作。有一位读者在给省委领导同志的信中，列举了《扬子晚报》发表的4篇人物报道，给予热情肯定。这位读者写道：“全国大小报刊，报道了大量青年和领导干部的事迹，多么振奋人心。使人感到，我们的人民心向着党，我们的国家有希望。”

《扬子晚报》今年发表的一系列人物报道，有一个鲜明的特点，都是同突发性新闻事件相联系，报道的大多数是新闻人物。五上南极的中国人徐如国，被誉为“当代活雷锋”的张子祥，第一个为亚运会捐款的颜海霞，与歹徒搏斗壮烈牺牲的钱劲松，世界数学奥林匹克竞赛中国领队单墫教授。他们或者是新闻事件的主角，或者是新闻事件的核心层人物。新闻事件引人注目，这些新闻人物也为公众所关注。《扬子晚报》往往是在报道突发性新闻事件的同时，或者紧接新闻事件报道之后，展开对新闻人物的报道。

今年，《扬子晚报》在一版增辟专栏《新闻人物》。在“致读者”中，我们指出，这个专栏将“报道重大新闻事件中的关键人物”。“他们应当是为公众普遍关注的、有较高知名度的人物”。这里，我们强调对报道对象的选择，强调人物报道应富有新闻价值，以增强对读者的吸引力。过去，我们常常忽略了这一点。写人物，先定主题，然后找人“对号入座”，写出的稿子里没有新闻。加之时间跨度大，冗长沉闷，可读性差。我们党办的报纸，社会主义的报纸，理所当然要讴歌大气磅礴、动人肺腑的先进人物，理所当然要突出宣传的主旋律。但报纸上宣传人物，是运用新闻这个特殊手段宣传。人物报道，必须在读者拿到报纸之后，在没有任何强制因素的情况下，能像磁铁一样吸引读者。否则，人家不读，写了何用！因此，当人物报道的主角，应当具备两个条件：第一，他是优秀人物；第二，他是读者想知未知的人物。人物报道应当和事件报道一样，遵循新闻规律，含有新闻信息量。

追踪读者心理变化的轨迹，因势利导地弘扬真善美，贬斥假丑恶，及时推出在两个文明建设和改革开放中光彩夺目的人物. 是《扬子晚报》人物报道的基本思路。今年5月14日. 本报发表突发事件报道：《无锡市学生围追持刀凶犯》，其中一人壮烈牺牲。第二天，在一版头条发表特写《面对血刃骁勇在》，介绍搏斗详情，推出一个优秀学生群体，其中突出的是壮烈牺牲的钱劲松。三天后，本报在头条位置发表通讯《太湖之滨一劲松》，介绍钱劲松短暂而壮丽的人生。之后，连续报道人民政府表彰烈士，无锡市人民学习烈士，烈士的父母追念儿子生前高尚的人格。最后，笔锋一转，报道罪犯受到法律严惩，报道死囚临刑前诉说对烈士生前英雄行为的敬畏。这样，顺应读者心理，多层次多视角连续报道，层层递进，受到读者欢迎。

结合新闻事件报道新闻人物，两者相得益彰。一方面，新闻人物的报道可以深化新闻事件的报道，是前者的延伸；另一方面，借助新闻事件提供的生动背景和新闻事件报道形成的舆论氛围，人物能强烈地吸引读者。如同战场上排炮轰击之后勇士跃出战壕。趁热打铁，事半功倍，使人物跃然纸上。今年7月，我国6名中学生参加国际数学奥林匹克大赛，一举夺得5枚金牌，一枚银牌，激起中国人的民族自豪感。在这样的氛围中，本报发表独家新闻《金牌背后的无名英雄》，介绍为中国夺金牌作出突出贡献的教授单墫。原来，这位教授是我国自己培养的第一位理学博士，并被誉为我国数学奥赛方面的“国宝”。这篇富有新闻价值的人物通讯，和我国中学生扬威数学奥赛的新闻相匹配，形成整体气势，颇有力度，宣传效果较好。

新闻人物总是同新闻事件相伴而生。社会生活奔腾起伏，每时每刻都处在变动之中。每天都涌现浩如烟海的新闻事件。这是新闻媒介赖以存在和发展的基础。推动社会生活变动的是人。大量新闻事件的动因是人。即便自然界的变动像地震、台风、泥石流、火山爆发、森林大火等，最终将导致与自然灾害不屈抗争的新闻人物。正如新闻事件层出不穷，新闻人物也层出不穷。写也写不完。

举世瞩目的成就中有新闻人物。

石破天惊的事故中有新闻人物。

人物报道也要讲究时效。不能认为只有事件新闻才讲究时效。当某个新闻事件引起社会广泛关注，及时推出与之相关的新闻人物，就会受到读者欢迎。时过境迁，读者关注的热点转移了，新闻人物成为明日黄花，魅力丧失。写人物报道，特别是人物通讯，十天半月磨一稿，就采访作风深入和写作态度严谨而言，值得褒奖，但报道节奏过慢了。容易丧失报道良机。人物报道要有鲜活度。在时机适当、事实准确的前提下，我们《扬子晚报》尽可能地加快报道节奏。金庆民一家获全国美好家庭金奖，第一天新华社发了新闻，第二天本报在一版头条登出人物专访；小学生夏凯第一天把奖金捐亚运会，本报发了新闻，第二天登出人物通讯和照片；今年春天，新华社报道，李鹏总理称赞张子祥是“当代活雷锋”。那是星期天，本报记者当天赶往张子祥的家乡沭阳，第二天就发了张子祥的人物通讯。每当新闻人物出现，《扬子晚报》编委会常常要求记者：要快！像老鹰抓小鸡，从空中一个俯冲。“今晚发稿，明天见报！”记者同志遇到这样的任务劲头就来了。白天黑夜，风雪无阻，去抢。他们吃了苦不计较，认为这样干很痛快。

新闻照片在当代报纸中的独特地位
——关于强化摄影报道的思考

《新华日报》总编辑 周正荣

（刊于第八届全国新闻摄影理论年会论文集 1999年11月）

一、改版后新闻照片在版面上的地位

1999年3月22日，《新华日报》成功地实施了新一轮改版。这次改版，在新闻观念、读者定位、报纸内容等各个方面都发生了很大的变化，如果仅从版面上来看，最直接、最引人注目的变化，就是大标题、大照片，图文并茂，色彩缤纷。我们强化了摄影报道，大大提高了新闻照片在版面上的地位。具体说来，表现在以下几个方面：

一是增加了照片的数量。总编办公室对5月份的新闻照片使用情况做了一个详细的统计，一个月内共发照片1052张，平均每天34张。《新华日报》改版后，在南京地区平时出12个版，有“周末”和“华采”专刊的时候出16个版，按照这样的版数计算，照片总面积占版面总面积的比例达23.8%。在所有版面中，广告版、“新华股评”专版和“城乡大市场”信息专版是不登新闻照片的，如果除去这些版面，新闻照片占版面面积的比例达到28.3%。

二是放大了照片的尺寸。我们充分利用大报版幅大的优势，普遍放大了照片。在这个基础上再作个比较，如果将面积在200平方厘米（相当于4栏宽29行高）以上的照片定位为大照片，5月份刊登的大照片共计264张，

平均每天8.5张，大照片占全部照片的比例为25%。也就是说，每4张照片中，就有1张照片的面积在4栏宽29行高以上。另外，在5月份一个月内，我们2次使用了通栏照片。放大照片不仅仅是一个量变的问题，也产生了质变，照片的表现力大大增强。

三是照片在版面上的位置得到了突出。一个月内有15天在头版头条配发了照片，各个版的头条、二条和报眼位置刊登照片共计294张，平均每天9.5张，占全部照片的28%。这表明，超过四分之一的照片用在了版面的上部位置。最突出的是C版报眼，一个月采用照片26张，接近一天一张。

四是强化了对组合照片的使用。突出运用组照，追求报道深度和立体化效果，是《新华日报》改版后摄影报道的重要突破。一个月内共发组合照片129组，平均每天4.2组，大概是改版前的5倍。相对于单幅照片，组照表达主题更有力，更准确，表现事物更全面，更鲜明，也更加容易营造视觉中心，形成版面强势。

第五，突出了新闻照片的独立地位。新闻照片可以是配合文字新闻的配照，也可以是只需要少量文字说明的独立照片。我们改版后强化了对后者的使用，突出了照片的独立地位。5月份独立使用的组合照片为74组，平均每天2.4组，占全部组合照片的57%；独立使用的照片共计708张，平均每天23张，占全部照片数的68%。实际上，我们很多与文字稿一起使用的照片都是可以独立发表的，真正附属性的、装饰性的配照很少。

在以往的办报观念中，大标题、大照片往往被认为是煽情小报的做法。新华日报增加照片、放大照片、突出照片在版面上的位置，会不会有损党报的形象呢？实践证明，这种担心完全没有必要。因为我们的照片都是经过严格挑选的，内容都是严肃的、健康的，凶杀、暴力、色情的东西一概没有，这就从根本上保证了党报的形象。另外，在整个版面的编排和色彩运用上，我们多用并列，少用穿插，只有照片是彩色印刷，标题一概不彩印，并且标题不加底纹，分隔线一般用单根细线。因此，虽然照片比较多，比较大，但整个版面仍然显得庄重大方，简洁清爽，没有花里胡哨的感觉。

强化摄影报道，还有一个更新观念、解放思想的问题。下面我谈几点指导思想。

二、几点指导思想

第一，新闻照片对改变党报呆板沉闷的局面有很大作用。随着社会的全面进步，党报扳着面孔单向灌输的时代已经结束，简单化的说教式的宣传已经过时。党报要取得好的宣传效果，要保持和扩大自己的影响，必须以理服人，以情动人，以自己的魅力吸引人。这就要求党报在表现形式上要生动活泼，为读者所喜闻乐见，要向读者发出微笑，而不是扳着面孔训人。过去的报纸黑压压的一大片，充斥在版面上的是一些长文章、死文章、呆文章、硬邦邦的文章，没有画面，没有色彩，严肃有余，活泼不足。而新闻照片能活跃版面，烘托气氛，增加活力与动感，能使版面图文并茂，色彩缤纷，增强报纸的魅力。正如中国人的服装，改革开放后，人们脱去了沉闷的灰、蓝、黑三色，穿上了西装，打上了领带，穿上了时装，合上了时代的节拍。同样，新闻照片能使报纸摆脱传统的沉闷局面，增强时代色彩、时代感。

第二，对当代报纸来说，照片是一种独特的富有魅力的新闻表现手段，可以以生动的、直观的画面，表现文字所难以描摹的人物形象和各种场景，给读者以感情的共鸣和思想的沟通，可以开辟独特的新闻传输渠道，起到一图胜千言的作用。在以美国为首的北约轰炸南联盟期间，新华日报刊登了很多谴责北约的照片，取得了很好的效果。4月8日，B版报眼位置刊登的大幅照片《高呼必胜的姑娘》，生动地再现了女青年愤怒的表情，反映了南联盟人民对强权和暴力的蔑视，对保卫祖国主权必胜的信心。4月15日，在同样位置刊登了大幅照片《无言的抗议》，一名南斯拉夫儿童手持蜡烛参加示威，眼中的恐惧、忧伤和无助，表现得很突出、很充分，反映了战争环境中儿童的不幸，战争的反人道性质和对南联盟人民造成的灾难性后果。5月9日，在A1版刊登的中国驻南使馆被炸、建筑物一侧墙壁被全部掀掉的照片，触目惊心，形成了文字难以达到的强大的视觉冲击力，强烈地谴责了以美国为首的北约的暴行。新华日报看到了照片独特的表现力，对提高党报宣传效果的特殊作用，所以早在1995年改版的时候，就强调新闻照片既是美化版面的形式更是报纸的重要内容，在版面上是一个独立的存在，它和消息、通讯、评论等其他新闻样式相比，是独立的方面军，是友邻部队，提出要改变过去简单化地把照片仅仅作为版面的装饰物，作为文字报道的图解和说明的附庸辅助地位。我在摄影记者会上讲过，摄影记者是一个独立的存在，不是文字记者的助手和附属，提出文字记者用笔写新闻，摄影记者用镜头写新闻，强化了摄影记者对自己独特重要性的认识。

第三，新闻照片借鉴了电视的长处，又有报纸自己的特点，是双重优势的结合，形成了超越电视画面的新的功能。新闻照片同电视的画面比，没有电视画面的动感和对现场描写的充分，也没有声画结合的优势，这是它的弱点。但它是经摄影记者精心选择的画面，突出了新闻事实中最精彩最重要的瞬间，它又是定格的画面，改变了电视画面稍纵即逝、过眼烟云的效果，可以保存，可以查阅，可以让读者细细地品味画面所传达的思想、情绪和新闻信息内涵。所以报纸上的新闻照片，特别是大的彩色照片，既有电视的长处，又突破了它的局限，丰富了报纸的表现手段，强化了报纸的宣传效果。

第四，报纸大量采用新闻照片，是适应当代读者阅读心理的明智选择。目前，我们已从信息短缺进入信息过剩的时代，报纸不断地增加品种、扩版增张，电台电视台不断地增加频道，各种信息重重复复、铺天盖地。与此同时，社会竞争加剧，生活节奏加快，读者生存压力加大。机关干部面临着精简机构的压力，工人面临着下岗的压力，企业经营者有来自竞争对手的压力、商战的压力，学生有升学的压力、就业的压力。在激烈竞争的氛围当中，在重重压力之下，读者回到家里已筋疲力尽。在此情况下，再面对厚厚的一大叠报纸，芝麻饼一样的文章，实在是难以卒读。我们这次改版，增加图片，放大标题，相对地减少一些文章，就是要适应当代读者的阅读心理，减轻他们的阅读压力。大标题使他们对当天的重要新闻一目了然；文字信息是精选的，在看文字的同时，累了可以欣赏欣赏报纸的照片，换一种方式接受信息。这样可以舒缓读者的压力，让他们在接收新闻信息的同时，也接受美的熏陶。读报不再是艰苦的工作，而是欣赏的过程。《新华日报》这次改版后，增加照片和放大照片的举措受到一致赞扬，有的读者还把每天的精美照片剪下来，贴在本子上，压在办公桌的玻璃台板下，反复欣赏，百看不厌。这种效果，证明我们的判断是正确的。

党报三题

《新华日报》总编辑 周正荣

（刊于《传媒观察》2003年12月刊，《当代传播》杂志2004年1月刊转载）

在党的十六届三中全会上，胡锦涛总书记在讲到舆论宣传时指出：“要坚持把体现党的意志同反映人民心声结合起来，坚持把思想性、指导性和可读性结合起来，坚持弘扬主旋律，提倡多样化，努力做到贴近实际、贴近生活、贴近群众，进一步增强宣传舆论工作的实效性、针对性和吸引力、感召力。”这一重要讲话对我们提出了很高的要求，也是可以操作、能够达到的要求。按照这些要求去做，将会大大提高党报的宣传水平，使党报获得更强的生命力、竞争力，更好地满足当代读者的需求。这里，我结合办报实践和当前新闻宣传面临的新情况、新问题，对有关党报的几个热门话题，讲一点看法。

第一个话题，关于改革会议新闻和领导人活动的报道

最近，中央领导同志和省领导同志，都强调要改革会议新闻和领导人活动的报道，中央政治局常委会对此专门做了研究，讲得很严肃、很到位。有领导同志批评说，现在的电视新闻版块变成了“人民大会堂”，报纸要闻版变成了“会议公报”。群众对党报、广播电视意见比较突出的就包含这一块。

改进会议新闻和领导人活动报道的难点在哪里？出路在哪里？

首先，一些机关和少数领导在认识上有误区。一些领导同志把新闻报道和会议讲话、机关文件混为一谈，把某项工作的重要性和新闻价值本身混为一谈。他们不知道，会议讲话、机关文件是带强制性的。开会的时候，进入会场，你就必须把会听完，你不愿意听也得听，不能离开。机关文件也有很大的行政上的强制性。但是新闻报道就不同，你不尊重新闻规律，读者不要看的东西，他可以不看。报纸上的长篇大论、官样文章，他只扫一眼题目，就放到一边。广播电视新闻，他不愿意看，不愿意听，可以揿一下遥控器，转换频道。所以，报纸登了也是白登，广播电视播了也是白播，这是很简单的道理。但我们有些领导就是弄不明白。我们新华日报登过最长的一条会议新闻，达到7000多字，而这条新闻并不是反映省委、省政府的全局工作，并不是最重要的会议。拿到这样的稿子，值班的报社领导只能摇头叹息，照登不误。全国的党代会、人代会也没有发过7000字的新闻，你7000字长的写一般会议的新闻，谁看呢？实际上，如果我们按照新闻规律、舍弃大话、套话，把精彩内容凸显出来，读者还是要看的。新闻单位的同志私下议论，有些会议新闻太长，领导活动报道太长，很多时候并不是领导同志自己的意图，而是下面秘书的意图，觉得登得长，才显得重视。他们也许出于好心，想提升领导同志的形象，想强调某一方面工作的重要性。实际上是帮倒忙，有损领导的形象。

改进会议新闻和领导活动的报道、新闻媒体有很大的责任，也可以有所作为。说到会议新闻和领导人活动报道，我们新闻单位往往把做得不好的责任推给机关，这是不符合实际的。这方面的宣传做得不好，作为新闻媒体，特别是媒体的负责人，我们应当承担责任。要改变现状，从编辑记者到总编辑都要更新观念，解放思想，转变作风，而且要从新闻采编运作机制上进行创新。

多年来，关于会议新闻和领导人活动的报道，我们搞新闻的同志就如京剧演员一样，已经形成了一整套的格式化的动作，一举手一投足，都按照陈陈相因的模式操作。这几年，这种风气有了发展，搞会议报道的人不认真听会，不认真记录，会后拿一个会议准备的通稿，加上自己的名字。现在我们新闻单位内部都加大了分配制度改革的力度，业务考核更加严格，考核结果与发稿量直接挂钩。内部机制的导向，客观上就是鼓励记者多发滥发会议新闻和无关紧要的领导活动报道。在报社，用一条稿就是几十元钱，很现实，也很实惠。在这种机制下，压缩会议报道，就是压缩记者的收入。而且写一般化的会议报道领导要求不是很严格，比抓鲜活新闻容易得多，老记者更是驾轻就熟，挥笔成篇。另外，这样的稿子登多了，被报道的单位和对象满意了，记者活动的空间也更大。在客观上，媒体和报道对象之间形成了利益链条，形成了恶性的而不是良性的互动。事实上，重要的会议是新闻资源的富矿，一个会议聚集了大量的新闻信息，只要深入开掘，会内会外深人采访，就能产生大量优秀的新闻。即使是常规会议报道，动脑筋和不动脑筋，也是大不一样的。有些会议新闻，为什么写得很长？其原因，是我们记者缺乏综合分析能力，分不清主次，没有把握，怕摘偏了，漏了重要内容。认为摘的内容越多越保险，所以稿子越来越长。有的记者说，我的稿子写得并不长，是领导审稿的时候加上去变长的。现在我们报社规定，记者出手的稿子，严格按照规定办事，不该报道的不能报。要写，必须经过领导机关特许。记者稿件的篇幅不能超标，领导审稿时加长的部分，报社总编认账，照发不误。我们这样做以后，已经初见成效。会议新闻和领导活动的报道，从采写到编辑，到版面的安排、标题的推敲，都大有文章可作。一个简单化的概念化的标题，可以把充满鲜活内容的会议新闻糟蹋掉，没人看。换一个准确、鲜活、生动的标题，能让稿子满篇生辉，挑人眼目，激起读者强烈的阅读兴趣。归根到底一句话，改进会议新闻和领导活动的报道，需要领导机关的支持，但关键因素在媒体自己。

这里，我特别要强调一个观点。我们对会议新闻和领导活动的报道，要给予高度重视。几年前，在中宣部举办的一个省报总编辑培训班上，我讲过一个观点，会议新闻和领导活动报道，是党委机关报的优势而不是包袱。我们接触香港记者，他们对内地媒体与党和政府的密切关系非常羡慕，这是我们获得重大新闻信息的来源。我们要改进，但首先要珍惜和重视。所以，《新华日报》在几轮改版中都强调，对党和政府的重大决策要报道到位，这是我们党委机关报的主要功能，也是一切媒体吸引社会公众的重要的新闻板块，要做好。

第二个话题，关于新闻宣传的“三贴近”

一个时期以来，中央领导同志反复强调，我们的新闻宣传要贴近实际，贴近生活，贴近群众。李长春同志说，“三贴近”不仅是新闻宣传的方法问题，更是一个原则问题。我认为，“三贴近”是我们的新闻宣传将体现党的意志和反映人民心声结合起来的重要切入点。目前，“三贴近”是我们党委机关报新闻宣传的一个“软肋”，在这方面，我们与广播电视相比，与晚报、生活类报纸相比，做得没有他们好。《新华日报》前几年改版提出新闻报道“顶天立地”的格局，所谓“顶天立地”，也就是体现党的意志和反映人民心声相结合，但实际上，我们还有不少的报道处于上不着天、下不着地的状态。党报的新闻宣传如何做到“三贴近”？我们觉得，应该从下述几个方面着手。

首先是党报工作新闻的改进。反映党和政府的工作，是我们党报新闻宣传的重要内容，占有不小的比例。这类新闻，空话套话多，机关化的语言、机关化的表达方式，群众不大欢迎。把党和政府的工作写得群众爱看、愿意看，有很大的困难，但也是一道绕不过的坎。最近，我们对这个问题做了一些研究。我们把目前党报刊登的工作新闻做了细分，大体有这样几类：

第一类，关于党和政府重大决策的报道。这类报道只能强化不能弱化，党和政府的重大决策，涉及改革发展，涉及人民群众的眼前利益和长远利益，全社会普遍关注。这一块是党的意志和人民心声的交叉点、结合点。特别是那些关系人民群众切身利益的决策，更应当报深、报透、报活、报到位，我们充分宣传党和政府的重大决策，就能以党的意志凝聚人心，鼓舞斗志。所谓喉舌功能，就是要让这一部分内容在报纸上、在新闻媒体上畅通无阻。这一块宣传，我们过去是到位的，创造了许多有效的、新的办法，比如说，对社会普遍关注的决策，用组合式报道、连续报道把文章做透，而且，请内行的领导干部、专家学者对群众不太清楚的政策作重点解读，以增强宣传效果。这一块是我们必须高度重视的主流新闻、主体新闻，要在报纸版面上形成强势。

工作新闻的第二块，是各级党和政府的政绩新闻。这一块各级领导干部都非常看重，对这种心态应该作实事求是的分析。首先，对实实在在的政绩，应该肯定，应该重视，应该宣传。所谓“为官一任，造福一方”，我们应当鼓励领导干部利用自己掌握的权力，为人民群众谋福利，为事业谋发展。我们现在的干部考核制度、选拔任用制度，也非常注重实绩这一块。所以，宣传实绩不是坏事，而是激励干部为人民的事业建功立业、造福群众的一件好事。这一块要保留，但是，在政绩宣传当中，应该注意几个问题。第一，不但要宣传GDP，还要宣传干部怎样善待百姓，不但要宣传眼前的实绩，还要看到打基础的工作。为人民群众做实事、谋实利也是政绩，打基础也是前进，也是发展，不能把政绩简单地理解为GDP增长。第二，政绩宣传要实事求是，不能掺水，不能好大喜功，不能为那些“作秀”的人，图虚名、招实祸的人推波助澜。

工作新闻的第三块，是改革发展的新动态、新成果、新创造、新经验。这是指有实实在在的新闻“硬件”的工作新闻。这一块要保留，但是篇幅要减短，要用记者的眼光、新闻的语言去反映，不是用机关的语言讲空话、讲套话。要大量传递全省改革发展的信息，达到党报纵向沟通、横向交流的效果，即省、市、县各级党委之间的沟通，市、县相互之间的交流。

第四块，我们称之为状态新闻。这类新闻，没有实质内容，不包含重大决策，不包含新闻事实，也无所谓政绩，只是简单化地从文件上摘下来的、会议上弄下来的，反映某一方面、某一个地区、某一个部门工作的状态，其形式往往是综合新闻，大而化之，空洞无物。记者写这样的新闻，因为内容空泛，没有新闻事实，标题都做不出来。所谓“成绩显著”“明显提高”“卓有成效”、等等，就是这类新闻的标题。这类新闻，现在在党报版面上占的比例还不小。

对于上面几类新闻，我们的做法是，对第一类新闻，党和政府的重大决策，要上一版，上重要新闻版，突出处理，在版面上占据强势地位。对第二类，政绩新闻，要给予适当的位置，也要上《新华日报》的重要新闻版。第三类，改革发展的新动态、新成果，《新华日报》这次专门开辟了一个版面，叫“动态江苏”，反映全省各地改革发展的各类动态信息。这个版，新闻以新鲜、精短、动态取胜，版面形式以大信息量、丰富多彩见长。对于第四类，状态新闻，新华日报这次改版，要把它们挤出版面，加以淘汰。

第二，党报新闻宣传要做到“三贴近”，就要抓住社会公众普遍关注的问题和与人民群众切身利益密切相关的新闻展开报道。

衣食住行、升学就业、生老病死，这些新闻题材，是晚报、生活类报纸做得比较出色的题材，也是受到群众欢迎的题材。我们党委机关报上，这类新闻有，但数量不多。党报似乎有点不食人间烟火，在潜意识里，总觉得这些事情比较小，缺少深度，比较琐碎，党报是报道主流新闻的，引领潮流的。实际上，人民群众真正关注的就是这样的新闻，在生活中形成热点的，往往也是这类新闻。在新闻工作中，有一个社会公众的关注度问题，晚报、生活类报纸报得热火朝天，我们党报却熟视无睹、无动于衷，似乎与我无关。实际上，社会的进步和转型，时代的变迁，都会通过我们身边千百万寻常百姓平凡而琐碎的生活事件折射出来。对于媒体来说，这是一座新闻资源的富矿，可以写出内涵丰富、思想深邃的精彩文章。如果党报对此不屑一顾，就会脱离实际、脱离生活、脱离群众。我们党报为什么看上去机关色彩太浓，公文色彩太浓，缺乏生活气息和人情味？原因就在于此。

所以《新华日报》在这一轮改版当中，专门把A2版拿出来，开辟为“人民生活”专版，以群众的视角反映改革发展中的新动态、新情况、新问题，反映各级党委政府体察民情，为人民群众办的好事、实事，反映人民群众在实际工作和生活中遇到的苦恼，需要解决的问题，以引起社会各方面的关注，同时也反映人民群众在改革开放时代，在推动历史前进过程中所展示的精神风貌，让普通干部群众通过这块阵地，传达他们的意愿、他们的追求、他们的喜怒哀乐，起到我们党报作为党和群众联系的桥梁的作用。

第三个话题，新闻工作者要树立良好的作风和职业操守

我们在改革开放和市场经济环境中从事新闻宣传工作，面临着许多新情况、新问题，比如我们党报，政府不给一分钱的拨款，我们要搞好新闻宣传，还要养活自己，必须两个效益一起抓。首先要有社会效益，同时要有经济效益，要做大做强报业经济和传媒产业。换句话说，要舆论导向正确，提高舆论引导水平，还要挣钱。我们的新闻记者、报业经营者面对激烈的社会竞争和巨大的诱惑，在许多情况下，新闻工作者成为社会方方面面的公关对象，如果把握不住自己，就会在政治上出差错，在经济上出问题。新闻工作者必须加强作风建设，加强职业道德修养，更好地完成我们承担的使命。

首先，新闻工作者要养成艰苦深入的采访作风和工作作风。我们的新闻宣传要贴近实际、贴近生活、贴近群众，那么记者的作风要艰苦细致，要能够深入实际、深入生活、深入群众。近年来，新闻界作风浮躁不实的现象是比较普遍的。随着现代传播手段和传播方式的进步，现代化通讯手段的运用，手机、传真机、手提电脑、因特网，这些高科技的设备和手段推动了新闻事业的发展和进步，同时也产生了一些负面的影响。有些记者热衷于电话采访，热衷于因特网上扒稿子，热衷于从领导机关的公告文件中摘稿子，东抄西摘，敷衍成篇。强调要深入实际，深入群众，他认为这是过时的采访办法。这种浮夸的作风，写出的新闻报道，苍白空洞。彼此雷同，大同小异，不能反映改革开放时代丰富多彩的现实生活。有位领导同志到自己联系的基层点上观察，参加基层的活动，我们记者写了稿子，这位领导同志看了以后很有意见，稿子上写的，他并没有讲，他讲的话，稿子上却没有写。社会在进步，采访的手段在不断地现代化，仍然需要记者有艰苦细致的采访作风。

这两年，新华日报给记者配备了数码相机和录音机，现在采访对象工作忙、时间紧，很难定下心来给你作长篇的介绍，我们要求记者在短暂的采访中，原原本本地录音，原原本本地整理成文，再写报道。我们还要求，记者直接到群众中去，到社区、到农村、到车站码头，与基层的群众交谈。凡是这样做的，都取得了比较好的效果，那些作风浮躁的记者，发稿量大，好稿少，因为失实被投诉的也多。新闻宣传要“三贴近”，记者必须重塑作风、艰苦细致的作风加上现代化的传播手段，我们的新闻宣传才会达到新的更高的境界。

第二，新闻工作者要树立崇高的社会责任感和使命感，不为利益诱惑而放弃自己的职业追求。现在，有很多人在攻记者的关，收买记者的笔。商人收买记者写广告新闻，官僚主义者、腐败分子拉记者下水，为自己包装，掩盖真实的面目。2003年，我到新疆参加中国新闻奖的评奖。在系列报道评选组中担任召集人。其中有一篇参评的稿子，就是中国青年报记者写的关于山西金矿矿难的报道。当时金矿发生矿难，死了几十个人，当地县委、县政府和金矿的矿主串通一气，隐瞒事实真相，秘密转移隐藏处理死难者尸体。中国青年报记者冒着风险，在极其困难的情况下揭开了事实真相，写出了长篇系列报道，惊动了党中央和国务院。当时，对这组稿子能否评高等级奖项，有不同的看法。我当时讲，作为从事30年新闻工作的老新闻工作者，我对中国青年报的这几位记者有一种发自内心的尊敬和钦佩，我理解他们的艰难和不易，这组报道是当之无愧的精品。最后，通过投票，这组报道被评为一等奖。就在评奖的第二天，新华社发布了一条震惊全国的消息，矿难发生后，一批记者被当地的县委、县政府和矿主收买，给他们金元宝，给他们现金贿赂，叫他们不要报道。他们果真没有报道。面对事关几十条人命的大案闭上眼睛，讲了假话。这几位记者被严肃处理，有的被开除公职。我想，这个事件也许就是中宣部要开展新闻职业道德建设的起因之一。新闻界这种极端的例子固然不多，但同样性质的现象却并不少见。我听说有的媒体，哪个单位不在它上面投放广告，就在报上批评人家，打人家棍子，跟人家谈判、投放广告以后，立即转换面孔。有的记者接受了人家的好处，就写广告新闻。所以，在充满诱惑的今天，这种现象也是新闻界的腐败现象。在国外，记者接受采访对象的馈赠是绝对禁止的，一旦败露会受到严惩，报纸也会失去公信力。所以，一个媒体，一个新闻工作者，要一身正气，才能担当起传播真理、伸张正义、惩治邪恶的崇高使命。

创新党报配合重大政治活动的宣传
——从新华日报迎接十六大宣传谈起

《新华日报》总编辑 周正荣

（刊于《传媒观察》2002年11月刊）

配合党代会、人代会、国庆等重大政治活动的宣传，是党报的重要任务和职责，是体现党报特色、发挥党报主功能的重要方面。宣传得好，可以有效地凝聚人心，鼓舞人心，为政治活动营造良好的舆论氛围。但不可否认的是，这方面的宣传目前普遍存在着方法简单、配合生硬的弊病，有一个提高宣传水平的问题。有的报道重复使用过去的材料，缺乏新意；有的选题是编辑记者坐在办公室拍脑袋想出来的，概念化，内容空泛；有的文章表现手法简单粗糙，长篇累牍，令人生厌；有的宣传缺乏有效的组织调配，多头供稿，像黑板报一样浅陋直白的稿子蜂拥而来，杂乱无序。凡此种种，虽然花了很大功夫，但起不到应有的宣传作用。配合重大政治活动宣传的成效，是对党报宣传水平、宣传艺术最直接的考验；配合重大政治活动宣传的创新，是党报改革创新中一个重要的部分。

迎接十六大的宣传是近年来宣传战线最重要的一场宣传战役，影响重大，意义深远。新华日报党委会、编委会将此作为头等大事，高度重视，精心组织，成立多个特派记者组，由总编辑、副总编辑亲自策划和带队采写。从8月底开始全面启动，在头版头条和头版重要位置，以社论、系列评论、各类专栏、系列报道、理论文章等多种形式展开宣传，浓墨重彩，扎实有序，为迎接十六大召开营造良好的舆论氛围。在这场宣传中，创新成为最基本的要求。最近，中宣部理论局的阅评文章认为："新华日报的成就报道突破陈规，坚持创新，拓宽了成就宣传的新境界，显示了新深度。"

观念创新：赋予成就报道更深广的思想内涵

迎接十六大召开，新闻宣传上要充分反映改革开放以来特别是十三年来经济社会发展的巨大变化和成就，以此凝聚人心、鼓舞人心、振奋人心，为大会的召开创造良好的舆论环境，营造催人奋进的氛围。这一次的成就宣传与以往有很大的不同，江泽民总书记"三个代表"的重要思想作为党的建设的最新理论成果，给成就宣传的创新提供了契机。编委会在筹划十六大宣传时强调，要始终坚持以"三个代表"为主线，突出主旋律，突出富民强省，突出贯彻实施党中央、国务院，省委、省政府重大发展战略取得的成果。不是简单地报成就，而是以"三个代表"重要思想对改革发展取得的巨大成就重新审视，赋予成就报道更深广的思想内涵。新华日报推出的几个专栏都体现了这一要求。

《"三个代表"实践在江苏》专栏，从宏观的层面上反映近年来江苏干部群众实践"三个代表"、贯彻省委和省政府重要发展战略取得的成果，包括党的建设、个私经济、外向型经济、城市化、区域共同发展、富民强省、文化产业、高等教育等各个方面，以及省会南京改革发展的新成就、新面貌。发表的文章有《江苏个私经济大潮奔涌》《众志成城托起两个"五百亿"》《聚焦富有创新开放活力的江苏干部队伍》《城市化：强劲拉动江苏发展》《江苏高教：百姓喝彩》等。《实践"三个代表"，迎接十六大召开》专栏，通过反映全省各地实践“三个代表”，改革发展的新进展、新经验，营造奋发有为的舆论氛围。主要是市县宏观报道，也包括部分成就突出、有典型意义的单位和企业的报道。《“三个代表”在基层》专栏，主要反映市、县、乡镇基层党组织实践“三个代表”取得的成果和经验，如《现在的干部比亲兄弟还亲–无锡农村基层干部实践“三个代表”纪实》《情真意挚催绽民心之花——徐州建立干部经常联系群众制度纪实》等。理论版“思想界”开辟的专栏《学习贯彻“三个代表”，迎接党的十六大》，也是以阐释“三个代表”的重要意义为基本要求，如《全面贯彻“三个代表”重要思想，积极推进江苏水利现代化建设》等。

以“三个代表”为灵魂和宣传主线，将“先进生产力的发展要求”“先进文化的前进方向”“最广大人民群众的根本利益”融会贯通于报道之中，开拓了成就报道新的境界、新的深度。

内容创新：以动态的新闻事实反映成就

成就报道不再“炒冷饭”，重复过去使用过的材料，也不是概念化地空泛地反映，而是迎接干部群众的奋发有为的精神状态，营造浓厚的改革、发展氛围，鼓舞人心，振奋人心。几个专栏的报道都贯穿了这一原则，这里以南京报道和苏州报道为例略加说明。

南京是江苏的“第一窗口”“第一形象”。近年来，南京市改革开放和现代化建设取得了鼓舞人心的成就，城市面貌朝着“做强做大做优做美”的目标发生巨大变化。新华日报经周密策划，决定在“三个代表”实践在江苏》专栏中推出“江苏‘第一窗口’特别报道”系列，对南京的变化和成就作聚焦式的反映。对于南京方方面面的变化，以前的新闻报道都有所反映，如果将这些老材料找出来，剪刀加糨糊”拼贴一番，也可以勉强成篇。但我们提出，报道要创新，内容的创新是关键，采访必须深入扎实，要挖掘最新的内容。按照这一要求，从不同侧面展现南京的变化、成就和新的发展态势。

《龙腾虎跃重写新南京》，城市建设热气腾腾，气象万千，历史文化名城看老城，现代化城市看新城；《南京外向型经济大象翻身》，南京是一只积聚了强大潜力的“大象”，在开放的进程中曾一度步履蹒跚，如今却释放出“大象翻身”的巨大能量；《万人评机关催生服务型政府》，南京“万人评机关活动”震动全市，闻名全国，“末位淘汰”启动了一场意义深远的政务改革；《跳出南京构建区域经济中心》，一年前，历来不称“经济中心城”的南京，第一次将“充满经济活力的现代化中心城市”写进了市委书记的党代会报告中，南京开始了构筑区域经济中心的新实践。

由于采访扎实，与以往的报道相比，这组报道不但更加系统全面，而且披露了大量未曾见报的鲜活生动的新闻事实，揭示了许多鲜为人知的背景和决策经过。从文章的小标题可见一斑“城市亮化：上海人说，你们用半年的时间走了我们四年的路”“一个项目的建设，演变成一座新城的启动”“能让外来资本干的，全部交给外来资本干”“万人评机关，平静之中听惊雷”“推进服务型政府建设的日程表”“放眼都市圈、长三角，寻求南京发展的历史新方位”“区位调整，不花钱而效益大的投入”，等等。这组系列报道，站在历史的高度，既展示看得见的江苏“第一形象”的新风采，也揭示看不见的观念更新与思路创新新成果，既展示“第一窗口”发生的巨变，又从“第一窗口”展现了江苏全省的历史性变化，为读者展开了一幅幅史诗般的历史画卷，浓墨重彩，大气磅礴，振奋人心。

近年来，苏州发展较快，成为江苏的经济高地。作为长三角经济带的重要组成部分，苏州的发展不但全省瞩目，而且引起广东、上海等其他省市的高度关注。报道苏州改革发展的最新进展有很高的新闻价值。新华日报组成赴苏州特派记者组，先后采写了《高位推进看苏州》《太仓：强力打造国际航运干线大港》《张家港跃上新平台》《昆山经济高平台快速协调发展》《吴中：北倚太湖双翼推进》《解读“跑步发展”的吴江》等。这组报道在《实践“三个代表”，迎接十六大召开》专栏中推出，对苏州大市和各县市进行了全面深入的反映，材料鲜活，内容扎实，鼓舞人心。

如《高位推进看苏州》一文，揭示了苏州在高平台上继续往前推进的最新态势，文章的几个部分都较有新意。“改革，整体推进”，不以发展的强劲势头掩盖改革滞后引起的矛盾，国企改革从以前的单兵突进走向整体推进；“三足鼎立”，打造苏州经济新架构：目前苏州经济主要是靠外资，而对外依存度太高是有风险的，必须加快调优自己的经济结构，增强发展后劲，因此提出大力发展私营个体经济，发展拥有自主知识产权的规模经济和高新技术产业，形成“三足鼎立”的经济格局；“苏州城市化，不搞‘城乡一体化’”，开发一千到两千平方公里最快也得经过50到100年的努力，“城乡一体化”是不现实的，而且会导致资源平均分布的低水平推进，城市化最关键的是如何让农民向城市聚集；“未来走向，苏州不能成为加工厂”；苏州不能把目光仅仅锁定在制造业上，要有更开阔的视野，大力发展现代服务业，形成更科学的产业布局。文章指出，在迅速发展中，苏州人保持着理智和冷静，在赞誉声中，苏州的决策者们保持着深刻的内省意识和超前眼光。正是这种永不满足、与时俱进的精神，使苏州成为江苏乃至全国发展最快的地区之一。

形式创新：给读者以全新的感受

各行各业的变化和成就，社会的发展与进步，平时的新闻报道中一般都有所反映，很多内容老百姓也有切身感受。在这种情况下，表现方式的创新尤为重要。新华日报在表现方式的创新上作了有益的尝试，取得较好的效果。

如果像以往那样，简单地反映老百姓看得见的日常生活中的变化，比如人均收入增加了多少，彩电、冰箱增加了多少等，缺乏新意，引不起读者的兴趣。如果换个视角去反映变化，就会发现新的东西。例如推出的“厅局长谈变化”系列，不报道工作，也不反映老百姓的衣食住行，而是换一个角度，请厅局长谈日常生活中看不见的各个行业的变化。例如反映水利现代化的《鼠标一点调动万顷波涛》、反映市场化土地配置的《槌声中的变革》、反映通信业发展的《变革中的高速》等，每篇不超过800字，揭示了很多生动可读的新闻事实和行业背景，令人耳目一新。

《“三个代表”实践在江苏》专栏中对全省的宏观报道，编委会将选题定下来后，分配到各个业务处室，由各个处的处长带一两个年轻记者采写。提出两个要求，第一，写作方式要创新，与以往的写法有所不同；第二，字数不能超过1500字。刊登出来的文章基本上都达到了这两个要求。例如《江苏个私经济大潮奔涌》一文，由三个部分组成。第一个部分是“读图看个私”，包括“江苏个私经济发展图”“江苏个私经济在国民经济中的贡献份额图”两幅彩图，清新直观，一目了然。第二部分是“省委书记的两次讲话和20个红头文件”，对省委书记回良玉在两次重要会议上关于发展个私经济的讲话和有关部门制定一系列相关文件作了简要回顾，并摘录了部分精彩的讲话片断和有关文件中的突破性政策条文。第三个部分是“三代老板说‘春天’”，记者没有用以前的老材料，而是奔赴各地采访了一些个私业主，并从中选出三个典型，简要录用了他们的自述和感慨。图表除外，全文只有1500字，在短短的篇幅内将全省个私经济发展的历史与现状简明扼要地表现出来，点面结合，直观生动，给人以全新的感受。

在配合重大政治活动的成就宣传中，为了加重分量，往往不惜篇幅，长篇大论，看起来好像宣传得很到位，实际上阅读效果并不好。控制篇幅，就会逼着记者用最简明的方式将最重要的内容表达出来，逼着记者在表现形式上创新。对厅局长的专访不超过800字，这种“待遇”是少有的，避免了泛泛而谈的可能。《“三个代表”实践在江苏》专栏中的全省宏观报道，都是很重大的题材，内容非常丰富，报道篇幅上伸缩性很强。由于篇幅控制在1500字以内，既有历史的厚重感，又简洁明快，能一气读完，取得了良好的宣传效果。

思想政治工作的改进与党报舆论宣传的创新

《新华日报》总编辑 周正荣

（刊于《传媒观察》2000年9月刊）

江泽民总书记提出加强和改进思想政治工作，实现这一目标，党委机关报负有重要责任，也面临重大机遇，是可以大有作为的。党报，其主功能，从广义讲，就是做思想政治工作。一张党报，如《新华日报》，每天发行数十万份，影响上百万机关干部、企业管理层和知识界这些主流读者，再通过他们影响全社会，威力强大。但是，党报的舆论宣传也有个改进和创新的问题。现在，党报的办报环境发生了变化，读者发生了变化。社会转型期，各种价值观念、意识形态，在张扬、碰撞、交织、纠缠，寻求自己的空间。各种传媒立体交叉覆盖社会，在市场机制的驱动下，蜂涌而上“抢镜头”，争取读者、听众和观众，在这样的背景下，党报这个主流媒体，要增强对社会舆论的影响力和控制力，让主旋律压倒噪音和杂音，创造有利于改革、发展和社会稳定的舆论环境，就要与时俱进，跟上时代和社会进步的步伐，高举改革创新的旗帜。

一、党报宣传创新的前提是坚持正确的舆论导向。这是重大的原则问题。创新不是党报的最高原则，只是实现宣传目标的手段，党报的目标是宣传党的主张，引领社会舆论。创新意味着对陈旧过时的宣传模式的淘汰和扬弃，党报宣传创新包括新闻观念的更新、宣传内容和形式的更新，等等，内涵丰富，舞台广阔。但是，党报是党的喉舌，党报必须反映党和人民的声音；团结稳定鼓劲、正面宣传为主等，这是党报的根本宗旨在改革开放时代的延伸和发展，是新的经验的总结概括，必须坚持，不能丢掉。

坚持正确的舆论导向，对于党报工作者，不仅是指导思想，也是操作层面上的问题。如今，社会正从新闻信息短缺转为信息过剩，我们每天面对排浪式的新闻信息，要做的工作是判断和选择，在选择中体现导向，我们不能让五花八门的信息在党报版面上“跑马”。

坚持正确的舆论导向，具体操作上应当把握好三点。

第一，让党和政府的声音形成舆论强势。党委机关报应当围绕党和政府的中心工作展开宣传。党报不能游离于党和政府的中心工作之外确定自己的宣传中心。对于党和政府的重大决策应当报深、报透、报活、报到位，调动文字、图片和版面编排手段加以强化，展开报纸版面，应该让我们的干部群众非常清晰地看到党和政府在思考什么、运作什么。让主旋律压倒噪音。

第二，不让错误的观点进入报纸版面。密切关注社会思潮和舆论动向，对于那些不利于改革发展、不利于社会稳定的舆论，对于那些以时髦的包装出现的腐朽的意识形态，不提供发表的园地。有些学术上的争论可以内部讨论，可以在学术刊物上交流，不可以让其在党报上大范围地传播，干扰党和政府的工作，搞乱干部群众的思想。

第三，准确把握宣传的度。党报的宣传格局，应当在党的中心工作的总体格局上平稳运行，保持常态。党报的宣传艺术、宣传水平很大程度表现在度的把握上。宣传不到位，力度不够，产生不了好的宣传效果。但是一味跟风热炒，人为地制造舆论热点，使社会心理失衡，就会走向反面。现在，党报的总编辑们每天面对处于竞争状态的编辑记者，每天面对迫切要求宣传自己的部门、单位和各种利益群体的强烈见报要求，如果随波逐流，就不能起到统一干部群众思想、影响控制社会舆论的作用。

二、发挥党报的理论优势，按照党的意图，按照“三个代表”的要

求，为转型期社会导航。改革开放时代，我们的社会正从传统的总体性社会向现代的分化性社会演进，社会公众正从“单位人”向“社会人”转变，新事物、新观念、新思潮层出不穷，社会普遍关注的焦点、热点、难点在不断转换，许多读者都面临选择的困惑和迷茫。大量的社会生活类传媒，往往只报道发生了什么，党委机关报可利用自己的理论优势，准确、鲜明、生动地诠释党的方针政策，深刻观察和判断社会现象，甄别正确和谬误、糟粕和精华，给出令人信服的结论，帮助社会公众了解正在发生的社会变革，调整自己的思想观念、工作方法和生活方式，适应新的社会环境，实现社会和人生的价值。有一个例子，南京市曾经有一家浴室推出“牛奶浴”，用牛奶洗澡，许多媒体热炒，甚至请出专家发表看法，说什么牛奶含有多少种营养物质，牛奶洗澡怎么对身体有益，还有的说，这是多元和分层消费，反映人们生活水平提高，等等。新华日报的同志也在观察分析牛奶浴，我们认为，用牛奶洗澡是一种奢糜之风，在大批下岗工人生计艰难的情况下，传播这样的新闻会引起社会心理失衡。新华日报的同志把自己的思考写成评论《莫名惊诧说“奶浴”》。这篇短小的评论，引起社会的关注，许多读者来信赞扬，有关方面责成关闭了“牛奶浴”，中央宣传部充分肯定了新华日报这篇评论的舆论导向作用。近两年，《新华日报》先后开辟了“本报观察家”和“深度报道”专栏，集中优势兵力，剖析社会热点，同时借助党报社会联系广的优势，把记者的观察、专家学者的见解和领导干部的经验融为一体，写出有针对性、有说服力的深度报道，发表从生活热点切入，有理论深度和思辩色彩的重头文章，有力地干预生活，引导舆论，受到干部群众的欢迎。“本报观察家”被评为中国新闻名专栏。

三、提高党报宣传的开放度和透明度，不回避社会公众关注的难点和热点，坚持深度切入，正确引导，报道有度。如今，党报一花独放的格局已成历史，社会公众获取新闻信息资源的途径多元化，日报、晚报、生活报、专业报、成倍增长的电视和广播频道，还有因特网、多媒体等等。现在党报的开放程度滞后于社会传媒。这有合理的一面，党报有自己的新闻价值观和风格品位定位。但是，在许多情况下，社会上舆论鼎沸，小报叽叽喳喳，党报却沉默不语。党报要消极自保并不很难，难的是有所作为而又能坚持正确导向，反映热点，破解难题。站到舆论舞台的中央，当然有风险，但非此不能干预生活、引导群众，这是党报富有战斗力的表现。党报在难点面前不讲话，不发表自己的主张，听任错误的思想观点自由泛滥，这不应该是党报的选择。党报宣传的开放需要社会各方面的支持。现在，党报接到各方面“不要报道”的招呼太多，多数是对的，是善意的提醒，是避免新闻舆论对实际工作造成被动。有的招呼却是没有必要打的，一般化的批评并不会引起社会震荡。

党报增加开放度、透明度，只要准确把握，就不会产生负面效应。首先，要有正确的出发点，化解矛盾，解决难点。理顺情绪，达成政府与老百姓的理解沟通，创造有利于改革发展的舆论环境。批评是要善意的、准确的、中肯的，不具备条件解决的问题，就不宜大规模地传播、渲染，过分提高社会期望值。党报要富有强烈的社会责任感、使命感，观察问题、分析问题不能从感情出发，意气用事，不顾后果。另外要掌握开放的度，要考虑社会心理承受能力。在这些前提下，党报该说则说，该报则报，旗帜鲜明，坦荡无私，追求真理，弘扬正气。

四、关注民生，服务社会，增强党报宣传的亲和力和凝聚力。党报要教育群众，引导群众，就要坚持以人为本，关心群众的苦乐，以新闻这个特殊手段为群众提供实实在在的服务，这样才能让群众感到党报可亲、可信、可敬，增强党报的亲和力和凝聚力。党报工作者痛切地感到，过去那种居高临下的说教式、训诫式、八股式的宣传，形式主义、教条主义的宣传，如今已经彻底丧失市场，今天的读者不会买你的账。

增强党报的亲和力，要贴近时代，贴近群众，贴近生活。在这一点上，党报要向晚报和生活类报纸学习。劳动就业问题、升学问题、住房改革、医疗卫生制度改革、社会弱势群体的生计问题，等等，都应该成为党报关注的重要内容，要让干部群众从党报实实在在的关爱之中，感到党报是自己的报纸，是自己的良师益友，这样我们对新思想的传播才能如春风化雨。《新华日报》在改版中提出，要重视和满足群众的需求，围绕人的生存发展做文章，为人们追求美好而富有价值的人生提供丰富的资讯。包括时代走向、环境变迁、生存艺术、发展策略、规避风险等各方面的内容，我们围绕这些方面发表了大量文章，提供了大量富有时代特色的服务，在服务中潜移默化，引导生活，帮助读者树立正确的人生观、世界观、价值观和积极健康的生活态度。

增强党报的亲和力，还有一个问题值得重视，就是党报既要有原则性又要有人情味，党报要“食人间烟火”。党报的宣传中要贯穿尊重人，爱护人，关心人，重视亲情、友情和同志情。党报的宣传既要有无可辩驳的真理的力量，又要有催人泪下的感染力。在宣传典型的时候，不能人为地拔高，塑造虚假的形象，不能把英雄模范人物、先进人物描绘成六亲不认、冷漠无情的机器人和工作狂，要让读者看得惯、听得进、学得上、做得到。

五、提高党报对社会的快速反应能力，力求在第一时段占据舆论高地。当今时代，生活节奏加快，传媒竞争白热化，无情的竞争对党报宣传提出了严峻的挑战，党报只有抢占先机，快速占据舆论制高点，才能最大程度地影响社会舆论，影响社会公众。反应慢、消息迟，曾经是党报的弱项。过去，对于突发性新闻，党报很少快速地加以报道，往往是事情处理完毕才作一个面面俱到、四平八稳的总结性、回顾性报道。这样做，让社会的各种传说和议论先入为主，等到党报回过头来报道时，花十倍的力量也很难影响舆论。《新华日报》在改版中提出，党报要提高快速反应能力，要占据舆论高地。为此，报社专门成立了新闻信息中心，像雷达一样捕捉社会舆论的变化，研究江苏的社情民意。报社建立了每天的新闻策划制度、特派记者制度、编前会制度，在风起于青萍之末的时候，给予新闻事件独到的观察，发表透辟的见解，最大程度地放大其导向意义。现在，新华日报每天发表的新闻，80%以上是前一天“生产”的，过去那种没有时效，没有新鲜感的“腌咸鱼”似的报道，已经很少在报纸版面上出现。

六、党报要站在时代前沿，满腔热情地反映社会发展的主流和丰富多彩的社会生活。江泽民总书记提出思想政治工作的时代感问题。时代感对党报宣传创新至关重要。当今时代，最激动人心的话题是改革、开放和发展，党报工作者思想要解放、观念要新。新华日报在改版中提出，要把报纸办成时代变迁的信息库和干部群众的思想库，让报纸版面洋溢着扑面的时代气息，竞争意识、效率观念、创新精神，要成为报纸跳动的脉搏。在这个务实的时代，要把大话、空话、套话、形式主义、逢场作戏赶出报纸版面。“伊妹儿”“上网”“点击”“下载”这些富有时代特色的概念和词汇要进入报纸版面。只有深入生活，反映生活，才能干预生活，引导生活。对生活中的新事物一味采取贬斥的态度，这也不顺眼，那也看不惯，党报就很难实现与当代读者沟通和默契。近两年，新华日报的记者把网上世界纳人自己的报道视野。我们的记者发现，一些“网虫”在聊天室发表不负责任的言论和错误观点，一些践踏公民权利的类似“文革”中大字报的东西在网上复活，于是新华日报先后发表了《网上言论亟待规范》《网上聊天需净化》等文章。这些文章受到社会的好评和中宣部的肯定。

提升党报头版质量

《新华日报》总编辑 周正荣

（刊于《传媒观察》2004年9月刊）

《新华日报》经过几轮改版，报纸的整体面貌发生了较大变化，总体的内容格局丰富多彩，新闻宣传方式有突破，大批记者到省辖市一线，鲜活新闻的比重在增加。但是，由于种种原因，目前A1版一般化的会议和领导活动报道较多，体现中央和省委战略意图、有深度、有新意的重点报道不够，对广大读者来说吸引力不是太强。为此，我们提出“如何破解党报头版难题”这一命题。

一、提升头版质量的目标定位

党报一版的功能定位，是传达党和政府的声音，把党和政府的重大决策告诉广大干部群众，诠释和解读党和政府的战略意图和重大部署，把党和政府的意志变成干部群众的共同意志。同时，反映和解读干部群众在改革发展当中新的创造、新的成果，反映各条战线推动经济发展和社会进步的新思想、新观念、新成果。党报的一版应当成为政治舆论高地和思想高地，引领舆论的主旋律。

党报一版功能的定位，与其他新闻版比较，有着鲜明的个性。它的个性就是强烈的政治性、思想性和指导性。党报一版改版不应当离开最基本的功能定位，不能变成其他各个版的综合，也不能变成各类新闻的拼盘。

A1版不能搞成鸡毛蒜皮、言不及义的东西。另外，我上面所说的功能定位，不是简单的像传声筒一样地复述党和政府的声音，而是包含了对党和政府战略意图和重大决策的解读和诠释，对各条战线、各个地区新的创造、新的思想、新的突破的观察和阐述。我认为，目前，党报的读者，包括我们的各级领导干部和普通干部群众，已经不再满足于简单化地传达党和政府的决策。党报是党的喉舌，同时是有脑子的喉舌，应该是喉舌加脑子，传声筒加自己的创造性思考。不是简单地传达，而是能动地诠释、发挥和解读。不但要报道政策，还要报道制定政策的背景，报道政策出台将产生什么样的影响，对干部群众和社会公众的工作与生活带来什么样的积极影响和变化。应当说，《新华日报》的A1版对党和政府的决策的宣传应该是充分的、到位的。我看问题是，我们的读者包括领导和群众已经不再满足领导怎么说，会上怎么讲，报纸怎么登这种简单化的宣传。党报不但要准确地传达党和政府的决策，更要站在时代的高度，靠大量鲜活的新闻事实和最新的科学知识，创造性地解读和诠释党和政府的决策。现在，我们一版大量的宣传停留在第一个层面上，就是领导怎么讲，会上怎么说，我们就怎么登。有时候会议新闻配发评论，有的评论也是从领导讲话上摘下来的。因为我们的报纸版面有限，我们报上登的要比领导讲的简短，比会议的报告简短，比文件简短。那些领导干部，他们在会上听过了，文件看过了，还有什么兴趣再来读报纸上同样的报道呢？我们党报的宣传，应当从新闻的角度，提供比会议讲话和文件更多的附加值。

现在我们国家的改革发展正处在一个关键时期，是黄金发展期，也是矛盾凸显期。既有难得的机遇，也有严峻的挑战。这是深化改革阻力最大的时期。改革越是向前推进，触及的矛盾也越深，涉及的利益就越复杂，遇到的阻力和反弹也就越大。这一切都绕不开、躲不过。我们面对的是一场改革的攻坚战，发展的攻坚战。现在不管是领导干部还是普通群众，说得比较多的一个词就是“困惑”。各人有各人的困惑。为什么有困惑？就是因为社会处于转型期，各种矛盾错综复杂，各种新的问题、新的现象迎面而来，需要我们做出判断和选择。所以，处于这样的社会环境当中办报，我们光加大信息量，告诉人们你周围发生了什么，是远远不够的。还要告诉人们为什么会发生这样的事，发生这样的事有什么后果，给你什么样的启迪，你如何适应周围的环境。最近，中央领导同志多次提出，我们党、我们的领导干部，要努力提高执政能力，提高驾驭复杂形势和局面的能力，提高执政水平。作为党委机关报，我们有一份重要的责任，就是帮助全省各级领导干部提高执政能力，帮他们释疑解惑。作为党报工作者，要对自己提出更高的要求，不仅要提高我们的政治判断力、政治洞察力，还要提高阐述力。有新的思想，讲不清楚，解决不了问题。做到这样，党报就能成为各级领导干部的朋友，他们就不会把我们的报纸看成一份多余的或者是可有可无的报纸。再比如政绩宣传，我们许多基层的同志在改革发展中有很多创造，他们向我们介绍做了什么，我们记者应当在更高的立足点上，来观察和判断他们这些经验和思想的价值，通过新闻报道作能动的表达。我们在综合概括基层创造的经验的时候，概括得好，提炼得好，他们常常喜出望外，有一种惊喜的感觉，他们说，是这个意思！他们做了，有时并没有想得这么透彻。这就是思想和经验的升华。我想，这样的政绩宣传就比简单化的新闻直录有价值得多。

二、提升头版质量的基础工程

怎么提高一版的宣传水平？我觉得这是一项系统工程，要从最基础的工作做起。基础工作我觉得有两项应当做。

第一，要学习。做一个学习型的记者、学习型的部主任、学习型的总编辑。学习邓小平理论和“三个代表”重要思想，学习党和国家领导人、省委领导人的重要讲话，学习重要政策，学习报纸杂志上的精彩文章，阅读那些反映时代、反映社会生活主流的最精彩的言论，阅读新书、好书、畅销书。看电视的时候，从央视的谈话节目、论坛节目、焦点访谈节目，了解我们所处时代的前沿发生了什么，更新我们的观念，增加我们的知识，开阔我们的视野。近几年夏天，省委为省领导干部和主要厅局领导举办干部学习班，聘请国内外著名的专家学者给我们讲课，发畅销书让我们阅读。听了那些学术报告，看了那些书，非常开窍。所以我们要通过学习，通过持续不断的观察、思考，提高政治判断力、阐释力，把握时代的变化，把握大局，引领舆论。

第二个基础工作。我看要成立两个研究小组：第一个研究小组是党的政策研究小组，通过研究中央和省委省政府重大的政治决策和最新的精神，研究省委、省政府领导同志的战略意图，来确定我们的宣传重点。第二个是社会舆情社会热点研究小组，专门研究省会南京以及全省干部群众关注的热点问题和热点事件。这两个小组不停地向编委会提供动态信息和研究报告，这样，我们编委会就能及时地把握省委、省政府的意图和干部群众关注的热点，积极主动地进行策划，调集记者完成重头和组合报道，主动出击，把握宣传的主动权。过去，我们提出要全面观察社会生活，树起信息的雷达，捕捉生活的每个变化。现在看来，光捕捉新闻线索还不够，还要研究，进行深层次观察，在这个基础上策划重点报道。

三、操作层面的办法

第一，关于会议和领导人活动的报道，我们对记者提出“三要”：要采访，要听会，要写稿。所谓要采访，就不是单单在会上兜一圈，拿个讲话稿。开会前要采访，为什么要开这个会，开这个会要解决什么问题，会上要出台什么样的新政策，有什么新的精神、新的要求。第二要听会。我们以前有的会议报道，报道会议但不参加会议，不听会议。于是就出笑话了。本来应该是某某领导出席，开会的时候换了人，记者不知道，结果报出来的新闻还是原先的那个领导出席。我们写新闻，往往根据讲话稿写稿，编编摘摘。有的领导有讲话稿，但他没有按照讲稿讲，精彩的东西在讲话稿之外。讲话稿是秘书写的，领导的现场讲话比稿子精彩就很自然了。有时，我们根据讲稿写稿，不根据讲话写稿，领导不认账。有的领导说，我说的你没写，你写的不是我说的。第三，记者要写稿，除非遇到特殊的情况，不要用通稿，要自己动手，归纳思考。

第二，会议新闻和领导人活动的报道要凸显新闻因素，要把领导讲话当中新的思想、新的提法、会上新的政策、新的举措写出来，加以突出。省委一位领导同志讲过，我们领导讲话，哪有那么多的新东西呢，每次有几句新话就不错了，你要把它报道出来。

第三，领导活动和会议报道，我们可以从实际出发，设定一个操作办法，就是做加法。有些一般化程式化的稿子要发，但是记者可以把会议或讲话中真正的新东西拎出来另外写稿。你的新闻有价值，写得好，可以加重处理，比常规的稿子更突出。

第四，不管是会议新闻报道，还是市县报道，都要讲真话，讲实话，讲读者要听的话，少打官腔，不说空话废话。

第五，精心制作标题，在准确的前提下，标题要尽量做得短，要凸显新闻因素，要新，要实，要活。

第六，关于市县报道，要抓新闻，抓个性，政绩要以新闻事实为载体。

第七，多写短稿。以后评好稿，在具备新闻价值的前提下，向短稿倾斜，短稿多了一版才能丰富多彩。

第八，新闻题材要多样化。一版除了新闻，要有社论、评论、观察家文章、深度报道，要有通讯，要有特写，要有记者来信。打破社论神秘化，除了配合会议发社论，在明确省委、省政府意图的基础上，报社可以就一些重要的问题发社论。

第九，把A2版、B1版上分量重的自选动作文章调度一点挤上A1版，必要时，搞一点思想性、理论性、指导性强的其他报刊文章的转载及专家观点摘要。

第十，A1版的版面在保持庄重和严肃基调的基础上，强调两点。一是，版面形式为内容表达服务，强化主体。二是，版面设计要敢于突破，敢于创新，敢于打破平衡，照片该大则大，该小则小。

第十一，奖励。我们酝酿建立A1版新闻创新奖，鼓励大家创新和突破。

* 20世纪90年代，在新华日报改版的同时，报社党委会、编委会决定把当时的《每日桥报》改版为《南京晨报》，将当时的杂志《新闻通讯》改版为《传媒观察》，如今，《传媒观察》已成为全国核心期刊。

第三部 沧海涓滴：记录伟大时代

20世纪70年代、80年代，周正荣先后在《新华日报》驻南京市和徐州市任驻外记者。当时正处于改革开放之初，他独立在城乡采访，大量报道改革开放的新动态、新进展、新经验。

20世纪90年代，周正荣走上新华日报领导岗位，以更宽广的视角、更高的政治站位，贯彻省委领导的意图，履行新闻宣传第一责任人的职责。每逢省委、省政府重大部署，关键节点，他带领记者到第一线采访，策划重头报道，参与采访定主题、定思路、定结构，最后定稿，这类作品只选录标题与部分文字。

20世纪90年代周正荣带领记者到第一线采访完成的部分作品

1995年10月
12
星期四
乙亥年闰八月十
南京市区天气预报
今天晴转多云到
东南风3－4级
今天最高温度27
明晨最低温度17

新华日报

今日本报八版

(代号27-1) XINHUA RIBAO 第16908

陈焕友同志接受本报记

张家港成就 张家港经验

张家港这个典型具有鲜明的时代特色。她的时代意义集中到一
主义市场经济条件下，如何大力发展生产力，如何加强精神文明

昨天上午，省委书记陈焕友在办公室里接受本报记者采访。 本报记者 王广林摄

今年3月，省委在张家港召开了"以经济建设为中心、两个文明一起抓"经验交流现场会，把两个文明建设协调发展的张家港推向了全省。现在，这个典型开始在全国产生影响。5月，江泽民总书记视察张家港，对她作了较高评价，并亲笔为张家港精神题词；最近，中央各主要新闻单位纷纷报道张家港，使越来越多的人知道这个典型，关注这块地方。

张家港的影响为什么能扩散得这么快？如何从时代的高度来认识这个典型？为了能回答读者普遍关心的这些问题，昨天，我们就张家港成就、张家港经验、张家港效应等三个方面内容，采访了省委书记陈焕友同志。下面，是陈焕友书记向记者的谈话要点。

去年底，我们成功地召开了省第九次党代表大会。这次大会，根据邓小平同志建设有中国特色社会主义理论和十四大的路线方针和政策，从江苏的实际出发，确定了本世纪末全省全面实现小康、部分发达地区初步实现现代化、2010年全省基本实现现代化的目标和为了实现这些目标而提出了"科教兴省"、"经济国际化"、"区域共同发展"三大战略。

为使目标变为现实，在工作方法上，我们采取抓两头促中间，抓典型促全局，即一头抓苏南等经济发达地区，促进他们尽快实现由小康向现代化迈进；另一头抓苏北，确保本世纪末全省全面实现小康。省党代会以后，我们到张家港作了调查研究。近

几年来，张家港市坚持以
设为中心，两手抓，两手硬
文明建设协调发展。国民
续、快速增长，改革开放迈
定的步伐，党的建设、精神
设取得显著成效，社会各
全面进步，城乡面貌发生
变化，社会稳定、风气良好
港人民的成功实践，是邓
志建设有中国特色社会主
的生动体现，是江泽民同
心的党中央正确领导的
结推广张家港等地的经验
一级领导抓好两个文明
保实现省党代会提出的目
有重要意义。于是省委决
部群众自己创造的经验在
以推广。

张家港的成就是显著
先是经济持续、快速、协调
在全省是一流的：

综合经济实力强。经
居全国及全省县(市)前
年全市国民生产总值达1
元，三年平均增长率在30
人均国民生产总值达1.8万元，名列全省各县(市)前茅。
行质量好。1994年全市亏损面只有5%，销售收入在5000
上的骨干企业没有一家亏损，市属企业仅有个别厂亏损。
协调发展，他们在加快工业发展的同时，始终把农业放在
位。农业现代化进程加快。"三外"总量连续三年为全省
三年，张家港市外向型经济出现跨越式发展的好势头。去
完成出口供货值150.3亿元，外贸自营出口达4.7亿美元，
三年居全国各县(市)之首。利用外资质量不断提高，近
市创办三资企业1372家，合同利用外资32.9亿美元，实际
资10.9亿美元。涌现出一批投资量大、外商出资比例高、
量高的大项目，平均每个项目的投资额达500多万美元。保
发区建设全面推进。城市建设日新月异。张家港市十分重视
设，城乡道路宽畅、市区环境卫生、街道整洁、秩序井然，城
上水平、上档次，充满了现代化气息。一个城市现代化、乡
化、城乡一体化的雏形已经形成。人民生活水平提高，生
上了个档次，原来意义上的农民痕迹在淡化，整体素质在

尤为可贵的是，张家港市不仅在经济建设上创出了
平，而且精神文明建设和各项社会事业全面发展。

突出思想道德教育，精神文明建设步步深入。全市
张家港、建设新港城、奉献在岗位"为主题的精神文明创

李岚清在江苏考察

强调要认真学习贯彻江泽民同志讲话

精神，继续大力推进国有外经贸企业改革

华社南京10月11日电 中共中央政
员、国务院副总理李岚清10月8日
在江苏考察时强调，外经贸企业要
彻党的十四届五中全会精神和江泽
关于积极推进国有企业改革的重要
进一步加大改革力度，尽快向适应
义市场经济要求的运行机制转变，
外经贸企业搞得更好。

10月8日，李岚清在苏州市召开了外经贸企业学习江泽民同志关于积极推进国有企业改革讲话座谈会，30家外经贸企业主要领导及有关部门负责人参加了座谈会。李岚清认真听取了大家的发言，他在分析了外经贸的形势和谈了自己的学习体会后指出，外经贸企业是我国国有企业的重要组成部分。自1988年以来，我国外经贸体制进行了一系列重大改革，初步建立起与国际规范接轨的市场化运行机制。但这些改革还是阶段性的，尚不适应日益激烈的市场竞争局面。因此，必须按照党的十四届五中全会和江泽民同志讲话精神，把改革继续推向深入，进一步搞好国有外经贸企业。

（下转第三版）

采访时谈

张家港效应

较好地回答了在社会
个文明建设协调发展

推进。特别是大力宣传和弘扬张家港精神，各级干部和广
牢固确立了强烈的争先意识、拼搏意识、奉献意识和社会
体主义价值观。这在市场经济条件下是难能可贵的。软件
起抓，各项社会事业蓬勃发展。他们十分重视教育事业，
养人才。十年前，就创建了全国第一所县办大学(沙洲工
1993年又投资3000万元建成了堪称全国一流的梁丰高级
教师的住房也解决得很好。近几年，全市的文化、科技、卫
育、广播电视、计划生育、环保、绿化、民政、“双拥”、民兵工
后获得全国先进称号。人民群众文明意识大大增强。他们
过去的治理脏、乱、差，到今天向更高层次的文明追求，比
共场所禁止吸烟、不随地吐痰、下狠心治理工业污染，千方
市民生活在一个舒适、洁美的文明环境之中。更可贵的在
坚持数年如一日。社会综合治理成效显著。坚持一手抓民
，一手抓打击犯罪，社会风气越来越好，各类发案率、民事
比以前明显下降，全市社会稳定，人民生活安定。这里物
比较好，但社会比较安定，风气比较良好，实属不易。
们认为，张家港不是某一个单项的典型，也不是孤立的偶
的一个典型。她是在党的十一届三中全会之后，特别是小
视察南方重要谈话和十四大召开之后出现的一个典型。
，她是建设有中国特色社会主义成功实践的典型，是社会
场经济条件下，以经济建设为中心、两个文明协调发展的
是精神变物质、物质变精神的典型，是苏南模式的缩影，也
民总书记倡导的64字创业精神的生动体现。总之，这个典
鲜明的时代特色。她的时代意义集中到一点，就是较好地
在社会主义市场经济条件下，如何大力发展生产力，如何
神文明建设，使两个文明建设协调发展。所以，我们认为，
个典型具有较强的针对性，有重大的现实意义。
家港的经验，概括起来有这样几个方面：
**终坚持以经济建设为中心，两手抓、两手硬，两个文明建
发展**。他们没有以牺牲精神文明为代价来搞物质文明，也
离物质文明的实际去搞精神文明，而是全面贯彻党的基
，坚持以经济建设为中心，总揽两个文明建设的全局，做
抓、两手硬，一把手抓两手。在实际工作中，突出经济建设
心，在任何时候、任何情况下都坚持发展是硬道理；精神
设以振奋人的精神、提高人的素质、改善城乡环境为重
务实，抓得狠，抓出实效。
终坚持农业的基础地位，重视一、二、三产业协调发展。在
业快速发展的同时，高度重视强化农业的基础地位，加大
入，稳定粮棉生产，搞好农副产品基地建设，发展和完善
务体系，推进农业规模经营，增强农业对整个国民经济的
力，实现一二三产业协调发展。
终坚持从实际出发，解放思想，抓住机遇，创造性地开展
善于把中央和省的精神与本地实际结合起来，走出具有自
的发展路子。张家港紧紧抓住了以上海浦东为龙头，沿江
放开发和小平同志视察南方谈话的机遇，发挥自身的区
位优势，实施以港兴市的战略，以只争朝夕的精神，加大基础设施和技术改造投入，加快港口和保税区建设；加大招商引资力度，推动“三外”齐上，全方位的对外开放推动了经济和社会全面发展。这也是我们江苏全省这几年发展较快的一个缩影和典型。

始终坚持用张家港精神凝聚人心，振奋精神，同时发扬求实务实的工作作风，始终把抓落实作为领导工作的关键环节。张家港市提出的“团结拼搏、负重奋进、自加压力、敢于争先”的精神，集中体现了积极向上、艰苦奋斗、争创一流的精神状态。在每一个发展阶段，他们不仅有凝聚人心的明确目标，而且有一股咬住目标不放松，不达目的决不休止的劲头。他们严格要求，严格管理。从上到下心往一处想，劲往一处使，目标明确，责任分明，政令畅通。务实高效的作风，保证了目标和任务落到实处。

始终坚持抓好领导班子自身建设，各级党组织有凝聚力、号召力和战斗力。领导班子有强烈的责任感和使命感，有“为官一任，造福一方”的强烈意识。思路开阔，善于围绕经济建设这个中心，总揽全局，真抓实干。坚持原则，敢抓敢管。自身建设抓得紧，要求下面做到的，自己先带头做；要求下面执行的，自己先作表率。有一个坚强有力的领导班子，有一个能带领一班人苦干实干的好班长，有一支特别能战斗的干部队伍，有能够充分发挥战斗堡垒作用的广大基层党组织，有广大苦干加巧干的人民群众，这是确保经济建设和各项事业又快又好地发展的关键所在。

张家港这个典型是在党中央、国务院亲切关怀下成长起来的。江泽民总书记和李鹏总理都亲自到张家港检查指导工作，江总书记还亲自为张家港精神题词，李鹏总理为张家港保税区题词，中央和国务院许多领导同志都到过张家港检查指导工作。在张家港的发展过程中，还得到了中央许多部委、兄弟省市自治区的热情关注和支持。

推广张家港经验，我们要求全省各地最重要的是学习精神实质，学习从实际出发、创造性进行工作的精神，学习真抓实干、艰苦创业的精神，把学习外地先进经验和本地实际结合起来，真正推动本地区、本部门的工作。我们要求张家港市戒骄戒躁，既要肯定成绩，也要看到不足之处，看到发展进程中还面临不少困难和问题，虚心向其他地区学习，争取更上一层楼。

张家港的先进典型经验在全省引起了强烈反响。广大市、县领导普遍有一种坐不住的感觉，增强了奋力争先创一流的紧迫感和责任感，省级机关也行动起来了。张家港会议在全省产生了推动全局、影响长远的积极效果。

一是全省各级党政领导进一步坚定了在本世纪末全面实现小康，部分发达地区初步实现现代化，2010年全省基本实现现代化的信心。苏南的同志认为，张家港在苏南的地理位置，经济基础并不是最好的，但短短几年时间，张家港许多工作争一流，面貌发生了巨大变化。只要虚心向张家港学习，发扬张家港精神，一定能在全省率先实现现代化。苏北的同志看到，苏北的资源优势十分明显，潜力很大，关键是要像张家港人那样，充分认识和发挥自己的优势，努力把潜在的优势转化为现实的优势，尽快缩短与先进发达地区的差距，确保本世纪末如期实现小康。

二是形成自加压力、敢于争先的工作局面。各地对照先进，排找差距，进一步理清思路，选准主攻方向。注重从实际出发，学习张家港人自加压力、争创一流的精神，提出了各自的目标和标准。苏南一些经济发达县(市)，既看到与张家港在数字上的差距，又看到在思想上、工作上的差距。苏北的一些县市也都在对照小康和现代化目标，制定行动计划。省级机关不少部门自觉以张家港为榜样，选定高起点、高目标，提出高要求，各项工作争创一流。

三是促进了工作作风的转变。各地各部门加大了各项工作落实的力度。全省城市建设和小城镇建设迈出扎实步伐，以加强卫生管理、改善交通状况为突破口，城市市貌正在发生可喜变化。这对一个经济大省，进一步改善对外开放的投资环境显得特别重要。各级领导机关的作风有所好转，“务实、高效、廉洁、文明”的新风尚进一步形成。目前全省七千多万人民心往一处想，劲往一处使，把共同目标、共同意志凝聚在加速奔小康、努力实现现代化的焦点上，全省上下呈现出聚精会神搞建设，一着不让抓落实的大好局面。

本报记者 **周世康 周正荣**

新华日报
XINHUA DAILY
1998年9月4日
星期五
戊寅年七月十四
南京市区天气
今天多云有时阴有小雨，东南风3—4级，今天最高温度29℃，明晨最低温度23℃。
国内统一刊号CN32—0050 邮发代号27—1 国外发行刊号D279
第17962号 邮编210092 新华日报社出版
●今日12版●

山区茶园景色新。 唐洪才摄

溧阳：『放大山水优势』求发展

本报记者 周正荣 匡启健 本报通讯员 赵普坚 阎历文 蒋一枫

“放大山水优势，发展溧阳经济”，这是溧阳市从本地实际出发确立的一项经济发展战略。

市委书记王悦林说，溧阳有丘陵山区150余万亩，水面43万亩。放大山水优势，就是把丰富的自然资源优势变为商品生产的优势，进而变为产业联动优势和市场优势，从而形成地方的经济优势。

为了实现这一目的，1993年以来，这里掀起了声势浩大的山区综合开发热潮，共投入开发资金1.2亿元，新开发和建设了12万亩经济林果、6万亩茶园、8万亩板栗园、9万亩竹园、6万亩桑园、30万只良种羊和5万亩特种水产养殖等专业商品生产基地，从而繁荣了山区经济，增加了农民收入，改善了生产条件，使丘陵山区成为全市经济新的增长点。1997年5月，溧阳成为我省唯一的被国务院确定的全国山区综合开发示范县(市)。

南部山区横涧乡有个李家园村，山林面积达9500亩。过去，这里荒山野岭，村民们过着“家种两亩田，抓点油盐钱，混个肚子饱，养猪为过年”的传统封闭的生活。如今，他们“靠山吃山，以山养山，滚动发展”，几年中，集资600多万元，投工6万多个，开垦了1000亩茶园，种上了800亩银杏、500亩青梅、1000亩板栗、300亩蚕桑、500亩早园竹和4000亩毛竹，又兴办了茶厂、竹制品加工厂，到1996年，全村多种经营收入就突破1000万元，农产品加工值达550万元，农民人均纯收入达5040元，村拥有集体资金500多万元，成为溧阳十强村之一和常州市农业现代化试点村。

北部山区别桥镇金山脚下有个塘家村，山中有4口温泉，不知流淌了多少年。过去，村民们仅用它来洗衣服、养绿萍。在山区开发的推动下，村里的干部群众眼睛亮了。他们找到上海水产品研究所，请专家帮忙，利用这4口温泉搞起了罗氏沼虾养殖，同时又试养中华绒螯蟹、甲鱼、加州鲈鱼等，均获成功。仅罗氏沼虾苗就繁殖近1亿尾。如今，这里成了远近闻名的金山温泉特种水产繁育场，特种水产年产值达300万元。

“走进大山搞开发，走出大山上市场”，随着山区综合开发的推进，山区农民作为商品生产者开始走向市场，作为市场的主体参与市场竞争。走向市场后，农民们看哪样东西能赚钱，能赚大钱，这就成了他们开发的热门。以茶叶为例。1993年以前，溧阳只有2.5万亩茶园，如今已能采摘的就有5.6万亩，成为我省第二大产茶县(市)；过去，不少茶农只是卖鲜叶，如今不加工就出售那就是傻瓜了，山区茶叶加工厂就有120多家；过去，茶树品种老，产量低，如今，近2万亩茶园更新改造，引进和自繁自育了一大批高产优质新茶树；过去，机制茶、大众茶居多，如今，手工精制名特优茶占了70%以上，沙河桂茗、龙潭青峰、水西翠柏、南山寿眉等一大批名牌产品多次在全国和全省名茶评比中获奖，成为供不应求的抢手货……1997年与1994年相比，茶叶种植面积差不多，但产值却从原来的2200万元猛增到5800万元。还有一例，就是桑树种植。溧阳有桑园6万亩，前几年茧价大跌，外地不少农民毁桑。可溧阳农民认为潮涨总有潮落时，所以坚持不砍桑，只是在桑树中套种了板栗。三年过后，茧价上涨，溧阳的桑农赚了大钱，另外又从套种的板栗中获得了加倍的收入。

溧阳盛产板栗。过去栗树又高又大，采栗时要用几米长的棒敲。另外，不少栗子看上去很大，剥开却是空壳。如今，大家掌握了高产栽培新技术，矮化树型，把栗树控制在2米高以下，搞密植，每亩从五六十棵扩种到一百多棵，这样产量一下子提高了六至八成；再就是适时喷施硼肥，产量一下子又提高了二三成。

为了让农民更好地走向市场，拓展发展空间，溧阳大力发展贸工农一体化经营，加快了农业产业化的进程。经过几年建设的苏浙皖边界市场，如今已有茶叶、竹木、土畜产品等14个专业交易中心，年交易额超过30亿元，成为广大农民参与流通经商致富的强大“磁场”。全市积极发展龙头加工企业，着力培育“龙型经济”。埭头乡樱桃谷肉禽有限公司、杨庄乡青梅酒厂、绸缪乡大溪酒厂、周城镇羊肉火锅公司等一批农副产品加工企业，争奇斗妍，给山区经济带来了明媚春光。

山区综合开发，需要大量的投入，需要科学的管理。在实践中，溧阳市不断探索和创造了多元化的投入和管理新机制，从而确保了山区开发的整体推进，确保了山水优势的放大。

把股份合作制引进山区开发，是溧阳的一个创造。几年来，这里采取土地、资金、技术、资产、劳力入股等形式，兴办股份合作制绿色企业100多家，筹措了大批资金，推动了山区开发和管理。

他们还改变过去单一依靠自身力量开发的模式，借助“外力”形成“合力”搞开发。这些年来，山区人民特别注重招商引资，各种合资合作企业如雨后春笋般出现。李家园与日本茶商合资开发“蒸青茶”新品，现已远销日本和东南亚等地；桂林茶场与台湾客商合资，兴办我省第一家生产乌龙茶并融观光旅游、休闲度假于一体的天鹅休闲茶园有限公司，有效地带动了茶场所在村外向型经济的发展……今年5月中旬，溧阳市与泰国、美国客商共同投资2.488亿元兴办的中外合资溧阳[illegible]发展有限公司正式签约，这成为常州地区最大的农业合资项目。合资企业将共同开发3万亩种植基地，引种国际最新、稀农作物品种，并采用最先进的管理方式，为溧阳丘陵山区开发注入新的发展活力。

新华日报

XINHUA DAILY

1998年7月7日
星期二
戊寅年闰五月十四

南京市区天气
今天晴到多云，偏南风4级，今天最高温度35℃，明晨最低温度27℃。

今日8版

国内统一刊号CN32—0050 邮发代号27—1 国外发行刊号D279
第17905号 邮编210092 新华日报社出版

镇江的大推进方略与实践

本报记者 石开西 王柏森 周正荣

镇江大港经济开发区拥有得天独厚的深水外贸良港——大港港口，为全国主枢纽港。该港目前已与40多个国家和地区的136个港口通航。 丹青 嘉讯摄

江东故地镇江3000年历史上，1998年6月30日又掀开新的一页：镇江新区正式成立。

故城展新图。45平方公里的老城区东侧，一座82平方公里的新城区正拔地而起。以精密铸造、电子等高科技产业为主的丁卯新区，以造纸、石化等基础产业为主的大港新区，以醋酸等化工产业为主的化工新区，沿江次第排开，仅千万美元以上的大项目就有16个。

镇江所属4县的沿江地带，也崛起了一批巨型企业，已经投产和在建的投资在10亿元左右的大项目就有10多个，与新区东西联动，首尾呼应，呈巨龙腾飞之势。

尽管记者时时听到镇江传来的捷报，但当[illegible]

美元，现已全部到位，等待安装。厂区岸边横亘着一座上千米长的庞然大物，那是已建成的纸库房，竟有13万平方米，相当于26个足球场那么大。据介绍，该项目是新加坡亚洲浆纸业公司投资兴建的年产135万吨造纸厂，总投资达18亿美元，是目前全省最大的在建项目。施工1年来，进展迅速，时下20多个国家级施工单位、1000多套机械、3000多员工24小时轮班抢干，1号、2号纸机年底投产，将形成70万吨高档文化用纸的年生产能力。明年全部建成投产后，年销售额可达87亿元。

现场2 索普厂区

两台四五层楼高的巨大贮罐提醒我们：此地乃是化工城。而这家化工城的最为得意之家，总投资10亿元建成了一个[illegible]

镇江到南京的距离。

现场3 京阳水泥公司厂区

这是一家台商独资，总投资2.65亿美元的水泥巨人。汽车驶进占地60万平方米的厂区，扑入眼帘的是3组高度超过50米的建筑群：钢塔、粮窑、水泥库，记者见所未见的是，一条16公里长的皮带廊，它起自该厂的矿山基地锡锅顶山，跨越两县三路，直达长江岸边的生产厂区。皮带廊高2米，宽1米，每小时可运送1000吨矿石，中途无须转运，工程如此巨大，在国内外独一无二。据介绍，该厂年产150余万吨525标号水泥，为国内最大的外商独资水泥项目，所用成套设备由德国洪堡公司引进，总价值逾1.23亿美元。自去年底投产以来，各项技术指标均达到世界先进水平。

现场4 镇江奇美厂区

站在直插江中140米的长栈桥上，奇美雄姿尽收眼底：5000吨级码头通过长栈桥与商轮泊位相连；江边矗立4只大储罐高15米、容积500立方米，最终将建成容积3800立方米的储罐群。这是台湾奇美公司投资1.1亿美元建造的工程塑料项目，一期年产15万吨PS工程今年5月已投产，年销售额可达24亿元。

我们边参观，边听新区管委会副主任蔡文斌介绍，绝如数家珍：千万美元以上已建成投产的项目还有智峰铸造、健力宝饮料、汉智电子、江联金属、嘉吉饲料、皮爾丹时装。在建项目还有国亨化工、道达尔液化气，加上即将开工的几个大项目，镇江将成为全国最大的造纸基地，全国最大的汽车发动机缸体铸造基地，亚洲最大的PS和ABS单体生产基地。

百里沿江，"巨人"环立，托起一座工业新城，托起一条沿江经济带，托起镇江经济新大厦。

"低谷区"奏响"大推进"号角

改革开放以来，镇江经济快速发展，但直到进入90年代，沪宁经济带"低谷区"的地位尚未根本改变，小而散、"铆石型"布局依然。而至今只不过短短的五六年间，何以发生如此巨变？市委书记方之婷细说原由：这是镇江人民实施"大推进"方略的成果。

"大推进"，是美国麻省理工学院教授保尔·罗森斯·罗丹提出的一种经济增长投资模式，其核心是分散、局部的投资对经济增长难以产生有效影响，必须集中投资达到一定规模，超过一定速度，即采取"大推进"方式，经济增长的目标才能实现。长于理性思维、敏于吸纳新知的镇江市领导深知，这一思路切中镇江小而散结构的弊端，但如何结合镇江市情推行呢？1992年初，市里先后邀请厉以宁教授为首的北大经济学院专家组和南京大学郑弘毅教授一行对镇江进行投资环境考察与评价，一南一北，专家所见略同。

（下转第二版）

人、土地和市场的新组合

——听淮阴县委书记冯加庚谈调整

本报记者 林培 周正荣 本报通讯员 何桂华 张宪龙

编者按：

说到淮阴县的资源，只有两样：一是人，二是土地。87万人，70万农民，再就是一马平川的土地。既没有像样的工业，也无独特的资源。多少年来，民穷、县穷、财政穷。但是，近几年淮阴县域经济发生了戏剧性变化。农业结构调整、农业产业化经营，让淮阴县干部开了窍，农民开了窍。还是那些土地，还是那70万农民，一旦同市场对接，就唱出一台台朴实而生动的大戏。人均收入成倍翻，财政收入成倍增。这是我们在采访中听了县委书记冯加庚一番介绍后引出的感慨。我们在此把冯加庚的"介绍"介绍给读者。

淮阴县经济在淮阴市一直处于下游水平，农民人均收入低于全市平均数300元。县财政穷，1990年财政收入只有2000多万，是省财政补贴县。县城所在地王营镇破破烂烂，小集镇上还有草房，县乡之间有的连砂石路都没有，因此被省里确定为重点贫困县。最近几年淮阴县变化比较大，几项主要经济指标都以20%速度增长，国内生产总值增20%，财政收入比1995年翻一番，1997年财政收入过亿，达到1.14亿，去年达到1.34亿。1997年人均收入实现2520元，去年实现2870元，达到全市平均线。我们走出贫穷的怪圈，突破口是围绕市场，调整结构，一个是种植业结构，一个是产业结构。

我们是市郊县，交通发达，全县多次组织到山东寿光学习，学习大棚蔬菜栽培方法。原来我们这里没有大棚，就请山东寿光技术人员来此地帮助。政府宣传引导，组织干部和农民不止一次到寿光参观学习，解放思想。县里边、乡里边、村里边，还有老百姓、重点大户，用汽车、拖拉机拖去参观，眼见为实。最近几年县里蔬菜面积迅速扩大，去年设施化栽培和反季节栽培面积达到7.8万亩，其中日光能大棚3000亩，现在棚里丝瓜都结老长，很早就卖了，黄瓜很快就下市了，其余7.5万亩都是工棚栽培，再加上保护地栽培蔬菜18万亩，复种蔬菜种植面积达到36万亩。全县形成2个大棚蔬菜万亩片，6个千亩片，蔬菜生产已成规模。

重点搞的另一个项目是花生。去年主要是扩大地膜花生10万亩。此地花生品质好，如"鲁花11号"及小油果花生，准备到2000年形成20万亩地膜覆盖花生。因为一亩花生收入抵上2亩粮，若口好，市场行情好，县里专门炒花生的就有400多户，都是电动滚筒炒的，外地货车停在门口等货。此外，把山芋当作经济作物来搞，去年扩种山芋10万亩。全县种植业结构调整计划3年到位，实现3个"20万亩"，即20万亩山芋，20万亩地膜花生，20万亩保护地蔬菜。这样，全县粮经比例可调整到5.5:4.5。

农业产业结构调整的另一方面是大力发展养殖业。这是淮阴县农民增收的主要方面。因地制宜，以市场为导向，形成"南水产、北肉鸽、河湖岸边水禽带"的区域格局。如"南水产"，洪泽湖围网、稻田养殖面积将超过2万亩。"北肉鸽"，北部10多个乡是养鸽基地乡，全县肉鸽饲养量去年达2500万羽，是全国第一养鸽大县。"河湖岸边水禽带"，我们沿淮沭河实施"双百工程"，即百里长、百万只水禽养殖带，主要养殖四季鹅。去年这一带实现四季鹅养殖100万只，今年要实现400万只。因为农民养四季鹅十分划算，四季鹅以吃草为主，河滩滩草资源丰富，春天开始放养，直到冬天才喂点饲料。现在四季鹅在外地销售十分红火，尤其在浙江义乌市场，淮阴县四季鹅名声响得很。如遇雨后天晴，家家户户放鹅吃草，淮沭河畔时一片白，十分壮观。

多种经营中肉鸽是"主角"。上海人每吃10只鸽子就有7只来自淮阴县。全县有1000多人在上海专门贩鸽子。去年全县多种经营收入要占农民收入的70%。如果一家养50对种鸽，一年收入约3000元。因为一对种鸽一年抱窝8次产16只仔鸽，按现行价一只鸽子7至8元，收入可观。现在全县拥有3万对种鸽场1个，有万只鸽场4个，有千对鸽场的农户10多个。全县1/4农户养鸽。全县养鸽专业乡有10个，专业村就有70多个。

养四季鹅，也是规模化。淮沭河边人家最多养140只种鹅，一只种鹅一年抱40只仔鹅，累计就是5600只。过去农户是家庭传统养殖，现在开始扩规模。第一步是跳出庭院，向门外发展，形成"前场后宅中间路"格局。"前场"是门口的小养殖场，后边是住宅，中间为道路。可别小看"前场"，有的农户一年生猪出栏上百头，养鸡上千只，还便于管理，吃饭时端个碗出来边吃边照看。部分大户嫌场地小，就跳出"家门"，由地方组织协调一块土地，盖养殖场。如三树乡有50个万只鸡场，都是"公司+农户"，搞工厂化养殖，场地面积多达六七亩。像这样的大户，全县有一二百户。

（下转第二版）

新华日报

2001年4月23日
星期一
辛巳年四月初一

A版

国内统一刊号 CN32—0050
国外发行刊号 D279
邮发代号 27—1 邮编 210092
第18922号
新华日报社出版

重要新闻

一座历史名城的世纪章回

——苏州传统文化与现代文明融合鸟瞰

本报赴苏州特派记者组

苏州，是一座传统的历史古城。岁月千载，这里文化历史遗存处处：古城门，古园林，古街，古镇，粉墙黛瓦，庭院深深，古韵悠悠。

苏州，也是一座经济发达、高度开放的现代都市。仅去年，人均GDP就达3200美元，总量位居全国大中城市第七位，还吸纳了200多亿美元的国际资本，这里已成为全国瞩目的一块热土。

苏州是丰厚而多元的。走进苏州，每一个人都会有共同的体验与感受：这里幽静与繁华共存，坚守与开放兼容，传统与现代互动。在生生不息的现实流变中，苏州人书写着一座历史名城的世纪章回。

山，一方宅院，组合成一个个精致的园林散布在苏州城乡。

园林是苏州人的骄傲。1997年和2000年，拙政园、留园、网师园等9个古典园林先后被列入世界文化遗产名录。一个城市挂有9块世界文化遗产的牌子，举世罕见。

苏州人对珍爱的园林倾注了无数的心力。拙政园天泉亭内的古井看上去浑然天成，一般人并不知道，井口那个八角内圈、大气厚重的老青石井栏竟不是"原配"，是园林工作人员寻遍苏州在一户普通人家找到的。

苏州人还以刺绣般的功夫护养着园林。1998年，拙政园玉兰堂北的一棵

塑的空间……

整治后的观前街人气兴旺，更加繁荣。数百个中外商家毗邻而设，商品种类丰富，消费层次鲜明。老字号风光依然，新商家大批涌入，肯德基、必胜客等洋快餐也纷纷前来抢滩。管理部门统计，改造后，观前街日常人流量近12万人次，节假日高峰时竟达35万。这里的营业额以25%的增幅快速增长。整治后的观前街，激活了古城的中心商贸旅游区。

新城区的今风古韵

从苏州市中心向东出相门，过东环路，街道顿然开阔，一个令人耳目一新的现代化城区进入视野。

从苏州工业园区中心的国际智能大厦上眺望四周，金鸡湖在春天的阳光下水波浩淼，气象万千；鳞次栉比的现代化厂房坐落在片片绿地之间；海关、国际实验学校、邻里中心掩映在绿树鲜花丛中。从1994年起，中国与新加坡共同投入79亿元资金进行基础设施建设，使这块原先水塘片片、阡陌纵横的水乡变成了一个国际资本的投资热土和居住者的乐园。在古城西侧，苏州新区作为一个现代化的城区也显现出勃勃生机。狮子山麓的苏州乐园一改苏州旅游项目的传统特色，以其现代感和参与性成为苏州旅游的新亮点。

苏州新城区的开发建设显现了苏州人开放的世界视野。

“苏果”连锁店内各类食品琳琅满目。

解读“苏果”的强劲生命力

本报记者 周正荣 陆 剑 任志强

最新资料表明，今年一季度，苏果超市以60亿元的销售额继续稳居全国连锁超市业第3位。

从50万元起家，到跻身全国同行三甲，“苏果”用不到10年时间，创造了经济大省江苏零售业一个“奇迹”。

10年铸辉煌，温总理三次批示肯定“苏果”经验

苏果超市创业10年，成功构建起了符合中国国情、城乡一体的现代流通新模式，经济效益、社会效益卓著，写下了一路辉煌——

自2002年1月至今，国务院总理温家宝同志对苏果超市的发展先后作出3次重要批示，充分肯定“苏果”构建现代流通体系、开拓城乡市场的成绩，并明确指出：“苏果超市的经验可以总结推广。”2005年10月，温总理还亲自视察了苏果超市南京清凉门连锁店。

江苏省委、省政府对苏果超市的发展十分关心，省委书记李源潮、省长梁保华等领导多次对“苏果”的发展作出批示，并深入“苏果”连锁店视察，鼓励企业做大、做强。

“苏果”连锁经营网络已覆盖苏、皖、鲁、豫、鄂、冀等6个省，连锁店总数达1500余家，去年实现销售总额181亿元，上缴国家税收3亿多元。

在城市和广大的农村集镇，“苏果”为4万余人提供了工作岗位，其中绝大多数为原国有、集体企业下岗职工。加上在“苏果”促销、现场加工生鲜商品的厂方人员，“苏果”直接提供的就业岗位超过6万个。

“苏果”为开拓农村市场、促进农业产业化经营、增加农民收入作出了贡献。在“苏果”销售的数万种商品中，约70%为农产品和以农产品为原料的加工产品；1500余家连锁店中，开在县及县以下农村地区的达60%；每年数以百亿元计的销售额中，有50%是在农村市场实现的。

以现代信息技术为支撑，“苏果”投资2亿余元建成了国内领先、华东单体面积最大的配送中心，年吞吐能力达100亿元，成为江苏超市物流业的一项标志性工程。

“苏果”打造出了一个响当当的民族品牌，品牌价值已超过10亿元。

活力强劲，最大限度满足市民最基本日常生活需求

在南京市区，近400家“苏果”扎根大街小巷，成为300余万市民心目中的城市“新地标”。“苏果”首席执行官马嘉樑告诉记者，企业之所以具有如此强劲的活力，是因为始终把最大限度地满足普通市民最基本的日常生活需求，做为追求的目标，赢得了人心。

苏果超市的前身是省供销社下属专搞批发的省果品公司，本来经营的各类“食”字头商品就有2万余种。1996年夏，第一家超市开业时，“苏果”便精选出8000种“吃”的商品，在只有130平方米的店堂内集中展示，引起了市民“抢购”，经营者更坚定了做以食品为特色超市的信心。随后，“苏果”在商品组合上进一步做细、做精“吃”的文章，并完成了从早期“偏食的菜篮子”、中期“红火的大厨房”，到如今“多彩的大食堂”的“三级跳”。

近年来，随着生活水平普遍提高，群众对超市商品的需求不断变化，“苏果”便超前调整商品组合，把居民日常生活必需的数万种新食品、百货、洗化、服装、小家电等各类商品引入店堂。 (下转A2版)

新华日报

XINHUA DAILY

1999年2月23日 星期二 己卯年正月初八

南京市区天气 今天阴有小雨转阴到多云，偏南风4级左右，今天最高温度10℃，明晨最低温度3℃。

●今日8版●

国内统一刊号CN32—0050 邮发代号27—1 国外发行刊号D279

第18134号 邮编210092 新华日报社出版

研究"金蛙"，研究何家铭

本报记者 谢卫东 俞巧云 周正荣

"'金蛙'，那农用车也叫车？"几年前，一家汽车制造厂厂长谈到"金蛙"，不屑一顾。如今，金蛙牌农用车，在大半个中国的市场上如水银泻地，驰骋万里。1998年，产销农用车41万辆，跨进全国机械行业500强，成为全国农用车行业"龙头老大"，经济总量占溧水全县1/3。

"金蛙"，一部开拓农村市场的教科书

1978年，这家企业只是县水利局下属的农机厂，17个人，几万元资产。当年，县里调何家铭前去当厂长。何家铭想，搞农机修理再干也没有大名堂，要走就走自己的路。怎么走，四处跑一圈，看到农民都用毛驴、板车拖东西，如果有个多功能的车子，又能打水灌溉、又能运东西，农民肯定欢迎。于是，苦心经营造农用车。

1984年，车子造成了，企业产值从40万元一下翻到250万元。尝到了甜头，他们就不断地研究农村市场，不断地研究农民的收入水平，不断地研究农村的生产力发展水平。用何家铭的话来说，就是农民口袋里有多少钱，我就生产多高价格的农用车。企业马不停蹄，迅速扩张。1990年，销售收入搞了一个亿，1998年，超过30亿元。

18年努力，"金蛙"搞成了全国农用车行业响当当的排头兵，靠的是迎合农村市场需求。改革开放以来，农村发展了，需要用农用车搞耕作，跑运输，"金蛙"应时而生。它的用途广，可以耕作，可以搞粮食加工，可以灌溉，可以跑运输。搞机井灌溉，把农用车开去，换一下皮带，车子一发动，水就出来了。加一个粉碎机，可以搞粮食加工。四轮农用车装上液压泵，还可以自动装卸。它对道路要求也不高，两米宽的路就能跑。这么多的功能，这样强的适应性，农民当然欢迎。

"金蛙"还有一个特点，就是价格便宜，型号不等，每辆6000元到1.2万元。1.2万元的农用车，载重可达两吨，价格不到卡车的一半。东北大庆地区的农民，买上一辆车去拖石油，当年就能收回本钱，第二年就赚钱了。"金蛙"人认为，农用车姓"农"，一定要吃透农民的购买力，花里胡哨的装置坚决不装。就拿新推出的"金蛙"箱式货车来说，市场上供不应求。如果在车上装个空调、音响，技术上属小菜一碟，但价格高了，农民不买了。就像有些彩电，一会儿搞丽音功能，一会儿搞剧场效果，价格上去了，买的人少了，日子难过了。所以说，开拓农村市场，一要价格低廉，二要功能适用。

何家铭的追求

被许多人认为"有点怪"的何家铭，今年60岁，块头一米八。眼睛不大，炯炯有神，说起话来轻声细语，句句实在，句句到位。

何家铭坐在我们面前，侃侃而谈——

我们现在搞的是市场经济。我的理解，所谓市场经济，就一个企业来说，对外就是要围着市场转，跟着市场干，顺着市场变。对内天天上账，天天讲效益。"金蛙"的干部只占职工总数的0.5%。干部少，效率高。少到什么程度，总经理办公室只有7个人，一个老总，一个副总，一个办公室主任，一个财务总管。几个小车驾驶员都不是专职的，任务紧也要下去搞生产。

讲到企业管理，质量管理、安全管理、生产管理，这些管理是小管理。外面市场已经变化了，你仅在里面管有什么用呢？你生产的机器，市场上已卖不掉，还在内部抓管理有什么用呢？所以说，一定要研究社会需求这个大管理。有了这个大管理，再去抓成本啊，质量啊这些小管理，才能抓到点子上。

农村人口多，是一块正在开发的处女地，一旦醒过来不得了。"金蛙"的发展，说一千道一万，是迎合农村需求开拓农村市场，我们拿的是全国农民的钱，我们为农民服务，农民养活了我们。

溧水县委：对企业家高看一眼，厚爱一层

溧水县委、县政府领导，谈起"金蛙"，谈起何家铭，厚爱有加，一往情深。

他们说，"金蛙"搞到这么大的规模，县财政一分钱没投，企业每年交税一分钱不少。县里对"金蛙"只管两件事，第一搞好服务，第二收税。

（下转第三版）

『狮虎联动』托起城市文明星系

本报赴苏州特派记者组

"狮子回头望虎丘"，这是苏州老百姓家喻户晓的俗语，游人站在著名的风景名胜虎丘山上，就会看见苏州新区的狮子山正在回头遥望虎丘。

如今，这句话有了全新的诠释：如果说苏州是一头雄狮，张家港、常熟、昆山、吴江、太仓就是一群生机勃勃的老虎，狮腾虎跃，城乡联动，在长江三角洲托起一个城市文明星系。

星系扫描

苏州辖域8488平方公里，苏州市区是中心，五个二级市的市区是副中心，人口在20万左右，每个二级市的周围，又有五六个中心镇，人口在3.5万左右，这就像银河系里的许多星星，组成了一个灿烂的星系。

张家港，苏州星系中的一颗明星。这个20世纪60年代初建县，20世纪80年代才改市的滨江城市，是响当当的全国两个文明建设协调发展的排头兵。江泽民总书记亲笔题写的"十六字"张家港精神，激励着张家港人不断创造新的业绩。第一批国家卫生城市，第一批国家环保模范城市，第一批全国创建文明城市工作先进市，张家港都榜上有名。

昆山，江苏的东大门，苏州星系中的又一颗明星。20世纪80年代，昆山人敢为人先，走出了一条自费建设开发区的"昆山之路"。现在，昆山是江苏开放度最高的城市之一，已有2000多家外商投资企业落户，累计合同利用外资突破百亿美元。江泽民总书记1998年视察昆山时赞扬说："昆山的城市很有派啊！"

如果从空中鸟瞰，苏州城市文明星系沿沪、沿江交汇成"人"字形格局。昆山、太仓、吴江，沿沪展开；沿江的城市链包括张家港、常熟，还有太仓。苏州城坐落在"人"字的开阔腹地中。

苏州的五个二级市个个流光溢彩，都名列全国经济百强县前列，都是国家卫生城市，都是省级文明城市。《人民日报》曾在一篇报道中称"苏州跃起六只虎"（包括原吴县市），反映的就是苏州群虎共舞，竞相图治，奋勇争先，你追我赶的进取意识，发展意识。这才铸就了整个苏州星系的辉煌：2000年，苏州的GDP达到1541亿元，在全国大中城市中，跃居第七位；累计合同利用外资355.6亿元，仅次于大上海。

轨迹追踪

与西方发达国家不同，苏州的城市化进程不是通过农民与土地的分离，农村人口大量涌向城市实现的，而是以农村工业化为先导，城市现代化为驱动力，推进农村城镇化，进而实现城乡一体化。

苏州市委秘书长孟焕民，苏州市委宣传部副部长苏简亚给这段历史分解了章节：

20世纪80年代，在周边大城市的辐射下，乡镇企业在苏州广袤的农村强势爆发，星火燎原。一大批富有的小城镇迅速崛起；开放型经济起步，开发区、工业小区应运而生，使苏州县、镇两级经济高速发展，大有"农村包围城市"的势头。1983年，苏州市区GDP占全市总量的三分之一，1996年则下降到17%，有人形象地说整个苏州是六只老虎守着一只猫，也有人说是小马拉大车；

这种尴尬注定要结束。随着积聚高新技术产业的东西两区进入收获期，加之吴县市撤市设区并入苏州市区，市区经济增长提速。2000年，苏州市区GDP占全市的比重已上升到36%以上，财政占全市的比重超过48%，市区经济运行质量明显提高，成为整个苏州市的经济、文化中心，市区的地位回升了，小马也就变成了雄狮；

正在展开的是历史的第三章节，即狮虎联动，大大加快城乡一体化的进程。

苏州城市文明星系崛起的轨迹，吸引了社会学家费孝通的关注。追寻着他的视线，我们发现，在吴江，有两个镇的城市化堪称苏州城乡一体化的缩影。

先说盛泽镇。今天的盛泽其实是个城市，这里聚居了10多万人口，有500多辆出租车，20多条公交线路，连肯德基也赶来开起中国唯一的"乡村"连锁店。可20年前，位列中国四大绸都的盛泽就是个破旧的集镇。乡镇企业和民营经济的相继勃兴，使盛泽成为"丝绸大王"的摇篮，11000多台无梭织机，年产仿真丝12亿米，占全国的六分之一。万商云集，小小的盛泽竟成了世界薄型织物的集散地和价格形成中心，这便有了由镇向市的飞跃；

再说松陵镇。作为吴江的市区所在地，它的城市化得益于接受苏州市区的产业辐射。1992年，松陵镇依托老城建了省级开发区，但一度时期项目不多，城市形态变化不大。后来，台湾宏基电脑落户苏州新区，建成超大规模的电脑生产基地，台湾100多家与之配套的电子企业随之跟进，"安家"吴江开发区，松陵镇的城市空间迅速扩张，成为新兴的电子产业城。

这个星系的扩张并未终结。昆山市委书记李强业说，在未来10年里，昆山将实施"1+3+5"计划，在昆山这个二级市里也裂变出一个城市星系。

"1"是指市政府所在的玉山镇和昆山开发区，"3"是指周边的张浦、周市、陆家三个镇。"1+3"的面积达到300平方公里，占昆山总面积的三分之一强，GDP和引进外资数量占昆山的80%左右。"1+3"构成昆山市的紧密层。

"5"是指紧靠上海和苏州工业园区的周庄、巴城、花桥等5个城镇，它们将承担昆山市的部分城市功能。花桥镇，是一个伸进上海市的陆地半岛，与上海正在建设的亚洲最大的汽车城仅有一路之隔。这里将成为昆山城市的国际商贸中心、教育中心。美籍华人捐资兴建的硅湖大学，已招生2200多人，国内第二所台商子弟学校将于今年9月开学，规模宏大的江苏国际商贸中心正在建设。

串联效应

驱车在吴中大地上，出了苏州市区，平均每隔半小时的车程，就会看到一个规划整齐，像模像样的城镇，给人以"出了城门还是城"的强烈印象。

苏州人没有把自己的城市星系搞成"摊大饼式"的"水泥森林"，他们要营造一个富有弹性空间，沟通手段发达的园林生态城市。首先是把中心城市做大做强做优做美。吴县市并入市区后，目前正在大规模规划、建设吴中、相城两个新城区，北面改变乡镇不繁荣的局面，南面则把沿太湖的乡镇串起来。在城市星系间，透过高低错落的绿化生态圈逶迤过渡，四通八达的公路，门类齐全的管线把星罗棋布的城镇串在一起，形成骨肉匀称、血脉畅通的城市"生物体"。

城市文明，正是沿着一条条血脉向乡村流淌。仲春时节，记者来到位于这个"生物体"末端的几个村庄走走看看，感受到从城市源源不断输送过来的现代文明。

走进常熟蒋巷村，宛若置身大花园，只见梨花吐雪，桃花醉红，上百幢漂亮的欧式别墅令记者称羡不已。住在这里的农户不仅用上了水、电、气，看上有线电视，还享受着规范的物业管理呢！村上还有一个可容纳上千人的大剧院，设施与城里别无二致。

来到张家港的长江村，记者参观了装有观光电梯的科技楼、星级设施的村办宾馆、宽敞明亮的图书馆……生活在这些村庄里的人不再是"戴月荷锄归"的农夫，而是"朝九晚五"的上班一族。

像这样的"乡村都市"，还有太仓的太星村，新联村、城北村等。20年来，苏州市小城镇建设投入200多亿元，12000多公里的道路沟通村村寨寨，每个乡镇上高速只要半个小时；程控电话走进每一个村庄；70%的农户坐在家里就能接受城市的信息，不离土地做市民、享受城市文明。因此，在别的地方卖"紧"了的城市户口，在苏州农村却是卖不动了。

狮虎联动，城乡一体，苏州为未来中国解决城乡二元结构展现了美好前景。

（本报赴苏州特派记者组成员 周正荣 王柏森 金伟忻 姜圣瑜 张功璞 嵇元 王晓映 陆峰 孙巡 吴红梅 汪晓霞 程光 记者组特邀文化顾问、一级作家杨守松 本文执笔 张功璞 孙巡 吴红梅）

瞧，这两位水乡甪直的村妇也学会使用IC卡电话了。 本报记者 程光摄

"流水线上种庄稼"，坐落在太湖之滨的"未来农林大世界"，展现了苏州未来农业的诱人风姿。 本报记者 程光摄

新华日报

重要新闻

2001年5月6日
星期日
辛巳年四月十四

A版

国内统一刊号 CN32—0050
国外发行刊号 D279
邮发代号 27—1 邮编 210092
第 18935 号
新华日报社出版

张家港："四个五百万"破解四道难题

全市村干部实行职业化管理，村级组织正常运转，农民有最低生活保障，农村贫困户住房条件改善

本报讯 农民增收困难而负担加重已成为影响干群、党群关系的重要因素。如何破解这一难题？苏州市委常委、张家港市委书记蒋宏坤近日向本报记者介绍说，我们用"四个500万元"解决了农村中四个最为关键的问题，即对村干部实行职业化管理，落实税费改革后镇村两级组织正常运转存在的资金缺口，对农村低收入者实行最低生活保障以及改善农村贫困户住房条件，从而扎实有效地推进了全市"富民工程"的顺利实施。

说起"村官"，这是个苦差事、受气的活。但是在张家港，村干部这项工作却十分地抢手。该市向社会公开招考大学生"村官"，总共119个岗位却吸引了800多名大学生前来应聘。苦差事何以成了"香饽饽"呢？原来，在张家港，村干部和公务员一样，也是月月领工资，并享受养老和医疗保险。仅此一项，市财政每年要拨出500万元统筹资金用于补贴经济薄弱村村干部的报酬。该市村定编干部的基本报酬和养老、医疗保险费实行市、镇、村三级统筹，村党组织书记最低报酬不低于1.5万元，其他村定编干部不低于1万元。基本报酬按月发放到人，浮动报酬到年终考核后结算。张家港市还对村定编干部实行职业化管理，调整了一些年龄偏大、文化偏低、工作能力较弱的村干部，把一批政治素质好、工作能力强、年轻有文化的人才选拔到了村定编干部队伍中来。由于解决了后顾之忧，村干部的工作热情普遍高涨，真正成了农民致富的带路人。

农村税费改革正在全面实施。据统计，改革后，张家港农民的人均负担为46.75元，比改革前减少了22.65元，减负率为32.64%。农民的负担大大降低了，但是一些经济基础薄弱的镇村的正常开支出现了缺口。市委、市政府决定，在精简机构、压缩人员、削减开支的基础上，调整财政支出，由市财政每年拿出500万元实行财政转移支付，用于解决经济困难的镇、村的部分经费缺口，确保基层工作稳定运转。此举极大地调动了一些经济基础薄弱镇村干部群众的积极性。

为农村贫困户落实最低生活保障，是张家港市实施"富民工程"的又一重要举措。去年以来，蒋宏坤多次到兆丰、大新等镇调研，发现农村中存有一部分纯农户和因伤残、痴呆、常年生病等因素致贫的弱势群体。为此，市委、市政府决定，由市财政拿出500万元，对4372户农村纯农户和弱势群体落实最低生活保障，确保这些农户人均年收入不低于1560元。民政局负责为这些纯农户审核、发放《保障证》，各有关部门共同为其提供农业税减免、子女入学学杂费减免、进入市场销售自产农产品凭《保障证》免收市场摊位费等10个方面的优惠政策。同时，对纯农户劳动力实行全市统筹安排，各镇劳动服务所负责将本镇需安排就业的劳动力情况录入电脑，实现全市信息共享。市机关各部门也形成合力，帮助这些纯农户寻找生财之道，尽快脱贫致富。

在农村中，还有一部分人虽然吃饱穿暖没有问题，但住房条件还相当差。1998年以来，张家港市已为845户农村贫困户修、建、购房3059间，其中市财政共贴补了688万元。今年，市委、市政府又大张旗鼓地开展"建百户房，解千家难，暖万人心"的活动，市财政每年拿出500万元，为300—500户农村贫困户修、建、购房，力争用2年时间为全市所有贫困户解决住房困难，让农村贫困户不仅吃饱穿暖，而且还有一个温暖的家。（周正荣 屈荣杰 张功瑛 邹荣坤）

冲破思想上的"长江天堑"

本报记者 金伟忻 康贻华 周正荣

"促进苏中快速崛起"，省委、省政府在苏中区域发展座谈会上提出的这一重大战略举措，赢得了南通、扬州、泰州三市干群的强烈共鸣和积极回应，正在激荡起新一轮发展的思想冲击波。

如果说，前不久苏北区域发展座谈会对苏北是"雪中送炭"，苏南区域发展座谈会对苏南是"锦上添花"，那么，此次在南通举行的苏中区域发展座谈会对于苏中来说则无疑是"釜底加薪"。记者看到，这把炽热的"薪火"，不只照亮了新世纪之初苏中新的发展坐标，给苏中快速崛起注入了新的动力，同时，也使苏中干部群众更加深刻地看清了自己所处的现实方位。

"促进苏中快速崛起，不仅要冲破地理上的长江天堑，更为紧迫的是要进一步冲破思想上的'长江天堑'。"这是苏中广大干群在自我审视中形成的共识，也是现实的迫切呼唤。

1 将南通、扬州、泰州3市作为一个整体划为经济区域，这在我省是第一次。这不仅仅是区域概念上的界定和划分，重要的还是经济意义上的重新定位，更是省委、省政府和全省人民对苏中地区充分发挥承南启北独特作用的新的期许。

苏中三市滨江临海，位于我国沿江、沿海两大经济带的结合部，是联结和沟通苏南、苏北两大区域的重要过渡带。从区位功能看，苏中一方面接受上海、苏南的辐射，壮大自己；另一方面也发挥着向苏北地区乃至更大区域辐射能量、梯度转移的功能。

从苏中经济发展的态势看，改革开放以来，苏中地区的经济总量不断扩大，结构调整进一步加快，城市化水平不断提高，基础设施建设取得重大突破，人民的生活水平不断提高，2000年，通、扬、泰三市GDP总量已达1621亿元，人均GDP9360元，是1995年的1.6倍。这些数字显现出苏中地区总体上已开始步入工业化中期阶段，初步具备了快速崛起的物质基础和基本条件。

从承担的责任看，面向新世纪，要想加快全省经济社会发展，实施富民强省和率先实现现代化的宏伟战略目标，也迫切地需要苏中在未来的发展中走得更快一些，更好一些；需要苏中尽快缩小与苏南的差距，早日融入苏南经济板块；需要苏中在壮大自己的同时，为促进区域共同发展作出更大的贡献。显而易见，促进苏中快速崛起，既是苏中的大事，也是全省的大事，全局的大计。省委书记回良玉指出，没有苏中的快速崛起，就没有江苏长江两岸的共同繁荣；没有苏中的快速崛起，就没有江苏区域共同发展战略的顺利实施；没有苏中的快速崛起，就没有江苏经济的全面腾飞。

这是时代的要求，是历史的重托，更是全省人民的共同期盼。

2 与促进苏中快速崛起的现实要求相比，苏中人心里都很清楚，目前正面临着"南北夹击"的严峻态势。这是一组令人倍感重压的数字：苏中地区人口占全省的24.1%，土地面积占19.9%，但是，GDP总量只占全省的19.2%，财政收入仅占15.3%。到2000年度，苏中的人均GDP只占全省的80%，人均财政收入还不到全省的60%。与苏北相比，经济发展的相对差距呈缩小趋势。1995年苏北人均GDP是苏中的64.8%，2000年上升到67.8%，相对差距缩小了3个百分点。与苏南相比，"九五"期间，人均GDP的差距由7650元扩大到12950元，差距扩大了1.7倍，人均财政收入的差距由636元扩大到1755元，差距扩大了2.8倍。如眼下在苏中排位第四的江都，上世纪80年代初，GDP与江阴比只少2个亿。到2000年底，江阴已达340多亿，已是江都的三倍多。

就苏中区域内部发展来看也不平衡，南北县与县之间还存在较大差距，14个县（市）中，北部海安、如皋、如东、宝应、高邮和兴化6县（市），人口占全区的39.9%，GDP总量仅占全区的24.3%，人均GDP5820元，只占全区平均水平的62.3%。特别是有220万人的黄桥老区，人均GDP和农民人均纯收入还低于苏北的平均水平。数字是无情的，一比就比出了差距，比出了危机，比出了压力。

3 不同区域间发展差距的形成，原因无疑是多方面的，但最主要的还是人的思想观念上的差距，是精神状态上的差距。苏中的各级领导对此直言不讳。

南通是我国14个首批沿海开放城市之一，具备丰富的农产品资源、独特的旅游资源和得天独厚的海洋资源，港口优势也十分明显。市委书记周福元坦陈："九五"期间，南通经济虽然上了一个新的台阶，但许多得天独厚的优势条件还没有得到充分发挥，其原因就是思想解放不够，我们不少人满足于中游状态，存在"小胜即满"、"小成即安"的思想。通州市委书记陈照煌给我们讲了这样一件事，建筑是通州的强势产业，10年前通州建筑公司是整建制地开进上海的，而被人称为"游击队"的浙江建筑队伍则是开着拖拉机进城的。然而10年之后，浙江建筑队伍在上海无论是获得的"白玉兰"项目，还是经济实力与承建能力都超过了通州的建筑公司。"在优势和劣势转换的背后，反映出了我们体制改革的滞后和思想观念的保守。"对此，陈照煌一针见血。

"跳出扬州看扬州，我们还存在不少差距"，扬州市委书记孙志军自抖不足："差就差在思想解放不够，差就差在利用外资不多，差就差在启动民资不快，差就差在二产没有突破。"

实践证明，"中"是相对的，安于现状，按部就班，甘于居中，没有争上游的思想，就意味着后退。（下转A2版）

新华日报

2001年7月20日
星期五
辛巳年五月三十

A版

国内统一刊号CN32—0050
国外发行刊号 D279
邮发代号27—1 邮编210002
第19010号
新华日报社出版

重要新闻

城区政府做什么

——南京鼓楼区推进城区行政管理改革的经验

在城市化进程中如何完善扩展城市功能？在经营城市的大系统中，区级政府应承担什么样的职能？

本报记者 周正荣 俞巧云 曹介森 本报通讯员 姚坚 黄中骏 蔡双根

在城市化进程中如何完善扩展城市功能？在经营城市的大系统中，区级政府应承担怎样的职能？面对这城市发展的新课题，南京市鼓楼区作了成功的探索，目前的成果已经引起全国关注。

1998年4月，国家民政部授予鼓楼区"全国首批社区服务示范区"；1999年2月，又命名其为"全国首批社区建设实验区"；1999年，"全国城市社区建设理论研讨暨鼓楼经验论证会"在南京召开，来自全国各地的200多位专家学者和城区工作者，对鼓楼区城区建设的经验进行探讨；今年7月13日，民政部召开全国社区工作大会，鼓楼区再次登台介绍经验。

民政部原部长崔乃夫认为鼓楼区城区工作思路走在全国前面，民政部部长多吉才让热情称赞鼓楼区"抓税源、做环境"的做法。

近年来，宋德福、尉健行、李岚清、丁关根、姜春云等中央领导也先后到鼓楼区视察。近来，全国各地到鼓楼区参观学习的每天都有，一年近600批。

区委书记叶皓给记者介绍了鼓楼区创新的思路和实践。

1 相当长时期，城区政府一直沿袭全区全民抓产值、抓利润，特别是居委会，既是各部门的"腿"，又要忙自己的"嘴"，大搞"亭棚经济"。结果市容和繁荣产生矛盾，经济组织职能和城市管理职能打架。每到卫生城市创建大检查，区街居三级组织全部上街拆违章，赶摊点；检查一过，自己又带头重建违章，糟蹋环境。周而复始，恶性循环。驻区"首长"多，发现问题一个电话就找区委书记和区长。区委书记和区长疲于奔命，天天忙得像"救火"，结果，按下葫芦浮起瓢，事倍功半。

条块分割也让鼓楼区陷于尴尬。鼓楼区是省委、省政府所在地，省级机关、大专院校、科研院所等大单位密集，全区64万人90%以上是区里管不着的驻区单位人。一方面城市建设和管理要靠城区政府来实施。另一方面，城区政府的政令很难畅通。典型的例子是南京承办"三城会"时，省里布置南京市抓亮化，市里布置到区里，区里要街道和居委会去落实，到头来居委会主任碰了一鼻子灰："你有什么权力来布置我们工作？"连驻区单位的门都进不去。

叶皓说，城区工作走进了死胡同，全是矛盾，做的事情都非常费劲。急切呼唤改善城市管理和市容管理的驻区百姓不满意，省市领导不满意，我们自己也非常不满意。就这样，1996年底，"城区政府究竟应该干什么"成了鼓楼区急切要搞清的课题。

2 区委、区政府思考讨论形成的共识是：城区政府的基本职能是努力为驻区所有单位和群众提供最好的工作、生活环境。根据鼓楼区特点，该区1997年响亮提出"为全区老百姓服务、为省市机关服务、为驻区部队、院校、企事业单位服务，争创全省首善之区"的口号。有了这个纲，许多"死结"迎刃而解。

要服务，得有财力。过去区政府老是盯住区办企业的产值和利润，结果，1996年以前的区财政只够吃饭、吃药，根本无力为驻区单位和群众办事。后来明白，衡量一个地区的经济实力和政府的办事能力是看税收，而不是其他。该区对1996年全区税源作了分析，发现2/3的税收是驻区单位和民营非公企业创造的。区委、区政府惊觉，把全部精力耗在区属单位上，实在是捡芝麻丢西瓜。

（下转A3版）

题图：鼓楼区新建的山西路市民广场令人心旷神怡。
上图：湖南路上新辟的狮子桥美食街涵满了老南京传统的市井文化。 本报记者 程 光摄

图为常熟市海虞北路街景 张大威摄

内强外靓美常熟

本报通讯员 顾建华 祝慧江 本报记者 嵇元 邹荣坤

大年初三，记者迎着马年的喜气去常熟采访，获悉许多让人欣喜的消息。去年，常熟国民经济继续保持持续快速健康发展的态势，各产业全面推进；同时这座千年历史文化名城一举夺得国家环保模范城市、中国优秀旅游城市、国家园林城市、社会治安综合治理全国先进、畅通工程一等奖五项桂冠，这在我省乃至全国城市中，都是绝无仅有的，常熟的同志谈起去年所取得的成绩，无不喜上眉梢。

去年春节刚过，常熟就召开3000人大会，提出了加快构筑五大新优势、富民强市的奋斗新目标，市委书记杨升华当时说，常熟要与时俱进求创新，立足拼抢促发展，高起步、开好局，使常熟进入全面建设现代化的新阶段。今年春节，常熟捧出了一连串闪光的数字，2001年全年完成国内生产总值303亿元，增长17.6%，实现财政收入超过30亿元，增长25%。还有两个数字可以充分体现常熟的殷实，金融结构各项存款余额300多亿元，增长约14%，社会消费品零售总额84.7亿元，增长12%，这表明，常熟市确实更强了，人民更富了，经济在发展，社会在进步，人民的生活水平在提高。

常熟本是我省经济比较发达的强市，去年该市的经济更加走强，其第一个表现是开放型经济发展速度加快。全市实现自营进出口总额15.97亿美元，同比增长2.3%，其中自营出口10.94亿美元，出口规模在苏州县（市）保持第一。常熟去年利用外资总量大幅增长，新批外商投资项目97项，增资项目20项，合同利用外资6.03亿美元，增长130%以上；实际到账外资3.08亿美元，增长18.7%。外经合作不断拓展，常熟完成新签对外工程劳务合同额4309万美元，实现营业额3159万美元，分别增长41.8%和46.9%。

另一个表现是优化资源配置力度加大，开发建设迈出新的步伐。目前全市建有各级各类开发区和工业小区49个，进区项目520多个，一批在国际上有影响的大公司、大企业看好常熟的投资环境，纷纷前来洽谈合作意向。去年新批合同外资3.6亿美元，到账外资2.18亿美元，氟化学工业园一批项目进展顺利。

第三个表现是常熟投资非常活跃，工业固定资产投资超过50亿元，增长85.7%，总投资3.5亿元的13个工业重点竣工项目全部完成，总投资6.4亿元的11个工业重点新开工项目如期上马。江河公司投资1.8亿元的大豆蛋白纤维项目、铝箔厂投资1.5亿元的2.5万吨亲水涂层铝箔项目和标准件厂投资8000万元的高强度紧固件项目被列为国家"双高一优"项目，投资额占苏州市总额的41%。去年开发新产品145只，有7个项目填补了国内或省内空白，"四新"产品产值率达25%。现在，常熟有17只江苏名牌及中国驰名商标产品在国内市场占有率第一，波司登、梦兰、隆力奇等10大消费品牌累计实现销售收入60亿元，利税9亿元，分别增四成和1.3倍。可喜的是，常熟个私经济呈现后发优势，去年投资达30亿元，占全社会投资总额的43%，增长5.8倍。个私经济、股份经济和外资企业的三轮齐进，给常熟经济今后的发展提供了强大的后劲。常熟经济界人士介绍说，现在常熟工业经济发展驶上了快车道，去年全部工业产值为660.3亿元，增长18.4%；工业利润为23亿元，增长35.8%，而亏损金额则同比下降三成。

第四个表现是常熟的第三产业发展势头良好，去年实现服务业增加值121亿元，增长15.2%，占全市国内生产总值的40%。闻名遐迩的常熟招商城年成交额达132亿元，经营的品牌2000多只，个体工商户1.4万户，市场日日万商云集，稳定兴旺。常熟港经过多年开发建设，现日益繁荣，已同150个国际港口通航通商，去年进出港船舶9116艘次。

（下转A2版）

新华日报

重要新闻

2001年8月10日
星期五
辛巳年六月廿一

A版

国内统一刊号 CN32—0050
国外发行刊号 D 279
邮发代号27—1 邮编210092
第19031号
新华日报社出版

从戴南、张郭看苏中崛起的希望

本报记者 **康贻华 金伟忻 周正荣** 本报通讯员 **袁开建**

7月27日至28日，在省委、省政府召开的苏中区域发展座谈会上，省委书记回良玉、省长季允石在讲话中都提到了兴化市戴南、张郭两个乡镇。

回良玉说，苏中北部的6县(市)和黄桥老区，已成为经济发展的"低洼地带"，迅速提高这一地区的发展水平，对于促进苏中经济协调发展，具有十分重要的现实意义。大力发展私营个体经济，是改变这一地区面貌，成本低、易启动，见效快的现实途径。兴化市的戴南、张郭两个乡镇就是通过大力发展个私经济实现了快速崛起。一个张郭镇就有3000能人在外做生意，镇上吸引他们带资金、带市场营销经验回家乡办企业，一年增加工业销售3亿元。

季允石说，近年来私营个体经济发展较快，已成为苏中经济发展最具活力和潜力的增长点。要总结推广戴南、张郭等地的典型经验，放宽政策规定，拓宽准入领域，改善服务管理，更加放胆放手地发展私营个体经济。

戴南篇

戴南，由原戴南、顾庄两个乡镇合并而成，全镇面积107.7平方公里，9.25万人口，去年全镇实现国内生产总值6.86亿元，三次产业经济总量达22.12亿元，分别比上年增长25%和23.8%，财政收入5440万元，人均纯收入4500元，个人储蓄余额近6亿元。三次产业中，工业占81%。

兴化市委常委、戴南镇党委书记顾跃进介绍，戴南工业至今经历了三个阶段：第一阶段为党的十一届三中全会至1992年期间，属起步阶段，人多田少，年轻的外出经商，中年人在家办厂，主要目的是转化剩余劳力。第二阶段为小平同志南方讲话至1997年，工业发展阶段，以不锈钢加工为特色的工业企业蓬勃兴起，在国内各个地级市几乎形成了"哪儿有不锈钢市场，哪里就有戴南人"的局面。第三阶段是党的十五大召开至今，为戴南工业的创新、扩张阶段。目前，全镇拥有大小企业800多家，其中，年销售额亿元以上的企业2家，从业人员1.2万人以上。不锈钢制品、子午轮胎钢帘线、软轴软管、自行车链轮曲柄、劳保橡塑手套5个主导产品成为全国"单打冠军"。今年上半年，全镇完成工业利税1.04亿元，同比增长42%，其中利润7088万元，上交国家税金3260万元，同比分别增长71%和80%；工业用电量11000万千瓦时，同比增长38%，预计全年可实现工业产值20亿元。

戴南工业呈现三大特色。

不再是家族化的小打小敲企业群。初始阶段那种"老子当厂长、儿子跑供销、媳妇管总账，亲戚来帮忙"的传统模式已被打破，改制、新组建的企业中，股份有限公司居多。全镇19家镇办企业，37家村办企业全面改制。

企业的产品科技含量在提高。全镇近年共引进大中专毕业生400多人，引进和聘请高级工程师100多名，为企业发展积蓄了人才资源。近3年累计投入技术创新资金4亿多元，开发新产品100多个，其中，有9个产品获得国家专利，5个产品填补国内空白，4个项目列为国家火炬计划，3个产品替代进口，1个项目列为国家星火计划。

私营企业贡献份额增大。去年，全镇新增私营个体工业户124户，实现私营个体工业产值12.57亿元，销售12.07亿元，利税7837万元，占全镇工业利税的78.3%。今年上半年，私营个体工业销售、利税同比均增长20%以上。年产值5000万元以上的私营企业可望达到6家，其中亿元企业1家。

图为兴化市戴南镇乡企工人的风采。 单家喜摄

不锈钢特色的镇村工业拓宽了戴南农民的经营空间，全镇有3000多人常年驻外收购不锈钢原料。

近几年，戴南镇投入6亿多元，用于小城镇建设，改善投资环境。先后拆让房地3万平方米，规划建设了工业小区、居民生活区、农民别墅区等6大新区，开发商品房6万多平方米，在苏北第一家开通了乡镇公交车。随着投资环境的改善，已有5个合资项目落户戴南。

张郭篇

去年区划调整之前，张郭是个小镇，2.85万人，2.5万亩耕地。历史上，一直以农业为主，自然经济。区划调整后，现有6.6万人。2000年，镇上实现国内生产总值5.2亿元，一、二、三产业产值18亿元，其中，二产占75%；镇上财政收入4200万元，农民人均纯收入达到4300元。

兴化市副市长、张郭镇党委书记赵旭东说，张郭用4年时间走过了过去40年的道路。为什么这样讲呢？1996年，全镇工业销售收入只有1.6亿元，上交国家税金600万元，镇上财政收入仅700万元，发放职工工资700万元，全镇工业用电量不足3000万千瓦时，集体、个体企业不足50家。而2000年底，全镇工业销售达12.5亿元，上交国家税金3000万元，发放职工工资8600万元，政府财政收入4200万元，企业总数达到486家，用电量突破10000万千瓦时。今年上半年，工业销售收入同比上升40%。（下转A3版）

昆山，为何活力四射？

一个县级市，吸引外资逾百亿美元，外贸进出口总额在全国省、市、区排列中居第十一位，台商投资密集度创全国之最——

本报记者 **陆峰 孙巡 周正荣**

一个58万人的县级市吸引外资超过百亿美元，且连续三年引资超过10亿美元；合同利用台资逾50亿美元，是国内台资最密集的地区之一；世界500强企业有21家前来投资；这里建起了300多家电子资讯企业，成为国内重要的IT产业基地。2000年，这个市外贸进出口总额达到37.6亿美元，在全国省、市、自治区排列中居第11位。

这就是在开放型经济中活力四射的昆山。如此强劲的集聚力从何而来？昆山市委书记季建业为我们破解了这个"谜"：昆山的招商已从过去单纯靠优惠政策转为靠服务招商，靠功能招商，靠整体环境的优化招商。

经得起"暗访"的投资环境

一位到昆山投资的客商，向记者讲述了他一次"暗访"昆山投资环境的戏剧性经历——

"我为什么来昆山？我的一位同学说，你应该到昆山看看。我从上海一路过来，先到浦东，但见我的全是小科长，其余人都说没空，我有点不高兴。再到周边的一些开发区，都没谈拢，这时候我决定到昆山。不过在这里我确实是一个熟人都没有，两眼一抹黑，连开发区在哪里也不知道，问114后才摸到招商局，接待的人非常热情，现在我才知道那就是招商局局长。他问我想找什么地方，我说因为是搞软件，想找个环境好一点的。他马上陪我找地方。我还想看看昆山的其他环境怎么样，便自己到医院去'考察'。到医院，大堂里的导医小姐迎上来问，听口音您好像不是昆山人，您从哪里来？我说我是来投资的。她一听，马上带我到专家门诊，台上还有七八本病历，把我的放到第一个让医生看。我很奇怪，为什么给我'插队'呀？她说，我们医院有规定，凡是来投资的外商，看病有绿色通道。我一下子感动了，什么是亲商？这就是亲商。"

从当年单纯靠优惠政策招商，到现在各行业营造"亲商、安商、富商"的氛围，昆山的招商引资已经从单一的部门工作发展到"团队服务招商"。昆山市委书记季建业说："昆山要打造与国际接轨的服务平台，当投资环境的团体冠军，建立与国际接轨的团队合作、高效廉洁的政府服务平台。政府由管理团队向服务团队转变，各部门要跨出一步，迎上前，主动服务。"

评说投资环境，投资者最具发言权。台湾最近召开企业家座谈会，讨论昆山为什么能吸引这么多台资，决定也要学习昆山，成立"马上办"中心。台湾财经专家江丙坤去年10月到昆山考察，看到台商在大陆投资安全，回报丰厚。回台湾他写文章说，昆山的"官僚体系"在一心一意地服务经济。这也许是其他城市所没有的竞争力。台商王永在来昆山后评价说："这里的政府是服务型的政府，效率惊人……"台湾媒体报道昆山领导放下架子为台商服务，还调侃地说昆山的干部是"为台商端洗脚水的干部"。

为了解决台商子女读书问题，昆山建起了华东地区第一所台商子弟学校，今年9月份开学，目前已有400多名台商子弟报名。拥有1500个床位的首家台资医院也将开工建设。今年昆山投资6亿元，改造城市环境。昆山营造了适合投资者安居乐业的整体环境。

创新开放引资的新载体

不断创新招商引资的功能载体，是国际资本源源涌向昆山的一个重要原因。昆山人在对外开放中，先后创造了几项全国、全省第一：建起了全国首家自费建设的国家级开发区；全省首家外商独资企业也在昆山；建立起全国第一家出口加工区……

20世纪90年代末，昆山提出用三到五年，建立高新技术密集区，特别是引进电子资讯等新兴产业。但此类产业有其特殊性，比如笔记本电脑，它的科技含量高，更新周期短，产销节奏快，从接单到将产品送到客户手中，时间不能超过5天。 （下转A3版）

新华日报

2002年3月31日
星期日
壬午年二月十八

A版

国内统一刊号CN32-0050
国外发行刊号 D 279
邮发代号27-1 邮编210092
第19263号
新华日报社出版

重要新闻

深层次的变革

——省演艺集团推进产业化运作纪事

本报记者 汪秋萍 任志强 周正荣

去年9月，省直京剧、昆剧、歌舞剧、话剧、锡剧、扬剧六个院团合并，组建省演艺集团，成为江苏省文化系统四大集团之一。按照省委、省政府的要求，成立集团不能搞翻牌公司，要实实在在地深化改革，做大做强文化产业。演艺集团坚定地推进演艺团体产业化和市场取向的改革。这场改革虽然刚刚起步，却引起省内外宣传文化系统人士的关注和重视，认为这是深层次的变革，是一个突破，这些做法值得借鉴。记者最近就此采访了演艺集团总经理顾欣。

“如果不为演出，仅仅为了获奖，演艺团体就没有生存的必要”

曾长期担任省歌舞剧院院长的顾欣说，演艺团体的改革，最根本的问题是观念问题。这个问题到现在都还没有得到解决。观念问题中最主要的就是，艺术生产以什么为参照系，以获奖为参照系，还是以市场为参照系？基本上，现在的艺术作品是围着评奖转，不考虑观众，不考虑市场。我们的编剧、演员，不去关心市场上需要什么，老百姓想看什么。编剧在一起都在研究评委的心理，琢磨北京的哪个评委喜欢什么。你这个剧院获个大奖，我也要想办法去获个大奖，经费都砸到评奖上去了。就这个样子，怎么去赢得观众，赢得市场？这……上改变，艺术繁荣是虚……

本的问题还在我们自己。要把这个观念转变过来，到市场上去。我们现在的定位是，获奖也要争取，但获奖是为了产生品牌效应，更好地赢得市场。演艺团体如果不演出，完全为了获奖，就没有生存的必要。

严格地说，目前全国还没有形成真正意义上的演出市场，数量有限的演出基本上是靠政府扶持、企业赞助。顾欣认为，必须抢滩演出市场，培育演出市场。现在国外的演出团体越来越多地进入中国，如果我们再不去抓这个演出市场，可能有一天，中国老百姓要看演出的话，他不看我们的戏，他去看美国音乐剧了，年轻观众被吸引到他那儿去了。说中国的京剧是无可替代的，中国的昆剧是百戏之王，观众不来看，有什么用？所以说今天的改革，不完全是产业化运作问题，还有个责任感的问题。

从今年1月份开始，省演艺集团提出“天天有演出，月月有新戏”，计划今年除评弹以外演出1200场，评弹800场，业务收入达到1500万。现在的演出是真正的不送票，观众大概在五成左右，应该说很不错了。但票价很低，每一场都要贴钱。顾欣说，原来每年砸到评奖戏上的经费就要四五百万，有的戏到北京没获到奖，回来观众还看不着，与其这样，不如拿出一部分钱来培育市场。今年评奖的戏只搞两个，花个两三百万，集……

……慢慢地会多起来。

如何吸引观众？顾欣表示，最重要的是要增强节目的观赏性。多年来，艺术表演的教育功能被夸大了。思想性、艺术性、观赏性三性统一，这是对的，但作为演出团体，首先要考虑观赏性。如果观众都不进剧场，你跟谁讲艺术，去教育谁？单纯强调教育功能，老百姓的想法是，既然是教育，不送票就不看，形成了白看戏的习惯。现在，演艺集团要求创作人员每天去观看各场演出，听取观众的意见。每一场演出发给观众一份征求意见表，让观众填，然后集中起来研究，了解什么样的人喜欢看什么戏，喜欢什么剧种，什么时候有空看戏。做好市场调查，由市场决定生产。

“打破围墙，优化组合，将资源集中起来做强做大”

省演艺集团原来共有六个院团，京剧、昆剧、歌舞剧、话剧、锡剧、扬剧，歌舞剧院里有几个品种，评弹、歌剧、交响乐、民族歌舞。各个院团都是小而全的模式，艺术生产一整套的东西都有，舞台、美术、灯光、编剧、作曲、龙套、民乐，还有行政班子，小到后勤的传达室，五脏俱全。顾欣说，文艺界以前有一种心态，不愿意看到外面的世界，不愿意与外界有……

江苏“第一窗口”特别报道之一

龙腾虎跃重写新南京

本报记者 周正荣 王柏森 金伟忻 顾新东 陆峰 俞巧云 俞倪 吕妍

编者按 南京是著名的古都，是江苏的省会。外界往往通过南京的形象来评判江苏的形象，往往用省会的变化来评价全省的变化。南京是江苏的第一窗口、第一形象。

党的十三届四中全会以来，特别是进入新世纪以来，南京市改革开放和现代化建设取得了鼓舞人心的成就，城市面貌朝着“做强做大做优做美”的目标发生巨大变化。全市上下信心很足，劲头很大，士气很旺，势头很好。这些成绩、这个局面，是市委、市政府认真贯彻中央精神和省里的部署，团结带领全市人民埋头苦干、奋力拼搏的结果，是实践“三个代表”重要思想的生动体现。事实证明，省会南京不愧是我省的第一窗口、第一形象。

在迎接十六大的日子里，我们满怀激情地推出这组“江苏‘第一窗口’特别报道”，从“龙腾虎跃重写新南京”、“南京外向型经济大象翻身”、“万人评议美德生服务型政府”、“跳出南京构建区域经济中心”等四个方面，既展示看得见的“第一形象”新风采，也揭示看不见的观念创新与思路创新新成果；既展示“第一窗口”发生的巨变，又从“第一窗口”展现江苏全省的历史性变化。

走出古城、跨江发展，崭新的“一城三区”在老城四周悄然崛起；明朝遗址、民国建筑，古城的历史文化特色在一条条景观路的改造中凸现；高楼生辉，光带环绕，夜晚的南京流光溢彩，美轮美奂……

“做大、做强、做优、做美”，新一轮的快速发展，冲破了南京龙蟠虎踞这一千年定势。省委副书记、南京市委书记李源潮提出：南京要形成两个城。历史文化名城看老城，现代化城市看新城。

开拓创新的南京人，自信地挥写着一页页生动精彩的历史新篇。

南京，龙腾虎跃，气象万千！

城市亮化：上海人说，你们用半年的时间，走了我们四年的路

国庆佳节，夜游南京，已成为许多外地游客和南京市民的一个新选择。一个个镜头令人目不暇接：

——新街口商圈，彩灯闪烁、变幻纷呈，尽显繁华。人流、灯海、鲜花，汇成欢乐的海洋。近观，路面形体新颖的路灯、步道灯，路两侧的树木亮化形似绿色隧道，路两侧向外延伸到绿地、游园、多层建筑、高层建筑，形成了层次错落的立体画卷。远看，金陵第一高楼——218米高的商茂大厦富丽堂皇，整座大厦由2490米光带和近4000盏各式射灯、筒灯、泛光灯装扮，宛如一座璀璨迷人的水晶楼；

——玄武湖、白马公园、环湖路、五洲岛、古城墙，一组组艺术灯光亦浓亦淡、遥遥相连，如同一条金色的项链镶嵌在欢庆的夜色之中。白马石刻、斑驳的城墙，在灯光的掩映下，营造出幽静、深邃、思古的氛围，尽显山水城林的无穷魅力；

——夫子庙。夜色下的大成殿、魁光阁、秦淮人家，连片的仿古建筑群被勾勒出一道道飘逸的轮廓，柔和的灯影、泛舟的游人、彩色的波光，更添桨声灯影的人文意蕴。

放眼全城，180幢现代建筑在夜色中熠熠生辉。紫金山下，阅江楼台，处处星光灿烂，欢声笑语。短短几个月时间，全市共完成亮化工程330个，用电功率近3万千瓦，是以前的5倍。一个以高层楼宇亮化为主体，以环境亮化为衬托的“三圈、三片、三带”新格局已形成。管理上采取集中控制，30秒内，全城亮点可齐放异彩，给人耳目一新的惊奇效果。

靓丽的背后，是南京人高标准、高起点做美城市的追求。与过去不同，此次亮化的每项工程都进行公开招标，少的3家，多的10多家公司参与角逐。这其中，不仅有南京本地的，还有上海、深圳、北京等地的。中标玄武湖亮化设计的上海亚明公司曾参与过北京天安门广场亮化的设计、施工。

亮化不仅使南京城美了，也集聚了夜南京的人气，游客和市民的夜间旅游，商贸区的晚间购物，直线上升。黄金周期间，南京8家重点商贸企业7天晚间共销售4200万元，同比增长75%。南京的“晚间经济”被激活了。

一个上海代表团来宁参观，看到南京的亮化后，不由得感慨地说：“你们用半年的时间，就走了我们四年的路！”

老城改造：凸现南京明朝民国历史文化轴线

在城市建设的一轮轮的扩张中，人们最担心的是城市特色和个性的消失。

（下转A3版）

题图：日新月异的新南京。 于先云摄

左图：为了南京今后更美好，省、市领导在决策时慎之又慎。 程光摄

“三个代表”实践在江苏

新华日报

重要新闻

新华报业网址：http://www.xhby.net

2002年10月11日
星期五
壬午年九月初六
A版
国内统一刊号 CN32—0050
国外发行刊号 D279
邮发代号 27—1 邮编 210092
第19458号
新华日报社出版

江苏"第一窗口"特别报道之二

南京外向型经济大象翻身

本报记者 周正荣 王柏森 金伟忻 顾新东 陆峰 俞巧云 俞侃 吕妍

有人把南京比作积累了强大潜力的"大象"。尽管这只"大象"在开放进程中曾一度步履蹒跚，如今，一旦挣脱旧观念的束缚，立即释放出"大象翻身"的巨大能量。

经贸洽谈会，34个国家和地区的千名客商聚集南京，60个千万美元项目签约

刚刚落幕的南京金秋经贸洽谈会，南京大放光彩。34个国家和地区的1273名境外客商纷至沓来，德国、印度、爱尔兰、波兰等国驻沪总领事和三菱、美国电报电话、NEC、微软、阿尔斯通、科达等12家世界500强企业驻华首席代表竞相抵宁。3天

会期，60个千万美元以上项目签约，总投资14.58亿美元。

来自张家港的南京市常务副市长蒋宏坤向记者报出一连串今年已经落户和即将落户的大项目：

投资2.7亿美元，亚洲最大的己内酰胺项目进驻化工园；

投资7700万美元的液晶显示器项目在经济开发区开工，3.07亿美元的12个配套项目同步跟进，全国最大、世界重要的液晶显示器生产基地明年将在这里形成……

南京有着别人难以企及的竞争资源：这里有包含37所大专院校、70多名两院院士、30万名大学生和30万名科技人员在内的全国一流的科技人才资源；这里有十朝遗址构成的历史文化资源；这里有禄口机场、南京港和四通八达的优越交通区位资源；这里还有两个"三年大变样"形成的城市基础设施方面的综合资源……

面对新的机遇期，面对南京市目前的外向型经济总量与自身资源优势形成的反差，南京人在深刻地反省。市委书记李源潮直言不讳：反差源于自身缺乏利用竞争资源推动经济发展的创新本领。而扼杀南京人创新意识的有两只"手"：一只是拿旧

变遭遇战为主动战，紧盯国际生产主力新动向

南京外向型经济要想后发制人，突破口在哪里？市长罗志军说：主动出击，紧盯国际生产主力的新动向，主攻带动性强、有影响力的大项目。这是市委、市政府仔细"把脉"后找到的"穴位"。

9月28日，采访组在长江以北的化学工业园看到，数月前这里还是丘陵连绵，眼下已被夷为一马平川，特别耀眼的2.2公里天蓝色管廊凌空而起，一直伸往浩瀚的江边……

南京高新区管委会主任、化工园董事长施卫国和化工园总经理鲁毅介绍，园区正式启动不到10个月，红太阳集团与美国所罗门合作、投资1.2亿美元的生化公司等6个千万美元以上项目已经开工；中国林科院科技工业园成为园中之园，全国19个林化项目将集中于此；美国"杜邦"考察人马前脚刚走，德国化学工业代表团接踵而来……

化工园的吸引力源于他们的科学眼光和精心准备。他们针

江苏"第一窗口"特别报道之三

"万人评机关"催生服务型政府

本报记者 周正荣 王柏森 金伟忻 顾新东 陆峰 俞巧云 俞侃 吕妍

南京市"万人评机关"活动震动全市，名闻全国。"末位淘汰"不仅撤换了几个被评为"不满意"部门的负责人，更启动了一场任重道远的政务改革。从管理理念、管理体制到管理模式的全方位突围，催生出"服务型政府"的雏形。对这一雏形，市长罗志军作了这样的勾画：少干预多宽容，少审批多服务，少管理多指导，少虚招多实干。

万人评机关，平静之中听惊雷

2002年2月19日下午，春节后的第一个工作日。

南京国际会议中心三楼会场，黑压压坐满了南京市级机关各部门、各区县1800多名负责人。"万人评议机关"活动结果在这里揭晓。所有的人都在屏息聆听：

"经过群众评议和组织部门的认真考察，市委决定，对排位末位部门的'一把手'，分别作出免去职务、降职交流安排和诫勉谈话的处理。"

仿佛一声惊雷当头炸响。惊愕中，与会者面面相觑。全场短暂沉寂后，突然"嗡"声四起："这回动真的了！？""糊不过去了！"

市委书记李源潮"请人民评判"的主题讲话犹如重锤敲打着与会者的心弦：凡是人民群众亮红灯的，就不能过关！

沉闷之中听惊雷。沿袭了11年的机关作风建设大会第一次让机关干部们真切地感受到了民意的压力——人大代表、政协委员、基层干部、600多家企业、2000多名基层群众等，共有1.1万多人参加了评议，他们先后提出了3.6万多条意见。市领导的话掷地有声：干部有压力是好事，如果老百姓感到压抑沉重，干部感到轻松无责，市委、市政府就会犯方向性错误。

这一声惊雷也惊醒了南京市机关对多年积习的反思。"皇城意识"：南京是副省级城市，自觉不自觉总以老大自居；南京一直自认是省级政治中心、文化中心，而不是经济中心，干部谈论人事变迁的，常常多于谈论经济工作；许多事情醒得早，起得迟，说得快，动得慢，听到风吹草动就减速，看到阻碍就转弯；还有"门难进，脸难看，事难办"诸多的机关通病。

如何代表最广大群众利益去执政，成为政府自省的标杆，"万人评议"中闪动的真知灼见，成为政府为民服务的重要指南。1月25日市第12届人大5次会议上罗志军所做的政府工作报告中，全年10大重点工作的第一条，就是"切实加快政府职能转变"。机关被推上了解放思想、改革创新的第一线。

推进服务型政府建设的日程表

伴随着一声惊雷的，是一场场酣畅淋漓的春雨。

围绕建设服务型政府，南京市委、市政府迅速启动了一系列改革举措：政务公开、职能转变、审批制度改革、优化投资环境……

新年伊始，南京市政府网站正式开通市长信箱，至今已收件7000多封。

1月19日，市政府宣布，市府全体会议、部分常务会议及专题会议邀请新闻记者旁听。

2月，继首次公开选拔市政府秘书长、市计委和市政公用局局长，又首次面向全国公开招聘9家大型国企的14位经营者。

3月，市级机关副处级以上干部700多人民主投票，推荐市建委、房产局、市容局负责人。

3月18日，下关区"政务超市"获首届中国地方政府创新奖。

3月23日，老城改造重点工程"中山东路—汉中门规划设计方案"向市民公示。

4月3日晚，备受百姓关注的《市民论坛》正式开通。 （下转A3版）

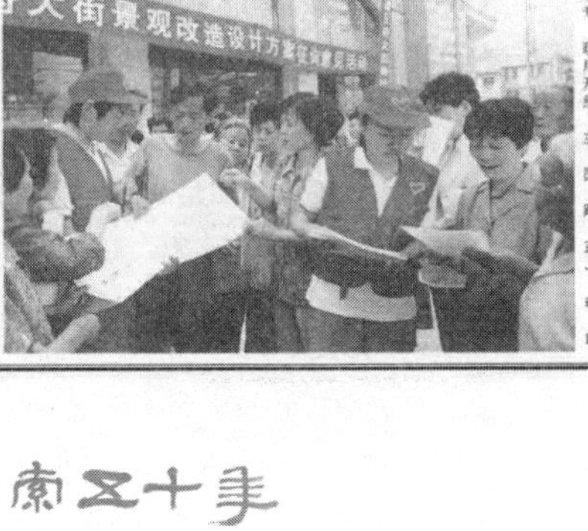

左图：南京的旧城改造经过专家规划后，还要反复公示，听取群众意见。 王广林摄

右上图：南京下关区"政务超市"获首届中国地方政府创新奖。 肖勇摄

实践"三个代表" 迎接十六大召开

新华日报

XINHUA DAILY

1997年10月5日
星期日
丁丑年九月初四

南京市区天气
今天晴到多云，偏北风3—4级，今天最高温度21℃，明晨最低温度11℃。

今日4版

国内统一刊号 CN32—0050 邮发代号 27—1 国外发行刊号 D279
第17629号 邮编 210092 新华日报社出版

让古老的大运河重新焕发青春

——访江苏省委书记陈焕友

本报记者 宋金萍 丁 峰 李贵荣 周正荣

省委书记陈焕友同志接受本报记者采访。 王广林摄

沪宁铁路单线货运量的3倍，运河段面上平均每分钟通过2条驳船，高峰时多达6条。苏南运河贯穿我省经济发达的苏州、无锡、常州、镇江四个城市，这一地区是江苏产业经济最活跃的地带，在全省乃至全国都具有比较重要的经济地位。而且，这个地区经济的一个重要特点是以加工工业为主，原材料和市场"两头在外"，货运量很大。随着苏南经济的迅猛发展，交通对经济的制约越来越大，成为这一地区经济发展的"瓶颈"。我省境内铁路里程少，大约只有800公里；公路建设起步晚，主骨架正在形成。近几年，随着沪宁高速公路等一批高等级公路的陆续建成，公路运输能力大大增强，但从目前的状况看，内河运输仍占全省货运量的48%，有"半壁江山"之称。因此，我们必须本着"水陆并举"和"宜水则水，宜陆则陆"的原则，在不断加强公路、铁路建设步伐的同时，加强内河基础设施建设。

苏南运河占全省社会水运总量的37%，在我省交通运输中的地位举足轻重。然而，由于种种原因的限制，苏南运河一直未能得到大规模整治，航道等级低与运量大的矛盾十分突出。整治前的苏南运河，很多区段航道浅窄，碍航桥梁多，枯水位下只能通过60—100吨的船舶，枯水期连20吨的船舶都难以通过，堵挡断航事件屡屡发生，给社会经济事业带来了很大损失。因此，对苏南运河进行大规模全面整治显得十分迫切和重要。

记者：省委、省政府为什么把苏南运河的整治列为全省"六大交通重点工程"之一？

陈焕友：交通是国民经济的基础产业，也是社会发展和人民生活水平提高的基本条件。经济要发展，交通须先行。省委、省政

陈焕友：整治苏南运河具有十分重要的政治意义、济意义和历史意义，是一件上承祖先、下荫子孙的一件好事。

苏南运河整治工程对江苏的经济发展和腾飞关系大。运河的整治改善了通航条件，增强了通航能力，同时大地改善了苏南的投资环境，使苏南的区位优势更加突为苏南经济特别是乡镇工农业的发展创造了十分有利的件，有远见的企业家都看到了运河整治的潜力，依托运河资建厂的企业越来越多，一条沿河经济带正迅速崛起，这沿河企业的产业结构调整和产业优化起到了积极的促进用。苏南运河的整治还大大促进了城市的发展和沿河小镇建设，不仅给这些老城注入了新的活力，而且又托起一批新兴的明珠。可以说，运河连起了一串"珍珠城"。

整治运河的同时，配套工程也带来了诸多的社会效运河行洪能力的增强使得两岸的人民更加安居乐业。旅资源的开发和绿化带的建设等一系列工程对江苏的旅生态、环保各个领域的发展都将产生深远的影响。运河整还具有灌溉、造地等功能，真是一举数得。

目前，江苏正面临着结构调整带来的第三次发展遇。党的十五大更坚定了我们前进的步伐。整治一新的南运河将会在江苏经济、社会发展中充分发挥不可替代优势和作用。

新华日报

XINHUA DAILY GROUP

2003年6月16日
星期一 癸未年五月十七

XINHUADAILY 重要新闻 A版

镇江：经营城市驱动经济

本报记者 周正荣 王柏森 任志强 石开西 陆 峰

采访镇江城市建设的每一个现场，就像在阅读这座古城一部活的城建史，每一个章节与段落，都有着令人叹服的精彩。

从新竣工的南门高架桥到美丽的"珍珠项链"长江路，从生态大道南徐路到整治中的北固山景区，一个个崭新的镜像，镇江在出新，镇江在变美。

镇江市委书记史和平说，镇江用1个多亿的财政资金，做成了一两百亿的事情，启动的支点就是靠"经营城市"。城市环境的持续改善，使镇江成为投资者青睐的"潜力股"，经济发展的势头一路往上走。

1 今天的镇江城，正展现着一幅气势恢弘的城建蓝图。从城市规划图上可以看出，城市空间正由原来的沿江带状格局逐步向西向南呈"T"字架全面拓展，15平方公里的南山国家级森林公园正"走"进城内，"背依长江，怀抱南山"，未来100平方公里的主城内，将尽显"山、水、城"相融的特色。

2000年，镇江市建设局直接负责的工程只有3.75亿元，因资金不能及时到位，被迫减少三分之一的投资，用政府财政有限的钱，建不出一个大城市，城市建设的这个"死结"，需要彻底地解开。

打破瓶颈的路是给"逼"出来的，是镇江人闯出来的。市委、市政府领导认为，镇江城建的出路在于解放思想，更新观念。城市建设，必须向市场要钱，靠不是向市长要钱。他们清醒认识到，如果等有了钱再建设，就可能遥遥无期。周边的特大城市正在崛起，镇江不能等，等不起，也等不来。延误了城建的时间，就是延误了经济发展的时间！

2 过去不敢想象的事，如今在这里却一件件地办成了！

2001年，镇江城建总投入突破10亿元；2002年，投入再创历史新高，接近30亿元；今年，城建的投入总盘子达100亿元。

"引资大道"、"生态大道"、"珍珠项链"、"城市客厅"以及镇江第一座高架桥等重点工程相继建成，不断为这座城市增添新的亮色。

市民们在赞许的议论中带着惊叹与疑惑，这么多的钱从哪里来？

驱车宽阔的"生态大道"南徐路，路边花木葱茏，山势起伏，给人一种"车在画中行，人在画中游"的意境。市委书记史和平告诉记者，近三年，镇江城建的投入是"八五"、"九五"期间城建投资总和的三倍，而市财政只安排了不到1.2亿元的"种子基金"，95%以上的资金来自市场化运作。靠了这条生态大道的修建，闯出了镇江经营城市的一条新路。

南徐路的拓宽改造工程全长5.17公里，总投资3.7亿元。路宽100米，绿化率达53%，沿路建设6个休闲景点，23种管线一次性下地。建造这条标准的道路，镇江市财政却没掏一分钱。

"无米之炊"的成功，在于掌握了城市经营的"魔方"。

史和平笑着说，完全市场化运作，带来的效果有两条。原来是政府修路，财政掏钱；土地增值，开发商拿走，政府一分钱都不拿。现在不光修路的钱有了，而且市场化运作得到的是增值的部分，政府用来平衡投入，只要增值部分能平衡投入，财政没出一分钱，而且通过增值资金，很多环境都改善了，基础设施也做好了，最后的效果是整个城市增值了。南徐路修建之前，两侧土地每亩最多10多万，到建路时，就是了路跟入家说，也不过30万左右，我们当时已经觉得收益很大了。每亩地政府净增17万，这样，两侧1074亩土地进入交投公司，不仅筹集了建设资金，道路两侧8平方公里的土地还可升值30亿元。半年下来，路还没修好，每亩土地已经增值到近50万。现在，一些地块一亩地的价格已经突破100万了。

通过"贷款开发，升值还贷"方式，镇江建成了长江路，沿线土地全部激活，金融部门争着投放贷款；以"以建带建，自求平衡"方式，镇江成功建设了大市口广场。（下转A3版）

题图：新建的镇江南徐生态大道将过往车辆引入如画的风景之中。

程 光 蒋光年摄

昔日被称为卡脖子路口的镇江南门如今已被改造为城市的形象窗口。

程 光 蒋光年摄

新华日报

XINHUA DAILY GROUP

2003年7月27日
星期日 癸未年六月廿八

XINHUADAILY 重要新闻 A版

盐城奔出"千里马"

——从盐城汽车业的崛起看苏北工业化道路

本报记者 周正荣 王柏森 任志强 杨树立

6月18日，盐城悦达工业园区彩旗飘扬，鸣炮奏乐。东风悦达起亚汽车有限公司10万辆汽车扩能技改等项目启动，盐城市汽车产业发展又迈出了一大步。

据东风悦达起亚公司负责人介绍，该公司去年底推出的家庭"千里马"轿车，销售十分火爆。目前共有4个型号8个款式，它的核心部件采用了国际领先的计算机中央控制系统技术，造型流畅，外观高雅，10万元左右价位，一上市就受到城市小康家庭的追捧。自去年12月2日在北京中国大饭店举行"千里马"上市仪式以来，已生产轿车2万余辆，平均每月上缴税收5000万元。今年第一季度，实现了市场占有率增幅、国内经济型轿车销量增幅、同类产品销量三个全国第一。预计全年产销轿车5.5万辆，实现销售收入45亿元，占盐城市直工业总值的三分之一以上。

历经坎坷，"千里马"终于扬开四蹄，从黄海之滨的盐城大地奔腾而出。于是，江苏汽车工业出现了新亮点，盐城工业化踏上了加速发展的新征程。

省委主要负责同志近期在苏北调研时多次指出，要以发展工业为第一方略。苏北欠发达地区如何抓好"第一方略"？盐城的经验给我们有益的启示。

"千里马"：工业化意识觉醒的产儿

市委书记徐九汉笑言，"千里马"的崛起，是盐城人跨入新世纪思想解放的成果，是工业化意识第二次觉醒的产儿。

盐城是农业大市，但盐城人从不甘于"农业大市"的地位。早在上世纪80年代，在苏南乡镇工业浪潮的冲击下，盐城人就掀起了大办工业的热潮，并在1995年首次实现二产超一产。但此后，因为企业固有机制缺乏活力，市场竞争日益激化，大部分国企和乡镇企业陷入了困境，负债累累，濒临倒闭的不在少数。"无工不富"的期盼与滞后发展的现状形成强烈反差，盐城人大办工业的积极性受到了挫伤，有的甚至认为，盐城这个地方就是不能办工业。

2001年，曾长期担任省委农工部长的徐九汉任盐城市委书记。他几经调研，发现工业薄弱是盐城经济的软肋。"我是长期抓农业的，到了盐城我主要抓工业。"徐九汉说。他强烈意识到，抓工业必须从解放思想抓起，盐城人必须经历工业意识的第二次觉醒，切实解决好要不要工业化、能不能工业化、怎样工业化的问题，从挫折中奋起。

要不要工业化？那时候，徐九汉大会小会总是提醒各级干部思考这样几个问题：盐城资源包括土地资源、劳动力资源在13个市中最为丰富，为什么经济发展快不起来，财政收入排位靠后？盐城人口在全省最多，为什么未能形成全省中等城市以带动全市经济的发展？盐城粮棉油产量均居全省第一，为什么农民收入却是中等水平，赶不上苏中和苏南？根子是工业不发达。盐城的工业化水平，不但低于全省，甚至低于苏北平均水平。盐城的发展，最大的差距在工业，最大的潜力在工业，最大的希望也在工业。以工兴市是盐城发展的必然选择。

图为"千里马"轿车生产线。 程晓萍摄

实践"三个代表" 力争"两个率先"

能不能工业化？盐城人破除了怨天尤人、无所作为的观念，看到了盐城地处沿海、南连上海、北接青岛，有较好的区位条件；盐城土地资源、水资源、劳动力资源丰富，有一定的资源优势；而随着交通等基础设施的迅速改善，盐城吸引外资的后发优势日益显现。能否加快工业化进程，关键在人，在于能否保持奋发有为的精神状态。

（下转A4版）

巨龙（句容）翻身

本报记者 周正荣 王柏森 石开西 陆 峰 任志强 本报通讯员 滕庆海 罗小兵 段永齐

句容，又称勾容，因茅山古称"勾曲山"而得名。逶迤百里的茅山山脉又像一条昂首的巨龙盘卧在句容境内，于是，句容常被人们以谐音称作"巨龙"。

然而，直到上世纪九十年代，"巨龙"仍是"卧龙"，被称为沪宁线上最贫穷的城市。"巨龙"翻身，是在世纪交汇的开放年代。这些年来外商投资句容热潮涌动，已有20多个国家和地区的近500家外资企业落户句容。引进外资10多亿美元，去年实际利用外资在全省54个县级市中列第8位，今年头5个月依然位居全省县市前列。句容经济已连续5年保持两位数增长，财政收入三年翻一番，句容城市的变化之大，也每每让每位来访者惊叹不已。

于是，海内外众多媒体聚焦句容，香港、广东等地媒体从去年10月起，纷纷评说"句容现象"。今年，句容人也在开展大讨论，解读"句容现象"，弘扬句容精神。市委书记蒋国星说："执政为民的理念与人文关怀的精神融会贯通，构成了'句容现象'的鲜明特色，对内有利于凝聚人心，对外有利于吸引外资。"记者追寻句容翻身之路的踪迹，就时时被其中一个个彰显人文关怀、处处以民为本的举措所感染。

句容翻身，得从句容开放型经济的崛起说起。

2000年8月1日，句容市作出了一项全省瞩目的举动：率先在"省级句容经济开发区宝华区块"实施"无费区"政策。2000年9月19日，本报曾以整版的篇幅推出知名学者洪银兴等的文章，他们评述道："句容在全国第一次提出了'外资无费区'这一大胆的创举，使它以自己的特色，让高新技术企业快速、安全、可靠、平稳落户句容，加速推动了句容城市化进程。"

实施"无费区"政策就是"只收税不收费"。财政很紧的句容为什么要这么做？原来，1992年建成的"省级句容经济开发区宝华区块"，8年中虽说也有一些企业来此落户，但落户后不久，企业便因费用与当地发生矛盾，当时仅"合法"的费用就有33种，"费"比税高使已经落户的个别企业作出动迁准备。为了解决这一矛盾，句容市委、市政府毅然决策设定"无费区"，并决定凡中央与省里的收费均由受益镇财政代垫，等以后产生的税益再扣，决不增加企业的费用负担。"无费区"当年就成了"抢手货"。日本凯美科瑞亚公司来了。世界500强的美国罗门哈斯公司也来了。最近浙江一家大开发商到宝华投资33亿元开发占地3000亩的供都市人居住的"国际生态社区"。

"无费区"的优惠是有限的，而"无费区"所体现的服务精神是无限的。从设立"无费区"延伸到"有求必应"，是句容人这几年来招商引资的又一创新之作。

之一：推介本地优势更讲求外商所需。句容人对"以外引外"有新解。多年的招商实践，句容人已明白：招商引资不能光从本地资源出发，"以内引外"往往收效甚少，必须从一个个外商急切投资的需求及项目出发"以外引外"，在此基础上充分发挥本土优势，与外商的"兴奋点"相对接。最早在句容形成"中国陶瓷娃娃城"的郭庄镇金星村并非是本地资源产业，但如今已有上下工序配套齐全的外资陶瓷玩具生产企业100多家，利用外资6400多万美元，成为名副其实的陶瓷玩具出口基地。在句容形成规模的"高档运动自行车城"也是"以外引外"的硕果，使句容拥有四家投资在1200万美元以上的自行车整车生产厂，年总产量为700万辆。

（下转A3版）

新华日报

XINHUA DAILY GROUP

2003年8月25日
星期一　癸未年七月廿八

XINHUADAILY 重要新闻

A版

『两个率先』，听无锡人讲『方言』

本报记者　周正荣　戴仲燕　冯金涛　李　扬　钱丽萍

"学习贯彻省委十届五次全会精神，我们有一个想法：省里提出目标，我们要对照这个目标，结合自己的实际进行分析思考，我们具备了哪些条件，还有哪些问题；哪些方面可能比人家更有条件，哪些问题可能是我们不得不独自面对的，从而有针对性地落实各项举措。"无锡市委书记王荣日前在接受记者采访时，处处从无锡实际出发谈如何实现"两个率先"，既新鲜，又实在。下面让我们听一听他说"两个率先"的"无锡话"。

做"'两个率先'的先导区、示范区"提升对全省"两个率先"的贡献度

提出争创江苏省"两个率先"先导区和示范区，并不是简单地比省里的目标定得更高一点，而是我们确确实实有条件比全省发展得更快一点，这是在过去工作积累的基础上具备的条件。

所谓先导区，就是我们比全省走得快，我们的标准要比全省制定得更高一点，我们在实现"两个率先"的全面性方面更加完整一点。无锡的工作目标，不仅仅要加快自己实现"两个率先"还要提升自己在全省的贡献度，以推进全省的全面小康，推进全省现代化的实现。现在无锡的经济总量占全省的比重还比较大，基本上是14%—17%。今后，我们的定位是不断地提高这个份额。只有我们这样一些走得比较快的地区，提高它的份额，提高它的贡献度，全省的"两个率先"目标才能够得到保证。

所谓"示范区"，就是为全省"两个率先"做出样子、总结经验。在历史上各个发展阶段，无锡都曾经为全省的发展，乃至为全国的发展，做出过样子。比如过去发展乡镇工业，应该讲，它的发祥地主要是在无锡。在今天力争"两个率先"的发展过程中，我们同样希望做出样子、总结经验，为实现"两个率先"提供一些范例，提供一些经验。现在无锡版图上，江阴，目前在全国县级市中排在前位；华西，号称"华夏第一村"。这样一些先进的范例，在"两个率先"当中，同样要发挥示范作用。

作为先导区和示范区的目标定位，我们是自加压力，因为这确实是很不容易的，改革的任务，发展的任务，调整的任务，都非常大。但是，我们对这个充满信心。现在目标定位在2005年实现全面小康，2010年基本实现现代化。这个2005年的小康目标是这样定位的：一个是按照全省的指标体系，我们全面完成，尤其是大家认为难度比较大的富民指标，我们要争取全面地完成。同时，我们按照现在中等发达国家的水平来确定无锡的目标。2010年基本实现现代化，也有比较精确的目标定位，这就是：省里制定的一个目标，另外还有一个就是当时的中等发达国家标准。正如李源潮书记再三强调的，一定要让老百姓能感受到。

我们冷静全面分析了无锡的情况，认为无锡实现这一目标是有条件的。经历了上世纪80年代、90年代乡镇企业和开放型经济的发展，无锡具备了很多其它城市不具备的一些发展条件和发展基础。无锡的城乡差异不大，某种程度上讲，城乡发展是同步的。这是过去乡镇企业发展奠定的基础。

依托自主性经济多做富民文章

现在省委提出的人均GDP指标，无锡没有问题。但是平均收入、城镇居民收入这一块，去年是1万元左右，农民这一块是6000元左右，2005年要到2000美元，农民收入1000美元，我们算了一下，这个目标，不下大力气，可能难以实现省委、省政府的要求。省里提出"缺什么，补什么"，我们把富民放到一个很重要的战略位置上加以考虑，专门成立了一个工作领导小组加以推进。

无锡是一个开放型经济、民营经济和股份经济共同发展的城市，经济类型多元，或者说自主性的企业、自主性的产业比较多。讲富民，我们无锡有条件做得更好。无锡自身的产业还是强的，自我发展意识强，这样一些传统的经济背景和特征对富民的贡献度可以更大。目前，开放型经济对我们无锡来讲，必须进一步发展，但是开放型经济也好，民营经济也好，包括规模经济也好，最终要

立足实际找准方位

本报评论员

王荣关于"两个率先"的一席谈，听来让人觉得特别实在。这实在，源于立足了无锡的实际，不是简单地比全省的目标定得高些，而是在对无锡的特点、优势、不足有了全面认识的基础上，客观分析"高"的条件，理性提出"高"的举措。它给各地以启示："两个率先"要讲"方言"。

讲"方言"，体现在目标上，就是既要有高追求，又不能盲目攀比。我省各级领导班子换届不久，大多数干部实现"两个率先"的热情很高，有一种不服输的劲头，这是好事。但是，"两个率先"不是"制定"出来，而是实干出来的。只有既体现积极进取又切实可行的目标，才能真正起到导向、激励和考核的作用。否则，盲目攀比出来的"两个率先"，可能是含有水分、人民得不到实惠的"两个率先"，老百姓不会认可。省委十届五次全会对全省各地实现"两个率先"的时序，提出了不同的要求，就是从实际出发、实事求是确定目标的范例。

讲"方言"，体现在思路举措上，就是既要取人之长，又不能盲目仿效。同处一个时代，共同面对国际国内激烈竞争的形势，善于学习借鉴其他地方的成功经验，才能开阔眼界，开阔思路。但借鉴不是照着模子克隆，各地基础不同，优势不同，薄弱环节不同，要"补"、要"抓"的重点就不一样，不是任何经验都适合自己。即使适合，也必须把别人的经验本土化，根植于自己的土壤之中。市场经济讲差别化、城市化讲特色，都是强调个性，只有从本地实际出发，才能找准自己的方位，创出自己的个性。

胡锦涛同志勉励我省，要走出一条符合江苏实际的"两个率先"的路子。落实到各地，只有大家都能走出符合当地实际的"两个率先"的路子，都能讲好自己的"方言"，江苏的"两个率先"才有切实的保证。

扬州市属国企改革『回炉』

体制和机制创新是一道绕不过的坎

本报讯　扬州市100多家市属国有企业正经历一场新的"浴火重生"。11月4日，扬州市委书记孙志军在接受本报记者采访时说，体制和机制的创新是国有企业一道绕不过的坎，以全市市属工业和商贸流通企业的产权制度改革为突破口，完善市场经济体制，这是扬州贯彻十六届三中全会精神的一个重要举措。

说起这场改革，不能不提及2001年扬州召开的全市性国企改革与脱困表彰大会。当时的会议上，扬州宣布：大中型国有企业改制面已达到90%，有100多名改制先进个人上台领奖。时至今日，为什么还要进行改革的"回炉"？市委书记孙志军说，产权改革不完全到位，职工的身份不切实置换到位，大量的国有集体资本滞留在一般竞争性领域，国有资本的"冰棍式"流失现象就不会停止。

这次改革有三个显著特点：首先是该退出的国有资本退到位。国有中小企业国有产权原则上能全部退出的全部退出，改制企业不再控股，国有产权不超过20%，建立起多元化的股份制经营实体，效益好的企业也要"靓女先嫁"。二是坚持公开、透明、公正的市场化运作。企业的资产委托中介机构进行审计评估，评估的结果还将进行抽查审计。在此基础上，改制企业中有重组的实行资产处置公开竞标，破产关闭企业实行公开拍卖或竞价，保证国有资产不流失。如江扬船厂原先评估售价为8000万元，通过公开竞价，仅江边分厂就以1.39亿元的价格售出，国有资产在透明化的操作中实现了明显增值。三是在企业产权公开竞价的同时，对商贸流通企业经营权的出让也公开公平竞标，即使是原有企业的经营层，也必须通过公开竞争才能取得经营权。扬州人形象地说，给谁不给谁，是由市场而不是哪一级领导说了算。

改革中善待职工、确保稳定。扬州市编制了"深化改革50问"和"28条"，企业职工每人一册，把改革的政策交给百姓。政策意见的第一条就明确规定，职工劳动关系的调整必须依法进行。对职工关心的、涉及切身利益的问题，如企业改制时拖欠医疗费如何处理、职工的集资款问题、残病人问题、职工身份置换后职工如何与改制企业签订合同等，都"摆到桌面上"向职工作宣传，按规章按法律办事，确保职工利益不受侵害。目前，扬州近3万名职工的身份已在改革中依法调整，顺利组建了托管机构，整个改革改制任务将在年内基本完成。

（周正荣　姜圣瑜　陆峰　徐向明　刘世明）

本版值班编辑　章　强

新华日报
XINHUA DAILY GROUP
2003年12月15日
星期一 癸未年十一月廿二
XINHUADAILY 重要新闻 A版

官正民安

——灌云县村级规范化建设调查

本报记者 周正荣 马健

如何把"执政为民"、"善待百姓"在农村基层落到实处，正确处理好人民内部矛盾，为经济欠发达地区加快发展打下坚实基础，灌云县委、县政府作了积极有效的探索，这个县今年初开始在全国率先推行村级规范化建设，较好地解决了农村普遍存在的一系列难题。本报记者近日对此作了调查。

动因：灌云是个农业大县，面积1900平方公里，耕地156万亩，人口106万，其中农村人口84万。这个县以农业为主体，从经济角度来看，缺乏工业支撑，长期靠种植业，受自然灾害的影响非常大，干旱的时候没水，稍微下点雨，就成涝灾，县穷、民穷。县委书记秦凯华分析说，经济因素派生出许多社会矛盾，社会矛盾当中主要表现形式，在基层，是干部的决策、行政行为、财务管理都比较乱。推行村级规范化建设的动因，就是要解决农村基层管理乱的问题，通过治乱达到化解矛盾，社会秩序正常、规范化运行。矛盾的主要方面是干部，把干部的行为规范以后，矛盾的主要方面解决以后，农村的乱就会得到有效的控制。从实践"三个代表"，从改革发展的角度，县委思考，现在农村的改革，是一个完善的过程。改革的方向，大的框架已经定下来了，例如土地制度、金融体制、税赋政策，这些大的改革，也就是大的框架已经确立。深化农村改革，灌云县委认为就是调整农村的生产关系，完善与市场经济相适应的部分，建立一种新型的生产关系，通过这种调整达到调动农民积极性的目的，进而解放农村的生产力。

思路：去年下半年，灌云县委组织了8个调查组下乡，深入到村民小组和农户，研究一些村为什么乱？什么原因造成疑难的？怎么来治这个"病"？去年县调研组解剖了全县46个后进村，每个村都把群众意见原原本本理出来，有的村理出了500、600条意见。县委去年下半年就着手在调查研究的基础上寻找规律，找出乱的根，探索确立治理的思路。大的思路，第一是调整村级的政治关系。所谓调整村级的政治关系，核心就是把该给老百姓的权要还给老百姓。民主管理、民主监督、民主选举、民主决策，这是村民应有的权利。这个政治关系调整就是还权。第二是调整村级的经济关系，就是还利于民。不该老百姓负担的就不能让他们负担，该给老百姓解决的问题要想方设法解决。第三是调整社会关系，主要是通过公民道德教育，来形成良好的社会秩序，使农村工作的运行秩序化。调整三个关系，达到"四还"于民。首先要还情于民。秦凯华说，对老百姓要有感情。解决农村问题的前提就是对老百姓要有发自内心的真感情，感情的问题是立场的问题，也就是世界观的问题。我长期在两灌(灌云、灌南)地区工作，长期在经济薄弱地区工作，我们这些地方干部欠老百姓的多，特别是感情。穷的地方干部欠老百姓的感情多，打一个比方，有的干部到农民那里去收税费的钱，他就是"急帝老爷"，对农民又催又吓，他觉得是正常的。其实这个现象的背后是什么？是他没把老百姓当作主人。我们经济薄弱的地方在这方面要思考这个问题。我们很多方面欠老百姓的，所以我们提出来还情于民，情还了，你才能还权于民，该给老百姓的权利还给老百姓。接着是要实实在在地还利于民。最后我们要还信于民，还诚信于老百姓。

重点：村级规范化建设是个系统工程，涉及面很广，要解决的问题很多，灌云县委主要抓一些要害问题。

第一是民主选举问题，这是老百姓应有的政治权利。从选举村委会来看，由村民民主推荐，用农村话讲叫"海选"，充分民主。对村党支部，灌云搞了"双推直选"，一是老百姓推哪个人做合适，二是党员推哪个人做合适，这两方推出来的人选当选，结果比较好。

第二个就是民主决策，灌云有一套程序，凡是村内重大事项，现在都有个组织体系在发挥作用，也有一套程序在发挥作用。例如，"两委会"(支委会、村委会)提出我们这个村今年要办什么事，村里建立了村民代表会议制度，10户到15户选一个代表，组成全村的村民代表会议。"两委会"提出的议案要提交村民代表会议通过，通过以后，支委会、村委会再去执行。

(下转A4版)

A2 2004.3.8. 星期一 江苏新闻 新华日报

科学发展观实践在无锡

本报记者 周正荣 戴仲燕 冯金涛 任志强 郑焱 薛颖旦

衡量一个地区的社会发展水平，不仅要看它GDP指标有多高，更要看这个地区人民生活是不是更富裕了，社会福利保障水平是不是提高了，整个社会是不是进入了一个以人为本、经济快速增长、人与自然和谐发展的可持续发展阶段。这是无锡市委书记王荣对胡锦涛总书记在党的十六届三中全会上提出的科学发展观的理解。

他作了一个形象的比喻，从经济单方面的快速增长到社会各方面的协调发展，就好比从等级公路到高速公路，行驶的速度都快，但在高速公路享受良好路况的同时，还能欣赏到沿途赏心悦目的风景，这就是统筹发展。

今年春节期间，中央政治局常委黄菊在无锡视察，高度评价了无锡坚持统筹发展所取得的成绩，他说，统筹发展在全国大部分地区还是一个指导思想，而在长三角地区尤其是无锡这样的地区，已进入实践阶段。

调整行政区划，将政府由经济主体转变为服务主体

王荣认为，多年来在苏南地区，尤其是无锡这样的地区，政府一直扮演着推动经济发展的领导者、倡导者、实践者的角色，无论是乡镇企业还是招商引资，政府作为经济发展主体的功能已发挥到淋漓尽致，但带来的负面效应是，它使整个社会发展主体的多元化受到了限制，单一的政府发展主体窒息了社会发展主体面广量大的发展，窒息了民营经济的成长，狭小行政区域的划分带来了各自为政、结构雷同、资源浪费、产业重叠等一系列弊端。

正是基于这种认识，无锡市近年在统筹发展上做的第一个大动作就是实行区划大调整。乡镇由原来的124个合并为去年底的83个，今年又撤并掉24个减少到59个，原来的30多个街道减少到24个，要求中心镇的规模必须是100平方公里、10万人口以上，一般镇的规模至少在50平方公里、5万人口以上，街道6万人口以上，居委会两千户以上，建设一个以无锡为中心的特大型城市、江阴和宜兴两个副中心城市、12个中小城市组团组成现代化大无锡，城市周边的乡镇都包容了进来，城乡统筹的内涵更深刻了。

撤乡并镇使行政区划的范围大了，生产要素集聚了，资源共享了，区域之间的分工合作、相互之间的配套得到更好的互补。如果说80年代市带县的调整更强调政府的推动力和带动力，强调中心城市对周边地区的辐射力，这一次的区划调整意义则发生了深刻的变化，它更重要的目标是为了减少行政主体，让政府的职能转到服务型的政府上来，起到宏观的引导，为更多的社会主体发育、成长搭建平台。行政区划的大调整使无锡整个的统筹发展在制度上得到了保证。

九大板块分类考核：确立新的发展导向，GDP不再是唯一指标

关于政府对各行政单位的工作考核，王荣的见解是：长期以来，政府对不同行政区划体制的考核都是GDP，各级领导干部基本上也是GDP脑袋，这样的考核必然会出现各个行政块块在发展内容、追求目标上都趋雷同，那就是对经济指标的盲目攀比，因而无暇顾及统筹发展。事实上，各个地区资源禀赋不一样，发展基础不一样，也就不能以同一指标体系来考核。区域之间的分工协作才能让统筹发展落到实处，也才能使整个地区进入全面、协调、可持续发展阶段。

无锡市在统筹发展方面的第二个大动作就是实施9大板块的分类考核，既有统一的目标考核要求，又各有侧重。惠山、江阴、无锡高新开发区、宜兴工业园主要考核的是工业总量，国际制造业基地主要就在这些板块上，他们的核心任务是不断扩大工业总量，提升工业水平，不断推进经济国际化进程；滨湖、太湖周边将主要以旅游、生态建设、现代服务业、休闲观光为主；中心城区重点发展商贸业和社区管理，提高人居生活质量。通过这种划分，不同板块不同区域之间的统筹发展落到了实处。过去，GDP是义不容辞的任务，在统筹发展的今天，城乡环境面貌的改善，人民生活水平的提高，又成了无锡市各块各级政府一条共同的硬性考核指标。一位基层干部深有感触地说，多年来大家对环境建设重视不够，原因就是GDP的单一考核束缚了干部的手脚，许多地方干部为了政绩只是一门心思抓GDP，如今的分类考核终于可以让基层干部朝着统筹发展的方向好好干了。同时，新的考核标准也对基层干部的素质提出了更高的要求，它要求干部不仅要会抓经济，更要对社会事业、环境建设、富民的推进有深刻的领悟和实际的行动。

城乡统筹——为农民增收构建五大政策平台

对推进城乡统筹，王荣有一个观点，他说：苏南乡镇企业发达，城乡之间的工业化是同步的，但工业化并不一定带来真正意义上的城市化和现代化。无锡农业总量占整个经济发展总量的3%，这个比例和美国是一样的，但我们3%背后依附的产业，即使在发达地区还是相当落后的，是传统形态的，依赖这个3%生存的人，还是落后的生产方式，他们的收入是低的，社会福利保障是短缺或者说是低水平的，这是快速工业化过程中遗留下来的问题。我们不能把城市化带来的表面的变化简单理解为统筹发展了，城市化的过程应该实实在在地以人为本，是老百姓整个生活方式的改变，思想观念的改变，是人们生活水平的提高，是整个社会保障为主的社会福利水平的提高。

这两年，无锡市委、市政府把城乡的政策接轨作为城乡统筹头号工程来抓，构建了农民的劳动就业政策平台、社会保障平台、财税征交政策平台、维权平台、资源共享平台，实实在在帮助农民增收，提高农民的生活保障水平。2002年，全市农民的人均收入5860元，到2003年，人均收入增长到6329元，增长了8%，按照市委、市政府提出的"两个率先"先导区、示范区的要求，明年全市农民的人均收入将达到7000元，农民收入70%要靠工资性收入。

为减轻农民负担，无锡市委作出决定，从2004年开始，全市全年农业税7300万元全部减免，改由镇村代交，财政补贴。同时，构建平等和谐的就业政策平台，把农民就业和城镇居民就业放到一个平台上来考虑，制定了城乡一体化的就业登记制度和农村劳动力就业优惠制度，具体做法是农业内部消化一批、工业领域安置一批，第三产业吸纳一批、各企事业单位使用一批，自主创业带动一批，劳动力输出转移一批。农民就业培训和城市居民一视同仁，由政府指定培训点，培训经费也由政府统一支付。今年无锡市出台"农村劳动力就业意见"，设置了农村劳动力和市民的接轨标准：未达到城市居民最低工资线每月540元的农民，属不充分就业，政府要加大力度帮助他们；220元以下的作为弱势群体，政府要作为重中之重来解决。为有效帮助农民实现就业，无锡市已开始建立城乡统筹的就业服务网，首批为5万农民进行劳动力转移就业培训。

集体资产转制后如何最大程度维护农民权益？无锡市在一些地区成立村级经济合作社，集体资产全部量化到农民个人，实行独立核算、自主经营、民主管理、按股分红。北塘区陈巷村的股份经济合作社去年底红利兑现大会，一个村一共分了108万元，一个股东平均分配1300元，最高的一户分到6000多元红利。目前，北塘区全区已成立了22个村级股份合作社。据悉，这种成功的运作方式今年将在全市大面积推广。

同时，建立一体、平等的社会保障体系，包括农民的最低生活保障、养老保险和医保，今后对农村"4050"(40岁、50岁以上就业困难群体)对象也要建立保险，实现农村社保大覆盖。目前，农民的最低生活保障在一些地区已先行建立起来，江阴每人每年1800元，滨湖2000元，宜兴1200元，标准还在逐年提高。对征地拆迁后失地农民的保障，原则上采取土地补偿和财政调节的方法为农民购买养老保险，老年农民的养老保险去年已在滨湖区开始试点，在完善的基础上将向全市推广。农村的医保目前以大病统筹的农村新型合作医疗保险为主，到2003年底，全市普及率已达到90%，今年目标是95%，最高保额也由以前的2万元上升到今年的4万元。

新华日报

重要新闻

新华报业网址:http://www.xhby.net

2002年10月14日
星期一
壬午年九月初九
A版
国内统一刊号 CN32—0050
国外发行刊号 D 279
邮发代号 27—1 邮编 210092
第19461号
新华日报社出版

江苏“第一窗口”特别报道之四

跳出南京,构建区域经济中心

本报记者 周正荣 王柏森 金伟忻 顾新东 陆峰 俞巧云 俞侃 吕妍

一年前,南京市第十一次党代会,历来不称“经济中心城市”的南京,第一次将“充满经济活力的现代化中心城市”写进了市委书记李源潮所做的报告中。有专家评说:这是南京人发展意识的历史觉醒。由此,南京人跳出南京,开始了构建区域经济中心的新实践。

放眼都市圈、长三角,寻求南京发展的历史新方位

沉甸甸的危机感和紧迫感,从来没有像今天这样,被每一位南京人触摸。

请看一组数据:1978年,南京的GDP高于苏州和无锡,1984年被苏州赶上,1992年又被无锡超过。到2000年,南京的GDP排全省第三位。

面对激烈的竞争和挑战,经济大省的“第一窗口”,在比照中进行新的思考。市长罗志军说,入世后,经济进一步国际化、市场一体化,而其中的竞争又是特大型城市间的竞争。南京要在这一轮“较量”中胜出,必须最大限度地发挥在区域经济、在沪宁杭和沪宁汉渝中的作用和地位,在竞争中求发展。否则,就可能被更多的城市赶超。

沿江上下,百舸争流。建设中的武汉“中国光谷”,将是国内最大的光电子信息产业基地;兴建中的浦东高科技“药谷”,已吸引众多世界著名医药企业进驻;重庆市“十五”期间,也将启动北部新区的大规模开发……这些“旗舰型”项目的产出,是上千亿甚至数千亿。

面对咄咄逼人的竞争态势,南京,如何破浪前行?

省领导一语破的:南京纵比发展很快、横比却位次后移,如不奋起赶超、迎头赶上,南京的地位将会受到很大威胁,南京的未来将会受到更多挑战。

南京的领导班子形成共识:放眼都市圈、长三角,乃至整个长江流域,在区域经济中发挥更大作用,这是南京发展的崭新历史方位。

区划调整,不花钱而效益大的投入

与南京主城区仅一江之隔的六合,到2000年底,财政收入仅2亿元左右,吸引外资只有几千万美元,成为南京郊县和江北地区发展的缩影。

南京城区经济总量全省首位,但郊县经济却与苏北同档。2000年,全市5个县(包括江宁区)的GDP总量不到250亿,不及常熟一个县级市。五县人均GDP9622元,为太仓1/4和全省平均水平的一半。

突破辐射瓶颈,南京有两个引人注目的动作:一是强化自身的综合实力和集聚带动能力,二就是弥补辐射的断层,不因传导机制的缺乏而让辐射能量递减。市委书记李源潮说:“江北地区比江南地区的发展明显滞后,一个很重要的原因就是缺少中心市区的集聚和辐射;发展资源分割,形不成合力。”

区划调整的力度在南京历史上是空前的,最直接的效果就是拓展了江北城区规模,拓宽了城市发展空间。生产要素走出狭小的古城,走出行政“藩篱”的无形阻隔而合理流动,实现了从隔江发展到跨江发展的历史性突破。运用大企业、高新技术产业尤其是化工园推进江北新市区建设等一系列命题,开始在这片古老而年轻的土地上破题开篇。

说到区划调整、跨江发展,曾在城区任职的六合区委书记陈维健,因经历了“城市”和“农村”两种发展状态,故而感触尤深。

“区划调整、跨江发展,是历史的选择,人民的选择,发展的选择。为什么?大厂地区一共才80平方公里,有南钢、南化几大家族,没办法再发展。巴斯夫这样的大项目,要横跨一个区一个县,实际是横跨城市和农村,征地标准、劳动力补偿、配套设施都不一样,所以要想往前一步的发展,特别是省市要建化工园和重化工基地,体制上的问题和矛盾必须解决。区划调整才100多天,但好处是一天比一天更加凸现出来,大企业发展没有了后顾之忧。我们感到,势头一好,呼呼地就上。”

最近六合“新街口”的一块地拍卖,底价200多万,结果举牌200多下,457万成交,价格超过了南京市区。区领导找到无锡这位老板,问他有多大把握?他说,你放心,我还不要政府照顾。六合一是改区了,是南京城区的一个部分;二是几年之内,这里将成为中国最大的化工城,要增加多少万的产业工人。势头这么好,房子肯定卖得掉。

实施“三联动”改革,做大做强辐射源

今年一季度,南京国有企业的增速为8%,而其他经济成分增速都在20%左右。有人形象地说,南京的国有大企业一“感冒”,经济就不行了。

(下转A3版)

实践“三个代表” 迎接十六大召开

看南京如何成功经营两座长江大桥

本报记者 周正荣 俞巧云 孙巡

10月7日上午,国家和我省“十五”重点建设工程——南京长江三桥隆重举行通车典礼。45年前,南京长江大桥开工,用了整整8年建成通车。相隔29年,南京长江二桥开工,3年零6个月通车,质量和速度创下全国特大桥梁建设新记录。而南京长江三桥,两年零两个月建成通车,比计划工期提前近22个月!交通部副部长冯正霖称赞三桥是我国交通基础设施领域取得的又一重大成果,无论建设质量、规模标准,还是技术管理,都代表着当今世界桥梁建设的先进水平。

南京长江大桥越造越多,越造越快,越造越好。南京哪来那么多钱,8年中在滚滚大江上连竖两座大桥?

南京市市委书记罗志军道出奇迹背后的奥秘:当年,举全国之力建长江大桥;今天,政府举市场之力,国有资产运作发生重大变革,二桥、三桥是南京成功经营国有资产的杰作。三桥在建设过程中进行投融资主体多元化的尝试,成为南京第一个成功吸引社会资金的大型基础设施项目,探索出南京城市基础设施建设可持续发展的新途径。

突破观念的藩篱

2002年11月28日,南京市交通建设投资控股集团挂牌成立。集团成立的初衷就是要经营城市,通过投资多元化、股权多元化的模式,改变城市建设中政府独自投资、独自管理的旧模式,加快城市建设步伐。市政府要求:通过市场化运作,盘活二桥存量资产;通过市场化运作,政府不掏一分钱,建设好三桥。

2003年6月,南京首届重大项目洽谈会上,南京长江二桥及在建的三桥赫然“上市”,爆出特大新闻,媒体报道铺天盖地。交通集团副总经理张映芳说:当时,集团思想上顾虑不少,想把政府授权的资产揽在怀中。第一,二桥管理局是政府直属单位,走向市场,意味着这个“事业单位”要消亡;第二,无论建设的质量、投资的控制,二桥在国内都是一个标志性工程,连夺交通部优质工程和优秀设计一等奖、詹天佑土木工程大奖、鲁班奖,又拿到近两年来唯一的“国家优质工程金奖”。二桥把国家建设行业所有大奖全拿了,从感情上说,舍不得放出去。建设者对大桥充满感情,讲过一句话,“过二桥时,恨不得把脚扛在肩膀上过去。”这样一座国内外著名的大桥推向市场,如果运作不善,就会砸了金字招牌。最后的压力也是最大的压力,是来自四面八方的舆论压力:政府建的桥,好好的,怎么说“卖”就“卖”?不少朋友见面就问:最近在卖什么桥?卖得怎么样……一个“卖”字,压力巨大。

南京市市长蒋宏坤在与媒体对话中反复强调:“卖”二桥之说,不准确。二桥股权出让,不是一个“卖”字所能概括。应该说,是政府转变职能、改变城市建设投融资体制的重大举措。转让二桥股权,是要盘活存量,让不动产流动起来,吸引增量,把有限的资金投到最需要的地方去。

精心运作,确保国有资产增值

特大型桥梁不同于普通企业,不同于一般商品,它具有公共产品特性,政府要求它为社会提供特定的服务。特大型桥梁市场化运作,国内没有先例没有范本,也缺乏完备的法律支撑体系。

2003年3月,二桥股权出让踏上破冰之旅。

二桥股权转让,谈判对手从西班牙公司谈到国内上市公司,红脖子,拍桌子,谈得很艰难,有时一谈就是20天,每天从早上9点谈到深夜一点半,香烟能抽好几包。谈判,始终贯穿两大焦点:如何认定桥梁的价值?如何设定特许经营权?评估稍有偏差,相差几千万甚至上亿。因为路网、通道改变,收费标准调整,都会影响二桥估价。二桥当年投资32亿元,负债30.4亿元,净资产1.844亿元。起初,评估二桥资产是38亿元。此后,根据当时的交通量,交通集团组织中介机构3次评估,评估结果为42亿元。考虑到二桥品牌含金量,再次加码,最后敲定为45亿元。

为把股权转让做得更规范,二桥在南京产权交易中心挂牌,提供一整套的文件,博得国资管理部门、投资商一致赞誉。2004年12月28日,二桥以45.03亿元成交。

(下转A4版)

题图:披上晚礼服的南京长江三桥。
本报记者 程光摄

新华日报
XINHUA DAILY GROUP
2005年2月25日
星期五 乙酉年正月十七
XINHUA DAILY 重要新闻 A版

扬子江铁军，何以站到中国药业的排头

本报记者 周正荣 任志强 赵文胜 本报通讯员 刘良鸣

2004年12月31日下午，在扬子江药业集团年终总结大会上，董事长徐镜人激动地向大家传达省委书记李源潮同志的电话祝贺：我代表省委、省政府对扬子江药业集团2004年的大丰收表示由衷的祝贺，感谢你们为江苏经济作出的贡献！

2004年，扬子江药业集团实现了令人振奋的一跃，销售达到80.60亿元，销售和利税分别增长33.18%、30.26%，销售利税均列全国制药行业第一，以优异的业绩刷新中国制药企业发展的历史纪录。

从一个简陋的制药车间起步，在全国6000多家制药企业的激烈竞争中脱颖而出，成为中国药业第一，靠什么？

徐镜人董事长坐在记者面前，这位历经市场风雨洗礼的企业家，并不因为创造了引人注目的业绩，成为行业排头兵而沾沾自喜。他神情凝重，徐徐道出扬子江人创业的理念和创业的艰辛。

依我之见，计划经济某种程度上是绵羊经济，缺乏竞争力。市场经济是胜者为王。说得难听一点，企业竞争就像动物世界的情形，虎和豹为什么强？因为它力量大，力量小的就要被它吃掉。做企业要如临深渊，如履薄冰。我不但看胜者，更看败者，败者是镜子。他是什么原因垮台的，他垮台走的岔路小路，就是我们要接受的教训。

虎有虎技，狼有狼术。你有什么招数，我比你更强。市场把我们逼上了这条道路，只能顺势选择，加快发展。不坚持这个观点就会犯错误，就会失去发展机遇，不进则退，非一即零。一个企业的发展需要调整，但只能在发展过程中不断地自我调整，不能停下来。我们力争上游，不只是为了争第一，更是为了多生产好药，切切实实为广大老百姓服务。

强烈的危机感，永不懈怠的竞争意识，使扬子江一直处于快速发展之中。从1981年开始，企业的生产销售连续8年翻番，于1988年在江苏制药企业中第一个突破亿元大关。1996年以来，企业综合经济效益连续五年排名全国医药行业前五强。2001年，跃居全国第二。

采访中，记者注意到扬子江发展中的几个主题词："创新"、"务实"、"执行力"、"警醒"、"名品"。

徐镜人说，"制药企业必须找到一个难以被他人取代的位置，而只有技术创新，才能使企业取得这一位置。"在药品研发领域，如果10个项目中2—3个有成果，就算是不错的结果了。创新需要敢冒风险的勇气。1996年以来，扬子江平均每年问市的新药达15个以上，有自主知识产权的占五分之一左右，且当年开发的产品占销售总量的比例达30%以上。这样的规模和速度，在国内制药业绝无仅有。

上世纪90年代初，我国还没有强制性实施GMP(国际制药工业质量生产管理规范)，很多人认为，投入太大，怀疑中国要不要搞。甚至认为，搞GMP找死，不搞GMP等死。扬子江人却说，不搞肯定死；搞，才有药的质量，就有生的希望！到目前，扬子江在这方面的投入达5亿多元，从国外引进的世界先进的设备达数百台，通过GMP认证的厂房面积和药品剂型数居全国之首。1998年，扬子江花500万元，请来著名的美国麦肯锡公司，对企业进行全方位的管理策划。通过改造，公司运行机制焕然一新。创新精神已融入公司每位员工身上。去年，机电车间主任谭长青带着李继阳等技术工人，破解了德国设备生产商没能解决的B+S洗瓶机防断针技术难题。德国人连声称赞，还给他们颁发了2.3万欧元的奖金。这两年，扬子江先后有5项QC成果获得全国医药行业质量管理一等奖。

(下转A4版)

巨龙，穿越金陵古城时空

——写在南京地铁一号线开通观光游之际

本报记者 周正荣 俞巧云 陆峰

5月15日，640万南京人民翘首企盼的地铁一号线观光游开通，4000市民捷足先登，感受巨龙穿越金陵古城的恢弘气势。

2000年12月12日开工的南京地铁一号线原定线路为小行至迈皋桥，全长16.9公里。开工1年后，线路从小行西延至河西奥体中心，总长增加到21.72公里。沿途经过中华门、新街口、鼓楼，再沿玄武湖畔至南京火车站，而后沿小红山至终点迈皋桥，线路贯穿南京主城区中心腹地。共设车站16座，其中地下车站11座，地面及高架车站5座。工程概算84.83亿元，是迄今为止南京市最大的城建项目，定于9月1日正式通车。

640万南京人圆了二十年的地铁梦

说起南京建地铁的由来，一直具体负责地铁建设的南京市副市长戴永宁追溯到20多年前。

已故人大代表、南京市城建局总工程师姚禹谟随南京城市建设代表团访问日本归来，魂牵梦萦的就是那在地下风驰电掣的地铁。认真思考，仔细筹划5载，1984年，姚禹谟把《关于南京地铁建设的必要性和建议》提案提交给市人大，提案中提出：根据国外经验，地铁是解决城市交通问题的钥匙。大城市人口超过100万人和每小时单向客流量超过1.5万到3万人次的线路，修建地铁是必需和合算的，同时为保护历史名城风貌，南京也得求助于地铁。

自此，建设地铁得到历届市委市政府高度重视，并得到历届省委省政府的热情支持。1986年3月成立地铁专业组，1988年专业组赴香港考察15天，跑遍香港地铁36个车站，起草了南京地铁项目第一份《项目建议书》。1989年地铁筹建处成立，1992年地铁试验站——三山街站开建。1994年国家计委同意南京市地铁"预立项"，1999年4月15日，国家计委终于正式批准南京地铁一号线立项，8个月后，南京成为继北京、天津、上海、广州、深圳之后第六个拿到地铁开工报告的城市。

其间15年，南京耗资3.5亿元为地铁做了大量前期准备。中央、新百、东方、商茂等大商场建设时预留地铁出入口、风亭、风道；中山南路南下为地铁预留高架空间……准备没有白费。其他城市一条地铁拆迁要花30多个亿，由于沿线规划控制得较好，南京地铁一号线拆迁只用了近5个亿。更重要的是为地铁1年后开工赢得了时间。

地铁一号线即将正式通车，当初对南京修建地铁必要性的论证一一应验。戴永宁说，且不论地铁对经济的大范围拉动，对城市安全环保可持续发展带来的重大影响，仅就最初、最直接缓解交通压力的动因来说，南京地铁一号线1列车定员1860人，若以每10分钟1列车计算，每小时可载客1万多人，目标是2分钟1列车，1小时要带走乘客5.5万人，其他任何交通方式都无法比拟。而且地铁一号线投入运营，与之重复的40多条公交线路必将调整，各种城市交通运力配置将更加合理，发挥最大效益。

戴永宁说，令人欣喜的是，地铁对城市规划的引导作用也在显现。地铁所经沿线，土地升值，人气旺盛，南北两头的郊区小行、迈皋桥尤甚。随着南京地铁网络的形成，南京城市扩张定能摆脱"摊大饼式"，所追求的主城居中、卫星城星罗棋布的"手掌式"格局必成现实。

四年艰辛坎坷 铸就史上最大工程

地铁一号线建设4年多来，地面只见蓝色围挡移动，有谁知地下的惊涛骇浪；观光游了，人们只知道看导向牌，过闸口，登列车，又有谁知有多少系统在准确指令列车安全向前……南京地铁建设指挥部副指挥长余才高对记者讲述其中艰辛坎坷。

南京地铁一号线规划建设16.9公里时，全国著名地铁专家、工程院院士施仲衡就说，这相当于建设500公里大铁路。

(下转A4版)

题图：宽敞明亮的地铁新街口站。
左图：体验地铁新生活。
本报记者 于先云摄

新华日报
XINHUA DAILY GROUP
2006年6月11日
星期日
丙戌年五月十六
第20793号
XINHUA DAILY 重要新闻 A版

苏州实施建设新农村行动计划

本报记者 周正荣 任志强 嵇元 周铮

作为全省乃至全国的经济高地，苏州近年来给人印象最深的，是发达的工业、漂亮的城市和迅猛发展的外向型经济。相比之下，苏州农村似乎渐渐淡出了人们关注的视野。

从今年年初开始，苏州全面实施建设社会主义新农村行动计划。

这个行动计划在什么样的背景下提出来的，具体如何实施？记者就此专访了省委常委、苏州市委书记王荣。

"中央提出建设社会主义新农村以后，一方面，大家都很振奋，另一方面，对于在具体实践中到底如何操作，还不是十分明确。苏州工业化程度比较高，外界对苏州的认识有个误区，以为我们这些地方将来没有农业了，新农村建设没有多少工作可做。"王荣说，"实际上，在快速的工业化、城市化、国际化的背景下，苏州的新农村建设不仅不存在大家担心的问题，而且具备更好的条件去做。"

城乡一体：苏州"第二个率先"的重要内容

"十五"期间，苏州按照省委、省政府的要求，在"两个率先"中发挥了排头兵作用。2005年年底，省委书记李源潮同志带队到苏州检查全面小康建设工作，对苏州"第一个率先"的实践给予充分肯定，并且明确提出，苏州要在巩固、提升"第一个率先"成果的基础上，着眼于"十一五""第二个率先"目标追求。

王荣表示，在"十一五"期间，苏州将进一步按照省委、省政府的要求，在基本实现现代化上确立目标，形成思路，大力推进，到2010年取得突破，从而在"两个率先"中完整地发挥示范和先导作用。对于小康，大家主要是从物质和福利方面去加以感受，而说到基本现代化，人们的感受可能比较抽象。现代化是一个过程，我们在"第一个率先"中所经历的工业化、城市化、国际化以及富民程度的提高等，本身也就是基本现代化的内容，只不过在"第二个率先"中更加强调这方面水平的进一步提高。现代化又是一种状态，到2010年前后，苏州要争取达到目前中等发达国家的社会形态和发展水平。

苏州在基本现代化的建设过程中，要进一步体现科学发展观与和谐社会理论，解决一些重点问题，再度实现一些重要突破。王荣介绍说，苏州市委、市政府在"十一五"规划的总体框架下，制订了四大行动计划：结构调整与增长方式转变行动计划、提高自主创新能力行动计划、新农村建设行动计划、提高苏州市民素质行动计划。这四个计划，既参照了基本现代化的要求，也考虑到了苏州经济社会发展中存在的不足，是以助推"第二个率先"为目的的行动计划。现代化的社会中，城乡之间应该是一元化的，而我国社会包括苏州这种已经在全面小康取得很大成就的地方，城乡之间仍然是二元形态。没有农村的现代化，就没有完整意义上的现代化。加快新农村建设，实现城乡二元一体，是苏州基本现代化过程中的一项重要内容。

历史路径：苏州农村发展的第三次转折

说起新农村建设，不妨回顾一下"苏南模式"。王荣说，苏州历史上有"鱼米之乡"的美誉，农村是十分繁荣的，直到改革开放初期，

（下转A4版）

日前，我国第一批国家级非物质文化遗产名录公布，昆曲、苏州评弹如愿金榜题名。此次江苏共有七种三十四项入选。图为苏州评弹演出场景。 邱勇摄

重提当年"刀下留桑"旧闻

本报记者 周正荣 马健 吴雯 康贻华 邹建丰

本报观察家

近日，记者来到全省蚕桑第一大县海安采访，发现在整个农产品市场行情低迷的情况下，蚕桑形势却热得"烫"人。来到海安丝绸股份有限公司，记者看到原料仓库里空空荡荡，车间里，只有三分之一的机器在运转。董事长兼总经理刘佩云忧心如焚地告诉我们，眼下蚕丝价格猛涨、货源紧缺，厂里其它领导和供销人员都到外地找原料去了。与此相反，海安蚕农却乐开了花，预计今年每亩桑园可获纯收入1500元左右。

此情此景，不由使人想起几年前的一则旧闻。前几年蚕桑行情跌入谷底，各地农民挥泪大砍桑树，本报为了提醒各地农民冷静对待蚕桑市场的波动，遏制毁桑浪潮，在一版显著位置发表了一篇呼吁各地农民"刀下留桑"的文章。遗憾的是，大规模砍桑没能制止住，全省桑园面积从最高时的370万亩猛跌到目前的120万亩左右。今年，蚕桑行情终于时来运转，价格猛涨，苦熬多年的蚕农喜获丰收回报，而当初砍桑的农民如今只能看着人家发蚕桑财。

由于蚕桑形势好转，当前，新一轮扩桑热又在各地兴起，不少市县都制订了扩桑计划。然而，蚕桑热中又潜伏着新的危机。省内茧丝绸行业的专家认为，由于蚕丝的用途单一，只能用来做丝绸服装等产品，而中国的丝绸产品主要用于出口，因此，丝绸的市场行情很大程度上受制于国际市场。目前，国内蚕茧价格猛涨，但其最终产品丝绸服装的国际市场行情并没有大的变化。在国际纺织品市场上，化纤织品、棉纺织品、丝麻织品各有优缺点，各有一定的市场份额。近年来，化纤加工技术进步很快，其透气性、吸水性与天然织物的差距日渐缩小，而丝绸产品原有的易起皱、易褪色、不耐磨的缺陷没有大的改善。而且，中国丝绸虽然数量上在国际市场上占优势地位，但由于后整理技术落后于法、意、日等国家，只能生产中低档产品。因此，除非中国丝绸的后整理技术有大的突破，否则，丝绸出口不会有大的扩张。记者在采访中了解到，目前虽然蚕茧价格高涨，但其终端产品服装的价格没有上涨，出口量也没有大的增加，因此，扩桑带有很大的盲目性。记者在采访中还发现，当前蚕茧、蚕丝的高价格带有很大的哄抬、炒作的成分。有的缫丝厂故意提高白厂丝的湿度，甚至还混有杂质，丝绸厂因等米下锅敢怒不敢言，还有的工厂为防止停产带来的客户流失、技术退化等负效应，明知亏本也只得硬着头皮购买高价原料。

物极必反，盛极必衰。一种农产品市场行情如果热过了头，必然走向它的反面。前几年，蚕桑经历了从谷顶到谷底的起落，其它农产品如粮食、棉花、生猪、禽蛋等也经历过大起大落，每一次大起大落，就有很多农民遭受重大损失。因此，在发展市场农业过程中各地一定要注意研究市场变化，不能盲目跟风，一哄而上、一哄而下，要学会逆向思维，低潮时要沉得住气，高潮时要保持冷静的头脑。蚕桑行情好转，就一个劲地扩桑，我们应当吸取历史的教训，不能再重蹈覆辙。

对广大农民来说，由于受到各种条件的限制，只能看当前，看当地的市场行情，这种"目光短浅"的做法也是可以理解的。在这种情况下，各级政府和有关部门就应该担负起引导农民的责任，利用政府部门了解信息较多的优势，及时为农民提供信息服务，引导农民规避市场风险，防止盲目生产带来不必要的损失。这就是我们在蚕桑热中重提当年"刀下留桑"旧闻的目的所在。

新华日报
XINHUA DAILY 重要新闻
XINHUA DAILY GROUP
2005年10月30日
星期日 乙酉年九月廿八
第20570号
A版

十月二十九日上午，扬子晚报纪念创刊二十周年而举行的"第四届读者节"在南京山西路广场举行。深秋的山西路广场，朗朗晴空下彩旗飘扬，人们载歌载舞。张安福摄

软件产业：考察印度，思考江苏

本报记者 周正荣 孙 巡

9月19日，印度软件之都班加罗尔，"江苏-印度软件产业合作与发展论坛"隆重举行。省委书记李源潮用流利的英语发表精彩演讲，回答700多名印度软件企业家的现场提问。如此热烈的场景，三天前在印度首都新德里也出现过。

对省委书记亲自带队，由30位江苏软件企业家及多个政府职能部门参与的江苏软件考察团，印度人评价颇高：这么多年来，来印度考察软件的中国部省代表团，不知来了多少批，但活动安排这么多，看得这么全面这么专业，影响这么大，效果这么好的，还是第一个。

组团考察印度软件产业，是省委、省政府高度重视软件产业发展的一个缩影。随团考察的省信息产业厅负责人说，今年以来，省委、省政府对软件产业的重视力度前所未有，全国少有。此前，李源潮书记和梁保华省长多次调研全省软件产业。李源潮书记还亲自主持软件产业座谈会。

把软件产业作为全省优先发展产业，使之成为我省发展新兴服务业的领头羊。考察印度，令江苏软件企业家信心倍增，他们说：江苏软件业发展的新春天来了。抓住全球信息产业新一轮产业调整，抓住全球软件服务外包转移的历史性机遇，江苏软件产业已具备爆发性增长的条件。据IDC预计，到2010年，全球软件服务外包可达6800亿美元，中国能占10%，就是680亿，就能产生400万个高层次就业岗位。江苏只要抢到1%，那是68亿美元和40万个就业机会！

考察印度软件产业，我们发现了什么

9月13日，考察团飞赴印度，随行的每个人都在思考李源潮书记提出的几个问题：为什么印度经济不如我们，却能成为全球第二大软件大国？印度软件业为什么强？我们能向印度学什么？能不能跟他们合作？

19日，在结束班加罗尔考察的当天晚上，书记与随行的30位软件企业家专题座谈。大家承认：来之前，我们对印度软件不以为然，认为他们是给美国打工，没有自主知识产权，看了以后，不得不承认我们落后了！

印度软件产业发展得快，有两个先天条件：语言。英语是印度的官方语言，有50%的人一出生，母语就是英语；文化背景。印度人擅长团结协作，而软件正是软件工人团队合作的产物。然而，更重要的是：第一，印度把发展软件产业作为国家战略；第二，政府出台鼓励软件产业发展的政策措施；第三，企业主体；第四，有比较好的行业协会的组织。

上世纪80年代，印度政府就认识到软件产业在整个国家的重要地位，把软件列为国家战略产业来发展，派遣大批留学生到美国。印度历任政府重视软件产业发展，制定"软件产业发展纲要"——在基础设施比较落后的情况下，政府提出建设软件园，铺专用通讯网络，服务软件企业。

印度政府出台很多政策，扶持软件产业发展。这些政策包括：软件产品不征收流转税，出口产品免征企业所得税，软件企业几乎不负担任何税负。作为知识产业的组成部分，软件企业免受税务、劳动、环保等部门的检查。政府制定最严格的知识产权保护法律，侵犯知识产权，最高可判刑7年。法律的健全，使得外国软件企业敢于在印度投资。印度政府特别重视软件人才培养，国家、企业、私人并举，每年培养7万名软件人才。政府在3000所中学开设"计算机扫盲课程"，在400多所高校设立计算机专业，组建国家信息技术学院，同时依靠700家民营培训机构，吸引全印度最优秀的人才进入软件领域。

印度软件企业发展策略很务实，他们知道，在一个发展中国家搞自主创新是很难的，所以提出先为美国人打工，先搞软件外包服

民工李秀春的感人情怀

本报记者 周正荣 顾巍钟 杭春燕 周静文 孙 巡

图为勤劳、刻苦、善良的苏北阜宁民工李秀春在宁接受来自盐城家乡的锦旗。 顾巍钟摄

编者按 44岁的李秀春，一个在南京莫愁湖公园扫厕所的苏北阜宁民工，勤劳、刻苦、善良，5年中救起11条人命，并让16人放弃自杀念头。他受到南京人由衷的敬重。7月15日，省委书记李源潮作出批示："李秀春的事迹很感人，是苏北农民进城表现突出的先进典型。"省委副书记张连珍批示，李秀春的先进事迹和优秀品格十分感人。"我们要更多地了解、理解、关心、帮助进城务工农民，调动他们的积极性和创造性，推动城乡经济社会和谐发展。"7月20日，南京建邺区为他颁发见义勇为证书。近日，本报记者五次采访李秀春，希望用这组报道真实反映一个普通民工的感人情怀。

8月6日下午，记者第四次来到李秀春蜗居的平房，听他叙说救人往事。

尊重生命 见义勇为

到公园5年，我一共救了11个人。从我来这里，公园没死过一个人。

我救人，就凭农民的良心：人的生命只有一次，我不伸手拉一把，人死了，我会三天三夜吃不下饭。

救起一个人，等于救了一个家庭，救了一大群人。今年5月11日中午11点，我看到一个年轻女人坐在湖边上，觉得不对劲：浑身新衣服，头发却乱糟糟的！下午5点半，她还在那里，我打电话给老婆：不回去吃饭，这女人要出事！我拿个凳子，刚坐下，她就跳下去。我跟下去，她抱住我的腿——想活啊！我把她拉到岸边，没力气了，拣垃圾的老婆路过，把我们拉了上来。第二天，有个老太告诉我：你昨天救的安徽女人，开个饭店，老公跟小服务员卷款跑了……这女人，没跟我说句话就走了，但是她能活下来，我真高兴。

印象最深的一次救人，是前年12月13日。当时，我重感冒，吊了3天水。中午12点，领导买了盒饭来，我吃不下，硬撑着坐在门口，听见有人喊，"有人跳河了"。我把手机一摔，连羽绒服也没脱，就冲到湖里。老婆在后面追，"你不要命啦！"捞了三下子，才把老太捞到，托上岸。公园打120，医院来接走老太。我浑身淤泥，感觉不行，去医院挂了4天水，花掉1600元。后来，听说那个老太死掉了，我真难受——要是懂点急救，不等120，她也许不会死了！

最险的一次，在今年1月。那天，中午11点40分，我老婆在淘米，突然说了一声：你朝外看看，有个小孩像傻了一样！果然，有个八九岁小孩，用一根树枝伸到湖里，嘴里哼着，"救命了，救命了……"原来，有3个小孩掉到冰窟窿了！我跳了下去，用脚钩到一个小孩的腿，好不容易，把他们拉到边上。然后，把他们弄到我家，拿出四床被子，借了两个取暖器，给他们取暖。我老婆帮他们烘干衣服，他们要走。我不放心，就问他们家里情况，不肯说，我掏了20块钱，让他们打车走了。

人救多了，我跟120学会了急救：一上来，你把他鼻子一捏，掐住人中，千万不能给他喘气，过分把钟，一放，水就全出来了。不过，我自己身体大不如前。一刮风下雨，腰疼，不能动，是寒天救人落下的，有时候，三天吃不下饭。我腿上斑斑点点的疤痕，全是落水的人死命抠的。不过，他掐我越紧、越疼，我越高兴——他还有力气啊。

最好的救人方法，是让他打消自杀念头。

一般在晚上6点半以后，凡是穿得很整洁，目光呆呆的，背大包小包，在湖边左看右看的人，最有可能想自杀，要盯住他。莫愁湖风景好，关注的人多，许多老人和家人怄气，就过来投湖，"让子女出洋相，丢脸，受谴责。"

前年8月的一天晚上，有个家住南湖小区的老太太，跟儿媳发生冲突，(下转A4版)

新华日报
XINHUA DAILY 重要新闻
XINHUA DAILY GROUP
2004年7月19日
星期一 甲申年六月初三
A版

南通老百姓称道的两件事

本报记者 周正荣 王柏森 许建军 陈明 蔡炜

一谈起南通的教育和改造后的濠河，南通人没有一个不眉飞色舞，自豪之情溢于言表。深入采访这两件事，记者感到其中蕴涵的启迪意义是多方面的。正像南通市委书记罗一民接受采访时说的那样："我们狠抓教育和治理濠河，根本目的是最大限度地满足广大老百姓的需要，让他们充分享受经济社会协调发展的成果。"

上篇：改变千家万户命运的"南通教育"

今年高考，南通再次引起人们的瞩目。该市660分以上的考生占全省25%以上，人均分高于去年72分，本科上线人数占全省17.1%。

更令人称奇的是，作为一所普通农村中学的如东栟茶中学，在今年高考中脱颖而出。全校636名学生参加高考，人均分高达593.5分，其中600分以上的有306人，本科上线率高达91.5%。

南通市教育局局长王炎斌说，南通名校长和名教师多。现有特级教师103人，其中6人被评为江苏省首批名校长、名教师。以创造情景教学闻名的李吉林被评为我省唯一的全国20位当代教育家之一。在国际中学生学科奥林匹克竞赛中，南通学生先后夺得12金2银；在国际中学生体育比赛中，南通学生获得42块金牌，4块银牌，4次打破世界纪录，这在全国地级市中绝无仅有。

2003年，南通全市高考考分600分以上的有372人，占全省24%，遥居全省第一。录取北大、清华的考生约占全省的四分之一。

基础教育持续多年的大面积丰收，这一突出的"南通现象"引起人们广泛关注。来自北京、上海、浙江、广东、福建、湖南等地的取经者一批接着一批；住在大城市的许多家庭不嫌路远、不惜本钱，将自己的孩子送到南通来"留学"。

其实，"南通教育"品牌的真正魅力不仅仅表现在高考成绩的炫目，其魅力源头还在于正确的理念、科学的机制和过硬的队伍。

办基础教育的目的是什么？当过多年中学校长的资深教育专家王炎斌说："教育也是一项涉及千家万户的'富民工程'。老百姓把孩子送到学校的最大愿望就是，希望孩子能考上大学、考上好的大学。"

"现在，就业形势比较严峻，不少家庭特别是许多农村家庭生活还不富裕。他们省吃俭用，供孩子读书，就是为了改变下一代的命运，给今后的生活带来新的希望。因此，我们办好教育，把孩子培养成高层次人才和高素质劳动者，最符合老百姓的利益。这不正是'三个代表'所要求的吗？"

事实的确如此。中学生丛林娟，家住如东栟南村，她的父母尽管双双从一家轧花厂下岗，一家人生活非常困难，但他们坚持让女儿读书，并得到当地政府的帮助。丛林娟很争气，今年高考考出了620多分的好成绩。她卧病在床的母亲刘秀梅激动地对记者说："学校教育得好，女儿很争气，考上了重点大学，邻居都赶来祝贺。我们这个家总算是熬出头了！"

据了解，南通市每年有3万多中学生考上大学，其中像丛林娟这样来自农村家庭的占80%。

王炎斌对记者坦言："现在一些学校片面理解素质教育，忽视课堂教学，忽视学生科学文化素质扎实功底的训练。还有些学校商业化越来越重，校长像个老板，不抓教学管理，整天想着如何经营、赚钱。一些教师'四处赶场'，热衷于营业性家教，对学生作业有布置无检查，根本谈不上面批。学生下课后，想问个问题都找不到老师。这样下去，教学质量怎么能不滑坡？学生家长怎么能没意见？"

"我们认为，素质教育的主阵地是教学，主动力是学生，主战场是课堂。推进素质教育，必须以教学质量为中心。学校培养学生的素质，最关键的还是科学文化素质。这就好比一个工厂，如果产品不行、效益不好，其他东西再说好也是空的。"

有什么样的校长，就有什么样的学校。南通有一条硬性规定，"一把手"校长每学期听课不得少于40节，分管校长不但要听课，还必须亲自执鞭上课，全市80%以上的中学校长都要兼课。

南通还设立了9个学科教研基地，被称为提高教学质量的"高新技术开发区"。（下转A4版）

图为濠河环西文化广场的群众文艺演出。 朱新通摄

苏南又添一条龙

——喜看今日新江宁

本报记者 周正荣 王柏森 俞巧云

◇东山新市区一角。本报记者 于先云摄

◇成山公寓农民健身广场。本报记者 于先云摄

在苏南县域经济中，出了几条省内以至全国注目的小龙：昆山、张家港、常熟、江阴、吴江、武进等等。龙腾虎跃的地方基本处在沪宁线的东端，苏南，由东向西，经济热力似乎处于逐步衰减的态势。但是这两年，这种局面被打破了，就在苏南的最西头，又添了一条龙：南京市的江宁区。请读一组数字：

去年，江宁区实现财政收入35亿元，列全省第6位。城乡居民收入大幅增长，特别是农民人均纯收入首次突破5000元，比上年增9%。

去年，江宁区合同利用外资10.8亿美元，实际利用外资6亿美元，分别居全省第4位和第5位。

这个区三次产业急速扩张，每年创造数万个就业岗位，目前已聚集14万外来打工者，奋战着一支5万人的施工大军。

2002年，江宁人提出：奋战5年，进军苏南第一方阵。江宁人正大踏步地逼近这一目标。

东山新市区：科技花园城丰姿初展

最近，省委常委、南京市委书记罗志军来江宁调研，面对今日江宁蓬勃发展的喜人景象，抚今追昔，感慨系之。他说，1995年他刚来南京时，就常到江宁，尽管已是发展很快的一个区域，"但还是很不像样子"。确实如此，历史上江宁县没有城，上世纪80年代才沿宁溧公路两边盖了一些房子。那时去过江宁采访的老记者至今还记得，乘汽车个把小时颠簸到东山镇，竟是一副猪羊满街跑的景象，直到90年代，人们出了中华门就到了农村的感觉仍然没有变。

今非昔比，今日江宁"像个样子"了。

这座充满现代气息的新城，西有翠屏牛首，东有黄龙青龙，南有东山方山，连成一道绿色屏障环绕其外；百家湖、九龙湖、天印湖、高湖，如一面面宝镜镶嵌其中；在东山老城，温州商业街、中驰汽车商贸城、中国女人街、电子一条街等各种商业业态各呈风采；在江宁开发区和科学园，摩托罗拉、爱立信、西门子及国电自动化研究所、中科院地理湖泊研究所等20多家研发机构和科研院所，在绿树鲜花掩映间各得其所；南京航空航天大学、南京工程学院、河海大学、东南大学等15所高校正在入驻，7所已经招生；投资10亿元的体育中心就要完成，同仁医院走出北京办的第一家医院正加紧施工，不仅为新市区增添新的功能，也以其独特的风格和优美的环境，为新市区增添新的景观。

"江宁投入巨资精心打造花园城市，不是为了好看，而是适应产业发展的需要。"南京市委常委、江宁区委书记王建华说。

2000年底，江宁撤县建区，"东山新市区"纳入南京市"一城三区"的城市建设新规划。新市区建设如何定位？区委、区政府认为，江宁地处宁镇丘陵山区，揽山川之形胜，好打环境牌；江宁依托省会南京，高校众多，人才密集，好打人才牌。有了这两张牌在手，江宁就可以与致力于建立制造业基地的周边城市错位发展，走高科技产业兴区之路。王建华告诉记者，他到美国看到硅谷和波士顿高科技企业群、高尚社区汇聚的欣欣向荣景象，感悟到若没有斯坦福等大学，就不会有硅谷；没有哈佛大学、麻省理工学院，波士顿128公路两旁就不会有高科技企业群。而要引进一流的大学、一流的研发中心，就要有一流的环境。区委、区政府经过反复调研论证，给"东山新市区"一个崭新的定位：高科技花园城市和江苏知识创新基地。

3年来，江宁投入3000多万元，国内外招标一流规划设计专家，（下转A4版）

A2 2004.4.2. 星期五 人民生活 新华日报

有一种责任，总让我们寝食难安

——省药监局局长毛季琳纵论药品监管

本报记者 周正荣 任志强 仲崇山 本报通讯员 姚志宏

药品是直接关系老百姓生命健康的特殊商品。在药品研发、生产和面广量大的流通、使用的背后，药品监督管理部门行使着自己的监管职能。我省这方面的工作做得怎么样？老百姓能放心使用药品吗？近日，本报记者专门采访了省药监局局长毛季琳。

世界上除核武器、军工产品外，没有哪种商品比药品的安全性更重要了。毛季琳说，药品不像其它商品，老百姓对药品无法选择，只有医生开了处方，病人才能吃，不是想吃什么药就吃什么药，而且，药品质量的好坏从外表上也看不到，没有特殊的设备检测不出来。因此，世界各国对药品的监管非常严格。

长期以来，我国在药品监管上是多头管理，监管职能分散在卫生、医药、经贸等多个管理部门，结果是“九龙治水”谁都管又都没管好。1998 起我国开始组建各级药品监督管理机构，统一行使药品监管职能。我们所说的药品，实际上包含了中药材、中药饮片、中成药、化学原料药及其制剂、生化药品、血液制品、放射性药品、麻醉药品、毒性药品、精神药品、医疗器械等 14 大类。而每一类药品即使是小小的一次性使用注射器，其质量好坏都关乎人的生命安危。目前国内个别地方之所以进人艾滋病高发期，就与上个世纪 90 年代这些地方重复使用一次性注射器、输液器采供血有直接关系。药品不仅与人类的生命健康息息相关，而且还会影响到经济发展与社会稳定，比如去年发生的非典疫情，如果我们有预防疫苗，如果有很好的对症治疗的药品，如果有快速准确的诊断试剂，就不会造成那么大的社会恐慌，更不会付出那么大的代价。药品无小事，药品监管责任重大，时时刻刻令我们寝食难安。

我省作为医药大省，药品监管的任务十分繁重。毛季琳说，为确保全省 7400 多万人民用药的安全、有效，2000 年 5 月省药监局组建之初，就提出了药品市场秩序全国最好、药品质量水平全国最优、各项监管工作走在全国前列的工作目标，全面加强了对药品研究、生产、流通、使用各个环节的全过程监管。

对老百姓关注的假冒伪劣药品问题，毛季琳愤慨地说，有些人很坏，中药里加激素、加西药，表面上看很有用，实际上不能从根本上解决问题。比如癫痫病，吃西药有后遗症，许多病人不愿吃西药，有些骗子就编造说有祖传秘方能根治癫痫。实际上只不过是在中药里加上苯妥英钠等西药成份，结果骗了病人的钱，还耽误了治疗，害人。还有一家药厂生产的半边莲注射液，本来是用来治疖子的一种一般性的消炎解肿药，平时只卖 3 块多钱一支，后来摇身一变变成“半边莲抗肿瘤注射液”，说明书说能治疗 14 种肿瘤，并伪造了物价局的批文，卖到医院 380 元一支，医院卖给病人 400 元一支！还有去年徐州查获的震惊全国的假狂犬疫苗案，一个人被狗咬伤后，打的却是用蒸馏水冒充的狂犬疫苗，这样的后果多么可怕！

毛季琳介绍说，针对制售假劣药品和无证经营药品等现象，前年和去年相继在全省范围内组织开展了“正源行动”、“正源行动在农村”等药品监督执法大检查，严厉打击制售假药、劣药行为。2003 年，全省药监系统共立案查处各类案件 15825 起，其中移送公安机关处理涉嫌犯罪案件 41 起，捣毁制假窝点 138 个，取缔无证经营户 1742 个。有力地打击和震慑了犯罪行为，也极大地消除了假劣药品给诊疗带来的危害和隐患。今年 4 月 23 日，我们还将统一开展命名为“正源行动保健康”的药品市场大检查，进一步整顿和规范药品市场秩序。在加大稽查执法力度、严格市场准入的同时，近年来，各级药监部门还在药品生产、经营领域加快推进质量管理规范认证，使药品质量有了更好的保障。目前，我省通过 GMP（药品生产质量管理规范）认证的药品生产企业已达 199 家，居全国第一，占应实施认证企业总数的 62.2%；通过 GSP（药品经营质量管理规范）认证的药品批发和连锁企业已达 175 家，占企业总数的 77%。从历年来国家药监局组织的药品质量抽验情况看，我省药品质量都是全国最好的。

医药产业是世界公认的“生命产业”、“朝阳产业”，是一个不受经济景气周期影响、持续稳步增长的产业。毛季琳说，全世界 50 多年来，所有产业都波动过，但医药产业从未下降过，不管是自然灾祸，还是战争、洪水都不影响这个产业的发展。而且随着生活水平的提高、老龄化社会的到来，整个社会的用药量迅速增加。它不但具有良好的经济效益，社会效益更是不可估量。近年来，我们在强化药品监管的同时，努力促进我省医药经济的发展。江苏药品研发机构在全国是最多的，每年新药申报数量约占全国的 1/9，是全国新药申报第一大省。医药工业总量占全国的 11.7%，主要经济指标已连续三年居全国第一位。药品流通方面，去年批发总额达到 185 亿元，同比增长了 28%。对于医药产业的发展，省委、省政府非常重视，提出了到 2010 年实现我省医药工业总产值“双倍增”，即达到 1000 亿元左右的目标。我们将围绕这一目标，进一步优化发展环境，提高服务效能，推动我省加快由医药大省向医药强省迈进。

为加强对食品安全的综合监管，近期，药品监督管理局将组建为食品药品监督管理局。毛季琳说，管理范围广了，责任更加重大。最后，他表示，我们是一个新组建的单位，老百姓对我们还不太了解。比如大家最关心的药品价格、医药购销中的不正之风、虚假广告等几个热点问题，都误认为是我们的职能，反映到我们这里，我们还得转到其他有关职能部门。当然，需要配合的，我们会在自己职责范围内尽力配合做好工作，更好地保障人民群众的切身利益。

新华日报

XINHUA DAILY GROUP

2004年5月10日
星期一 甲申年三月廿二

XINHUADAILY 重要新闻 A版

国企改革：深层推进看镇江

本报记者 周正荣 任志强 钱丽萍

“镇江市直 167 家国有企业的改制，预计今年上半年将基本结束。”镇江市委书记史和平这样介绍。乍一听，记者并不感到这是什么新闻。因为，“企业改制面已达百分之九十几”的消息早已听多了。可随着采访的深入，镇江国企改革的周密扎实、创新独到逐步显现出来。尤其难能可贵的是，它创造性地解决了国企改革深层推进中遇到的一些普遍难题。

增量改革：引进战略投资者做大做强

背景：由原来的经营者把国企买下，这是国企改制中普遍的做法。这样的改制，有时能上演一出“蛇吞象”：一个价值几百万甚至上千万的企业，几个经营者负了很多债，七拼八凑买下了。其结果，经营者也许能有赢利，把债还掉，但短期内难有大的投入。改制只是解决了一个产权问题，发展就谈不上了。

怎样把改制和发展结合好？镇江市提出：重点骨干企业改革方案，必须有明确的战略投资者，必须有把企业做大做强的具体措施，必须有明确的发展目标。否则，市委、市政府将不予审批。针对镇江市国有大企业多属资金密集型行业，需要大规模、持续的资本投入的特点，对于战略合作伙伴，市里有明确要求：首期投入不少于 1 亿元人民币或 1000 万美元；同时企业间的产品、资本、市场等要素之间要有关联度，能够进行项目合作，强强联手。

用市委书记史和平的话说：“改制不是为了把股份让掉，资金抽回，而是按照市场要求重新配置资源，通过注入外资、民资等增量资本，把企业做大，这样税有了，就业岗位也有了。”

做大做强，同样也是全体改制企业职工的要求。江奎集团公司在召开企业职工代表大会审议企业改革发展方案和职工安置方案时，职工代表们在关注自身利益如何得到有效保护的同时，关心更多的还是企业今后的发展。职工代表纷纷向企业受让者提问：企业改制后，有什么措施把企业做大做强？在得到满意的答复后，职工代表们一致通过了企业的两个方案。

为鼓励企业经营者引进战略投资者，该市规定：只有引进战略投资者、而且战略投资者有重大投入的原企业经营者，才能参与企业部分国有产权的受让。凡没有引进战略合作伙伴的大中型企业，一律上市公开竞标。

年产 2 万吨铝制品的华东铝加工厂在改制中，引进江苏常发集团、浙江鼎胜集团作为战略合作伙伴，投入 10.2 亿元，合作建设年产 10 万吨铝制品的鼎胜铝业项目。

焦化煤气集团与中华国际有限公司以建设 70 万吨碳材项目为载体，实施企业改组，项目总规模达 4000 万美元。这一项目建成投产后，可新增销售 7 亿元左右，利润 1.06 亿元。

引进战略合作伙伴进行国企改制，不仅盘活了国企的存量资产，妥善解决了职工的就业安置，而且催生出一批充满活力的规模企业。

资产保全：把保障职工利益作为改革的前置条件

背景：国企改制中，有的经营者为了能顺利和廉价地买下企业，往往把改制方案做得很漂亮，对吸纳职工就业、保证职工待遇等条件满口承诺。但一旦到手后，又以种种理由，推卸自己的责任，不履行承诺，使国企改革不能体现对职工的公平。

如何在改制中保障职工利益？镇江市在实践中创造性地摸索出一条资产保全的办法：企业产权出让时， (下转A4版)

作者任新华日报驻南京市和徐州市记者站记者时采写的部分作品

南京市发展个体经济大有可为
——从上海人来南京拣饭碗谈起

本报记者 周正荣 （刊于新华日报1981年7月29日二版）

最近，在南京市金陵路工业品花鸟市场出现了一个生意兴隆的上海缝纫组。10个年轻人，5台缝纫机，忙得不亦乐乎。因为各式春夏服装立等可取，兴致勃勃的顾客从各处赶来；手拿衣料，排队接龙。缝纫组10个青年，3名是上海市区的个体户，7名是上海郊县的裁缝。他们开张第一天，7个人干，只半天多一点，每人就收入7元。现在，他们每天平均毛收入六七十元，除去路费、旅馆费、饭钱，并且除去市场管理费和农民交队款，每人每天可净得3至4元！许多人见了感叹不已。有的说："总说就业难，看看，人家上海人来南京的马路上拣了一只金饭碗！"

其实，来南京拣饭碗的何止一个上海缝纫组。去年9月，南京市清理无证经营，各区工商行政管理人员只是在主要地点临时查一下，就发现有1689人。这些从事修补、缝纫，贩卖水产、家禽蛋品、豆制品等各式人员，有许多来自本市郊区和外地。这还不包括当时在南京的来自安徽省的400多副馄饨担子。据南京市有关方面的同志测算，目前在南京自谋生路而没有营业执照的人员，至少有2000多户。

南京市工商管理局的同志认为，外地人来南京找饭碗，本市一些有职业的人上街赚钱，是钻了南京市商业网点少、不能满足城市人民生活需要的空子。南京市的个体户，5月底统计是4810户，在全国十大城市中倒数第三。沈阳市和南京差不多大，已有20000多户个体户，还在发展。南京市1965年有个体商贩16288户，共19183人。当时，南京全市人口是169万。1980年，南京市全市人口已达203万。现在，个体户却是1965年的四分之一还不到。可见，南京市发展个体户潜力很大，大有可为。

为什么个体户发展不快

南京市个体户发展不很快，原因是多方面的。

有的待业青年不愿干或者不会干。南京市已发展的个体户中，待业青年只占总数的百分之六点八。大多数是下放回宁或社会闲散人员。不少待业青年认为到工厂或国营、集体商店去是“铁饭碗”，搞个体商贩，眼前社会地位低，被人看不起，说不定连老婆也讨不上。将来，没有劳保福利，生老病死没有保障。有些父母也想不通，不支持，宁愿再养他几年，让孩子到国营或者集体单位去，认为国家总归要安排的。有些待业青年想搞个体户，但是苦于不会干。他们刚出校门，十几岁，二十几岁，什么都不会。市场上目前急需人修理手表、自行车、电视机、收音机，也需要人搞缝纫、理发等，但都要技术，待业青年不会。也有这样一些待业青年，想干个体户，但受过“左”的惊吓，余悸未消，怕钱挣多了，被当作“投机倒把”打击，成为“小资本家”。

有些领导同志怕个体户发展多了，乱，不好管理，想慢慢来，稳扎些。有些业务部门的同志则怕个体户抢了国营和集体企业的饭碗，影响他们的生意。所以，口头支持，货源、原材料解决不了，营业场地也解决不了。现在南京市发展了4000多户，都拥挤在马路两侧的小巷口，偏僻街道等指定地点，经常为争摊位发生纠纷。城建部门怕影响市容，公安部门怕妨碍交通，总认为南京是开放城市，怕有失体统。南京的主要大街上几乎没有个体户设摊。其实，南京马路宽，划些地区还是可以的。据工商管理部门反映，营业场地问题解决了，南京目前可以再发展5000户个体户。

工商管理部门的建议

发展个体户，前景是广阔的。南京市工商管理部门从实际出发，提出了几点建议。

关于场地：既然北京天安门前都允许设摊卖茶，南京确定个体户经营场地尺度应当放宽。工商管理部门的同志认为，除了新街口、三山街、大行宫、鼓楼、热河路、新车站等闹市点和广场外，其余街道一般都应当允许待业青年个体户设摊经营。现在长乐路东方红中学的围墙边正在搭一个75米长的棚子，可安排30多个个体户。像东风剧场门口向南那一段，临近新街口，就可以大搞。其实，如果有秩序地搞，像北京那样，棚子有的圆形，有的长方，色彩斑斓，喧腾热闹，不但不会影响市容，还能美化市容。搞营业场地，搭棚子需要资金，可以采取多种形式。工商管理部门可以统一搞，也可以做好规划让个体户搞。有些想干个体户的人写信到市工商管理部门说，只要给地方，他们可以自己拿钱搞。

关于技术培训：门路还可以多一些。工厂可以带徒弟，商店也可以搞自费学徒，教待业青年学做生意。也可以让私人搞技术培训。新中国建立初期，管理骨干少，南京就曾允许私人培训会计，街道、居委会可以同专业学校挂钩，办业余培训班。有些退休工人，他有技术，可以请他带徒弟。调动各种社会力量，支持待业青年学艺，为他们自谋职业创造条件。

关于个体户的社会保险：个体户的福利和劳动保护问题，可以搞社会保险。现在个体户每月的经济收入，起码有五六十元，多的有二三百元，个别的有更多的收入，但他们的收入不是很稳定。保险公司可以帮他们搞社会保险。钱多的时候，存一点，以丰补缺，也能养老。

关于个体户的社会地位：这也是个实际问题。现在国务院已经发出《关于城镇非农业个体经济若干政策性规定》，可以有所遵循，有关方面都应该坚决贯彻执行。要树立搞个体户的光荣感、自豪感，帮助他们打消自卑感，造成社会舆论，搞个体户，造福人民，也是为四化作贡献。个体户干得好，我们也可以选他当人民代表，当政协委员，条件成熟也能入党入团。天津成立了个体劳动者联合会，我们南京也可以搞。60年代，南京市建邺区有个有名的个体劳动者，叫“李三年”，他换的锅底，可以包用3年不坏。他当了市人民代表，个体户常提起他。觉得自己也光彩。去年12月，建邺区区政府把个体户请到一起，总结工作，编组，表扬先进，区长作报告，个体户们情绪高得很。他们兴奋地说：“过去像没娘，现在有个组织了。”有一个个体户发言说：“十年动乱之后，我们又回到了党的怀抱。”报纸要造舆论，宣传个体户的先进事迹，支持他们。

"党是阳光我是花……"，婴幼院的孤儿在演唱文艺节目　陈　哲摄

孩子，谁是你的母亲
——南京婴幼院的报告

本报记者 周正荣 （刊于《新华日报》1981年2月4日第二版）

此稿获得新华日报1981年好稿特等奖

孤儿之家

初冬，温暖的阳光照耀着南京新街口。人们喜洋洋地从人民商场抱出购买的物品。大华电影院门前，一幅电影招贴画上，荷花绽开，少女妩媚，映衬出了我们生活欢乐的基调。

突然，人丛中传出一阵哭喊声：“妈妈，妈妈，我要妈妈……”

一个4岁左右的女孩，扎两根小辫，惊惶地哭喊着。行人诧异地围过去。一位大婶抱起孩子，询问她的家庭住址。孩子摇摇头。大婶在孩子的小衣袋里摸出了一张纸，上面写着“我家孩子多，这女孩谁要，请带回家”，还有“她的生日是一九七七年三月初三”。

人们大吃一惊：这孩子竟是被父母扔掉的！人群中传出对弃婴犯的斥责声。

2个小时以后，那个被遗弃的女孩从睡梦中睁开眼睛。她发现自己躺在一位穿白大褂的阿姨怀里。阿姨拢着孩子额上的头发，慈爱地说：“孩子，你到家了。”孩子迷惑地望着门外。门外是个宽敞的大院，耸立的楼房，柔软的草坪。孩子的新家叫：南京市婴幼院。

这里是收养孤儿和弃婴的地方。生活在那里的近300名孩子，小到刚出生几天，大到10多岁。有的痴呆，有的生理上有缺陷，有的得了不治之症。那些不知名的父母，竟逃避了当父母的崇高责任，不顾犯罪而做了弃婴的事；还有一些漂漂亮亮的女孩子，因为她们的父母重男轻女，为了生个儿子，就扔了女儿。这些孩子几乎每人都有一段可悲的经历。

生身父母把这些孩子遗弃了，正当死神要攫走这些孱弱的小生命时，党和人民政府把他们抱到了怀里。而婴幼院的保育员们则受党和国家委托，担负抚育和教养弃婴的崇高责任。

回顾解放前，一些打着“慈善”招牌的外国人曾经在南京办过一个“圣心儿童院”。那就是南京市婴幼院的前身。那时他们收养的，绝大多数还是正常孩子。但是，那里的情形怎样呢？请看1951年4月中国人民救济总会南京分会接管“圣心儿童院”的实况记录：

“……由于营养不够及糟踏所致，每个孩子皮包骨头，形如骷髅，面色苍白，肚子膨胀，不忍目睹。婴儿终日睡在粪便上过活，有4个婴儿屁股已经被粪便腐烂。喂奶极其随便，把奶瓶放在婴儿的脸旁，听其自然。孩子脸上的奶水、唾沫及眼泪堆积成硬壳，经久不洗，以至耳孔被脏物堵满……全院儿童死亡率高达65%。”

记者头脑中带着“圣心儿童院”那噩梦般的情景来到南京市婴幼院的保育室，仿佛目睹地狱之后见到天堂。我朝那些孩子们走去。他们睁大好奇的眼睛，笑着叫：“叔叔好！”我环顾室内，只见几十张小床摆成笔直的线条，几十床小棉被像军营里那样，折叠成一种款式。红漆地板亮闪闪的，我迈步走过，身后留下一行清晰的鞋印。卧室的一头放着花瓶，插着鲜艳的花朵。我蹲在孩子们面前，握着他们的小手，看到他们的衣服干净整齐，不缺一只钮扣。听市民政局同志介绍，盛夏，保育员们还日夜汗水淋漓地给孩子们扇扇子。

婴幼院不止精心抚养孤儿，医护人员还千方百计，通过校内锻炼，使大量残孩转为轻症，变轻残为不残，让没有孩子的夫妇抱养。婴幼院有本照相簿，贴着很多病残孩子救治矫正前后的留影。近三年，婴幼院先后变18名残废孩子为不残，其中14人被人领养。

从1979年开始，婴幼院又自找麻烦，为那些双职工家庭代养呆残孩子，解除他们工作的后顾之忧。时间不长，保育员们又创造了不少奇迹。有位大学讲师的8岁男孩，是个呆子。在家时，他什么都不懂，给他东西吃，不知道朝嘴里送。保育员以极大的耐心，锻炼孩子蒙昧迟钝的智力。几个月后，那孩子不但自己会吃东西，还会拍球。保育员站着喂饭，他搬过凳子让坐。孩子爸爸见了，大喜过望，马上回去告诉孩子妈妈。妈妈不相信，跑去看，欢喜得泪水盈眶。

是谁创造了婴幼院的奇迹和文明？是在那里勤恳工作的100多位无名英雄。他们，终年默默地为孩子奉献心血和汗水。

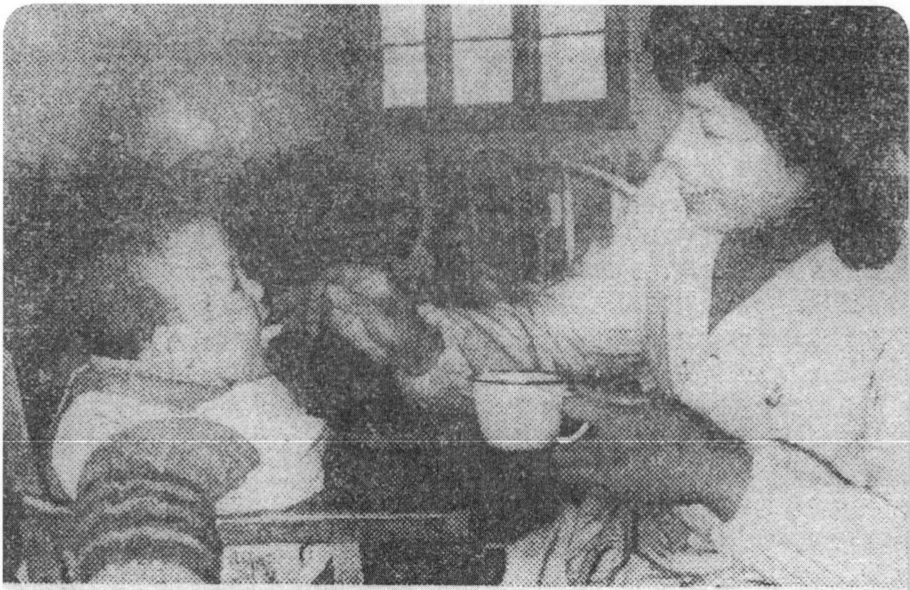

婴幼院的保育员同志正在给孤儿喂饭　　　　陈　哲摄

无名英雄谱

王金莲把心焊在岗位上。婴幼院有个检疫室。进院的孩子，除了初生婴儿，都要在那里观察21天，没有传染病，方可进院。孩子来到这个陌生地方，闹着要妈妈，总要连续哭个两三天。而且，初来的孩子比较脏，保育员要给他们理发、洗澡、换衣服，同时做各种疾病检查。在检疫室工作，除星期天外，平时24小时都要吃住在那里。假若在夜里几个孩子一起哭喊叫唤，就使人头皮发麻，别想睡安稳觉。

可是，48岁的先进工作者王金莲，在那里已经工作了7年！而没有一句怨言。在漫长的7个春秋之中，她一心一意为别人的孩子操劳，却顾不上护理自己的孩子。她有2个女儿、一个儿子。17岁的儿子得了不治之症，从发病到死亡的一年多时间里，王金莲没有请过半天假。她真是把心焊在岗位上了啊！

刘光华献出了青春年华。50多岁的刘光华，小小的个子，话不多，手脚勤，以善良厚道出名。她是1958年进婴幼院的，一进院就在尿布房洗尿布，一直洗到今天，已经洗了23年。她每天不声不响，双手泡在有尿屎的脏水里，不停地洗、洗。婴幼院每天要用4000多块尿布。一天不出太阳，就要闹尿布荒，刘光华洗了以后，还要放在炉子上烘烤。直到1976年，尿布房才添置了洗衣机和甩干机。在那以前，刘光华一个人少说每天也要洗300块尿布，还不包括衣服。20多年来，她洗尿布151万块！刘光华进院时是结婚不久的少妇，如今已经银发满头。她把20多年最美好的年华，默默地献给了孩子们。

吴纪敏成为最佳保育员。吴纪敏，孩子们叫她“阿姨妈妈”。这是个胆小的姑娘。她1977年被招工进婴幼院。第一天，进保育室，她看见有些带残疾的孩子，吓得哭了，眼泪哗哗流，不敢进门。老保育员像哄孩子一样把她搀进去，同时拉过一个呆孩子，抚摸着孩子的头，说：“姑娘，别怕，你看这孩子不是挺好吗。”

谁也没料到，吴纪敏进婴幼院第一年就成了先进工作者，后来年年保持这个荣誉，并被评为“最佳保育员”。

她开始在婴儿室工作。孩子病了，常要送到儿童医院去治。从单位到儿童医院有7站路。不管刮风下雨，白天黑夜，车开车停，她抱起孩子就走。孩子住院，她就日夜陪伴。有一次，她送一个孩子去南京部队总医院开刀，孩子日夜啼哭，陪伴的吴纪敏也日夜合不上眼。她搂着孩子哄，抱着孩子在病房徘徊。同病室的人打量着孩子的豁嘴，同情地叹息说：“你年纪轻轻，怎么生了这么个孩子。”姑娘的脸唰地红了。医生插嘴说：“你们别胡说，人家是姑娘呢，这孩子是公家的！”周围的人大吃一惊。接着感叹得不得了：“我们对亲生的孩子也没她这么疼爱！”赵桂香心中没有名和利。不久前，这位在婴幼院工作20多年的老模范退休了。保育员们带着亲切的感情讲起她的事来：她粗大的个头，黑黑的脸膛，背后看去像个男人，可对待孩子，她的心比绣花针还细呢。有一次，外面送来一个六个月的孩子，叫高曼，瘦得像麻秆，奄奄一息。有的保育员说，这孩子活不长了。赵桂香两手一搭，头一偏，打量着高曼说："这孩子是三度营养不良。"她嘱咐年轻的保育员，这孩子吃多了要吐的，要少吃多餐。他虚汗多，要勤换衣裳勤洗澡，每天抱他晒晒太阳。后来，照她说的办，小高曼被养得白白胖胖的，双眼皮，谁见谁喜欢。

赵桂香长年累月地为孩子操劳，做了数不完的好事，可是，她总觉得自己没做什么事。有一次，她被大家选为职工积极分子，出席区里的会议。她老是叨咕："我又没做什么事情，怎么偏偏选我啊？"她觉得让自己当代表，是享非份之福。大会上，发给每个代表一包点心当中午饭，赵桂香舍不得吃，饿着肚子，把那包点心带回婴儿室，给保育员们每人掰一块，共享荣誉。她以前在工厂，到婴幼院又干了20多年，拿40多元月工资。退休前夕，给她加了一级，51元多一点。她感激得不得了。她退休以后，婴幼院在国庆节送她一张电影票。赵桂香看过电影，来回跑10多里路，专程到婴幼院，感谢领导为她买电影票。她还对婴儿室的同志说："你们排班次缺人，叫我，一叫我就来。"

赵桂香退休那天，婴幼院的领导和她的同事们突然意识到院里被抽走一根顶梁柱。他们发现平时并不显眼的赵妈妈，是那么可敬可亲。把赵桂香送到门口，党支部书记哭了，院长哭了，保育员也哭了。令人欣慰的是，接赵桂香班的知识青年林丹萍，钻研业务，被评为市幼儿保健先进工作者。

党是孩子的母亲

婴幼院保育员们并非天生的无名英雄，是党，激发了她们对孩子们深沉的爱，把她们培养成忠于职守的好保育员。

近年来，随着老职工退休，婴幼院陆续从插队知青中招收了60多名新职工，她们刚来时思想问题很多。有位姑娘进了婴幼院当保育员，老同学羡慕地说：“呀，你神气了，上调，还进了全民单位。”那姑娘叹了口气，说：“嗯，神气哩，神气到尿布堆里了！”她们的思想弯子究竟是怎样转过来的呢？

为了做好转化工作，党支部书记张萍常给年轻人讲起党和人民政府在解放初接管“圣心儿童院”的情景。

1951年4月17日，南京解放才2年多。战争创伤急待医治，经济恢复刚刚开始。在人力、财力和物力极其困难的情况下，中国人民解放军南京市军事管制委员会想到了孤儿院的孩子。他们派人到帝国主义分子控制的“圣心儿童院”调查，马上决定接管。当时，披着修女外衣的帝国主义分子，将以孤儿名义募集的衣物药品藏之高楼。她们强迫10岁左右的孩子种菜、喂猪、推磨。稍不如意，就将孩子关进黑屋子，四五天不给吃饭。有些修女还常常揪住被关孩子的头发，在墙上碰撞。接管的第二天，人们在儿童院院子的地下掘出一百二十多具孤儿的尸体。在修女的宿舍仓库里，拣到了手枪子弹。这就是帝国主义的“圣心”！接管以后，共产党和人民政府聘请了医生、护士，设置医疗室，对50多名患病孤儿日夜抢救治疗。对那些被修女虐待致死的孩子的尸骨，党和政府一一用木棺装殓，安葬于中华门外的邓府山上。被接管的孤儿弃婴，不但生活条件优越，还受到良好的教育。那些孩子长大以后，有的自愿当了解放军，有的被培养成国家干部……

党关心孩子的事说不完、写不完。三年困难时期，弃婴激增。每天最多时收容50人。当时的南京市委书记刘中同志亲自到婴幼院看望孩子。他见孩子住得挤，激动地说：“党和国家再困难，也不能让孩子受苦。”

不久，市里拨款10万元，专门给孩子们造了一幢3层大楼。在副食品最紧张的时候，婴幼院所需的牛奶等主副食品都保证供应。全院孩子，没有一个营养不良、得浮肿病。目前，婴幼院的住房已从新中国成立初的1000平方米，增加到4800平方米。30多年来，单是孤儿们的吃、穿、住，国家就开支了60万元。近几年，中央民政部、教育部、卫生部等有关方面负责同志，以及省、市领导同志先后来到婴幼院嘘寒问暖，看望孩子。

年轻的保育员们说，她们从党支部活生生的教育中，更深地认识了我们的党，懂得了婴幼院的工作是平凡而又高尚的。她们油然产生一种豪迈的感情，不再觉得自己给孩子揩屎把尿是见不得人的事。当然，这仅仅是开始。

院的党支部书记和院长们以身作则，带头吃苦，用自己的行动影响和带动保育员们。支部书记老张，经常提早半个多小时上班，洗尿布、抬尿布，打扫庭院，忙个不歇。副院长老于是解放初从部队来孤儿院的。现在已经两鬓斑白。孩子生病，她不管白天夜晚，随叫随到。有时候，洗衣机坏了，从书记、院长到科室人员全部都下尿布室突击洗尿布。

党用心血哺育了保育员，保育员又把慈母般的温暖带给了孩子们。婴儿养的时间短，让人领走，还没什么。孩子养到8个月以上感情深了，孩子走时，保育员就免不了要哭一场。1977年，院里收养了一个家庭遭遇不幸的孤儿，几个月后，孩子长得又胖又漂亮，天真可爱。孩子被人抱养那天，从院领导到保育员，一个个跟在后面依依不舍。抱孩子的人家请保育员吃喜糖，保育员抹着泪说："糖不要吃，唯一的希望是要你们把孩子养好。"残疾孩子长过15岁，有的要送到福利院去。保育员老是惦记那些孩子。单位一有车子去福利院，大家争着要去看自己"闺女"、"儿子"。车挤不下，就很不高兴。有机会去了，她们便买了糖果、饼干上车。孩子见了她们，老远就叫着"妈"扑向她们怀里。在婴幼院长大的姑娘葛珍，

1956年被她狠心的父母丢弃，如今23岁了。她进院时，就在省“三八红旗手” 陈玉兰那个室，20多年中，她们结下了母女深情。逢年过节，陈玉兰总要把这个女儿接回家去。葛珍关心老陈。老陈值夜班，她去帮忙。夜里，母女俩亲热说活，抵足而眠。

孤儿们对保育员真挚、深沉的爱，是对她们艰苦劳动的最高嘉奖，是对党对社会主义制度的由衷赞扬。

南京市婴幼院的保育员同志们数十年如一日，忠于职守，埋头工作，但他们崇高的精神和动人事迹，却不胫而走。这个单位是南京市的先进集体。它的代表被请到中央民政部召开的会议上去介绍经验。许多大学生请这个单位的同志上人生观教育课。各行各业的青年络绎不绝地去婴幼院探讨关于理想、人生等重大课题的答案。

坐落在南京市区一角、不被人注目的婴幼院，为什么在社会上产生如此强烈的反响？这是因为，它用生动而具体的事实，再一次雄辩地说明了一个真理，中国共产党，是以全心全意为人民服务为最高宗旨的党。党，是孩子们的母亲，是人民的亲人。过去，是党把中国人民从水深火热之中拯救出来；今天，又是党带领我们奔向四个现代化的锦绣前程！

建邺区五金厂退休老工人左润德老人向本报记者诉说日军暴行，谴责日本文部省在教科书中篡改侵华史实的行径。本报记者 张 震摄

南京人民的愤怒

——当年“南京大屠杀”的受害者控诉日本侵略者的暴行

本报记者 周正荣 （刊于《新华日报》1982年8月6日第一版）

日本文部省审定的历史教科书把当年日本法西斯侵略中国涂改为“进入”中国，甚至对当年血腥的“南京大屠杀”提出种种荒谬的辩解。这一事件激起了南京市人民的强烈愤慨。墨写的谎言掩盖不了血写的罪恶。连

日来，当年“南京大屠杀”的幸存者和遇难者亲属，纷纷用血泪控诉日寇残杀中国人民的暴行。

血洗王府巷

现在的建邺区石榴新村，当年是个300来户人家的棚户区，叫王府巷。在“南京大屠杀”中，这个地区遇难人数虽不是最多，但从这里被血洗的事实，已足见日寇残暴之一斑。

现在的建邺区医院，当年是个卫生所。1937年12月的一天，日寇进城后在卫生所放了火，火光冲天。附近的居民纷纷赶去救火，不料救火的人刚涌到跟前，早已埋伏在隔壁日本军营（现在的省委党校内）的日本兵大批翻墙而出，端起刺刀就捅，捅死就扔进火堆。有的被日本兵活活推进烈火中烧死。在这场灾难中，单是王府巷的居民，就被日寇烧死20余人。

卫生所惨案之后，日寇反复几次血洗王府巷。死里逃生的当地居民左润德老人向我们叙述了当时的情景。日本兵看到行人，便尾随到家里，用刺刀戳死。有个叫王二顺的年轻人，被日寇抓住，剥了衣服，让狼狗咬。鬼子朝哪里指，狗朝哪里咬。王二顺肚子被咬破，肠子拖出来，惨不忍睹，最后致死。左润德当时18岁。有一天，他和另外七八个人被日本兵抓住了，押进一间空房子。日本兵让他们面朝西，跪成一排。左润德和他一个邻居跪在这一头，日本兵从另一头开始用刺刀捅人。左润德用胳膊碰碰他的邻居，两人突然站起，夺门奔逃。日本兵端着刺刀劈面向左润德刺来。左润德一侧身子，刺刀划破了他的胸部。左润德抓住刺刀，把日本兵推倒在地，日本兵连开两枪，打偏了，左润德才得以逃生。其余几人全被刺死。当年小小的王府巷，在几天里，被日寇杀死的本巷居民和过路人竟达500多人！

说到在“南京大屠杀”中遇难的人数，左润德说，当时满街尸体，血流遍地，死亡的人要远远超过当时国际红十字会公布的数字。他说，当时红十字会派出卡车沿街收尸，每车配3人。一个驾驶员，2个抬尸体的工人，驾驶员负责记录死亡人数。红十字会的数字，主要就从那个记录统计起来的。然而，这是极不完整的。他们收尸，只是收显眼的地方，藏在角落和许多埋掉的尸体未算在内。左润德当时拾破烂，在垃圾堆、阴沟洞、墙角里，随处可见尸体。收尸从冬天继续到夏天，许多尸体早就烂掉了。而且大量尸体被日本人抛进了长江，在连续一年的时间里长江总是不断地发现有漂浮的尸体！

“难民营”的苦难

“南京大屠杀”开始后，红十字会把各国使馆集居的鼓楼地区划为“难民营”。居民们以为“难民营”是安全的，老人、孩子、妇女都往那里涌，挤成了人堆。谁知，那里同样被日本兵变成了杀人的屠场。

下面是当年难民被大屠杀的目击者，现在石榴新村居委会主任曹广荣的叙述：“我当时16岁，在兵荒马乱中已经结婚。全家逃到现在宁海路附近的难民营。开头2天，没一点动静，我们觉得这里蛮好的。第3天，腊月初三，开来了大队的日本兵，见人就杀。我们躲在屋角里，颤抖地缩着。第二天早上，我到一个大水塘边淘米煮粥，一看，一个大水塘周围，净是死人，叠成了堆，塘水染得血红。我吓死了，米也丢了。我们100多个逃难的人，挤在一间大公房里。第二天，日本兵进了这个大房子，手指到谁，谁就要出门，被绑上。一共点了50多个人，全被带到100米远的一个大塘边，被机枪扫死了。

“一亩地”的冤魂

在当年大屠杀开始后，许多在郊区有亲戚朋友的居民，都纷纷逃往乡下。但是他们并未能逃出日本法西斯的魔掌，而是同郊区无辜的农民一起承受了这场劫难。南京市糖烟酒公司业务科长马明福同志就是这场劫难的幸存者。

马明福当时7岁，祖居南京，做小生意，外祖父住在现在郊区的沙洲公社。城里大屠杀开始后，马明福的父母带着4个孩子逃往乡下。马明福最大的姐姐九岁，一个妹妹4岁，最小的弟弟刚满一周岁。他们到乡下的第二天，日本鬼子就来了。鬼子们争着用棉花球蘸了汽油往房子上点火，然后端着刺刀站在房前狂笑。村子里的人都躲在离村子四五百米远的一个地方。那地方有一亩地大小，中间低洼，三面是高土坡，一面是水塘。村上五六十口人连夜在洼地中间草草挖了个洞，用树枝遮上。马明福一家六口，连同外祖父母、3个舅舅、一个姨表姐，都藏在那里。日本兵发现了“一亩地”藏着人。他们把洼地包围起来，从两边的高坡上开枪向洼地里的人射击。不到半小时。60多人被打死了一半多。马明福的外祖父和二舅、三舅都被打死了，马明福的母亲，正抱着一周岁的小儿子喂奶，日本鬼子的子弹打中了她的胸部。这位30岁的母亲当即死亡。她的着弹点，离怀里的小儿子只有一寸远。妈妈身上的血，溅到了依偎在身旁的4岁小女儿身上，小女儿看到自己身上有血，吓得对爸爸喊道：“爸，我也被打着了……”一句话刚说完，日本鬼子的子弹就打进了这个4岁女孩的肚子，女孩当即身亡。在这同时，马明福的姨表姐双腿被打烂，流血不止而死。马明福一家和他外祖父家，当场死了6人！这时，天黑了，日本鬼子说笑着离开。幸存者落荒逃走。奔逃中，7岁的马明福和他的父亲失散，被一个陌生人带着跑了20多天，才被家人找着。

马明福同志愤慨地说，日本文部省昧着良心篡改侵华历史，不但在中国人民面前通不过，在日本人民面前也通不过。一切企图让军国主义死灰复燃的蠢举，都将被历史潮流所粉碎！

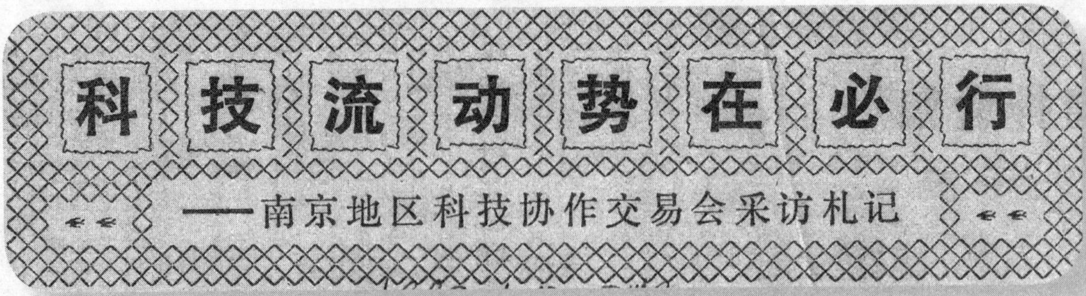
科技流动势在必行
——南京地区科技协作交易会采访札记

科技流动势在必行
——南京地区科技协作交易会采访札记

本报记者 周正荣 （刊于《新华日报》1982年1月4日第四版）

南京地区科技协作交易会最近在南京市朝天宫举行。这个交易会，反映了目前科学技术同生产脱节的问题，同时也展现了解决这个问题令人鼓舞的前景。

亟待解决的问题

这次交易会上，最令人动心的是中、小企业呼吁专家们解决他们的生产技术难题。在轻工、纺织馆，“招贤榜”“呼吁书”触目皆是。关于“大桥”自行车和“熊猫”缝纫机的技术难题就有十个。据南京市一轻局的同志介绍，这些难题只是实际难题的一部分，由于交易会准备比较仓促，大量的难题还没提上来。这些难题，都是直接影响轻纺上水平、上速度的燃眉之急。比如，“大桥”自行车的“五通”，是个关键性部件，目前用老工艺生产，如果采用橡胶棒冷挤压工艺，不但可以提高强度，保证质量，而且可以降低成本，大幅度提高经济效益。

科技部门的同志逐个分析了中、小企业提出来的230多个难题，发现其中的80%可运用南京地区的科技力量加以解决。比如上面说的"大桥"自行车“五通”工艺改进问题，交易会开幕不久，就有单位揭榜愿意解决，目前正就经济问题进行洽谈。又比如，南京机械系统提出一个散热器镀锡、镀锌难题，通过交易会的同志请一些国营大厂的科技人员座谈，找到了解决办法。

中、小企业大量的技术难题得不到解决，主要是因为那里的科技力量严重缺乏。南京地区拥有科技人员45000多人，是常州市的九倍，大部分分布在高等院校、研究所、军工厂和国营大厂。南京二轻系统有的小厂担负着人民生活必需品生产的重任，却连一个受过高等教育的技术员都没有。科研单位、高等院校和国营大厂科技人员高度集中，造成了人才的积压和浪费。交易会上，我们访问了几位大学的老师，他们反映，目前高等学校基础课教学的任务比较重，而专业课教师工作量排得不太满，可以搞点科研和生产。如果让这些有学问的老师把业余时间和精力用以解决中、小企业迫在眉睫的生产难题，他们将能为社会创造多少财富？

闸门已经启动

科技人才需要流动，但是，又受到现行体制的限制。怎么办？办法是有的；人才流不动，可以借助经济杠杆的作用，搞技术流动。

所谓科技流动，即如这次交易会所实行的通过转让科技成果、解决企业生产难题的有偿协作以及科技咨询服务人才代培等方式，把大专院校、科研所的科技成果转移到工厂企业；把军工的技术转移到民用；把国营大厂的技术转移到地方中、小企业。在这次交易会前，就有许多单位在自发地搞了，效果很好。"渤海二号"石油钻井台翻沉以后，交通部为清理航道，并捞取部分主要设备，请烟台打捞局把四条桩腿炸掉。打捞局把这个难题交给华东工程学院，付给工程费65000多元，华工采用水下聚能爆破切剖新技术作业，结果一次成功，华工把所得款的20000元留给院里作科研教学基金，25000元给有关的系，并给参加者一部分奖励，各方皆大欢喜。这次交易会上，由于各方面通力合作，中、小企业提出的难题，有71%找到了解决办法。

抓紧“搭桥铺路”

在这次交易会上，科技流动，受到工厂企业领导同志和科技人员众口一词的赞扬，认为这是解决目前科技和生产脱节问题的一着好棋。武汉、上海、　　沈阳等地已经开始搞了。现在需有人为科技流动铺路搭桥。但人们担心这次交易会结束后人走茶凉，率由旧章。大家建议，由科技部门出面，设立一个常设机构，比如科技协作交易中心或公司，负责沟通工厂企业和大专院校、科研机关的联系，使科研单位的新成果，及时供生产单位选购，工厂企业有了技术难题，及时通报科研机关和大专院校，让能者揭榜。有关的成交谈判，由交易中心见证和仲裁。另外，目前科技交易还缺少明确的经济政策。这次交易会上有些科技人员明明有足够的把握解决难题，但他们反复打听经济政策，举棋不定，怕接手解决了难题吃力不讨好，本单位领导怪他多事，怕别人眼红，怕拿不到应得的报酬。如果有关部门制定一个比较妥当的经济政策，既体现发扬风格、为四化出力的精神，又体现按劳付酬的原则，这无疑将能更充分地调动科技人员的积极性。

工作研究

工程师提前退休造成人才浪费

本报记者 周正荣

（刊于《新华日报》1983年5月10日二版）

最近，我们到南京市退休工程师协会采访，得知目前许多工程师为了解决子女就业问题，提前退休，造成了人才的严重浪费。

这个协会现有150名会员，都是中、高级工程师。他们的平均年龄为59.4岁，其中50岁以下的占15.8%；50岁到60岁之间的占37%。这就是说，不到退休年龄而退休的占一半以上。其中退休时年龄最小的只有44岁。提前退休的工程师基本上是解放后党在50年代至60年代初培养出来的大学毕业生，和从有实践经验的工人中培养出来的中级科技人员。他们大都身体健康，有的有些小病，但是还能工作。他们退休，有95%是为了让待业的子女顶职。也有少数人是因为与原单位领导关系不融洽，他们内心是不想退休的。应该说这是一种很不正常的现象。国家培养一个大学生不容易。何况这些同志又不同于刚出校门的大学生。他们不但具有专业理论知识，而且具有生产和科研的实际经验，一般具有解决复杂问题的能力，正是大显身手的时候，却离开了自己战斗的岗位，丢了专业，让毫无经验的徒工来“顶职”，这简直是“丢车保卒”，浪费人才。

一方面是工程师提前退休，而另一方面，某些中、小企业又非常缺乏技术力量。中华门外有家南京工具厂，也就是过去的张小泉剪刀厂，这个厂有700多职工，产品行销国内外，竟连个正式的技术员都没有。厂里设备也比较落后，他们生产钳子，头部的斜面，竟是用手工在砂轮上磨出来的。像这一类的工厂多么需要科技人员啊！

工程师年龄大了，或者虽未到达退休年龄但丧失了工作能力的，理应退休。至于为了子女顶职而提前退休，却是违反政策的。子女就业，应当根据党的政策，由劳动部门逐步解决。所在单位也要热情帮助工程技术人员解决后顾之忧，设法使他们的子女尽快就业，但却不能违反政策。有关部门更要严格把关，不到退休年龄的，不准办理退休手续。有些同志说：某工程师在职不能很好发挥作用，还不如让他们退休自找门路发挥作用。这种看法是不正确的。目前由于人才管理制度上的一些弊端，造成有些单位工程技术人员过多，或专业不对口，不能很好发挥作用。这个问题，只能通过改革管理体制和组织科技人员合理流动来解决，而不能采用提前退休的消极办法。

自力更生开拓新生活

——南京商业改革中四位大有作为的青年店员

本报记者 周正荣（刊于《新华日报》1983年2月8日一版头条）

编者按：一家菜场试行经营承包贵任制，让职工自找对象，自愿结合承包组，没想到，剩下几位青年没人要。其中有3位女青年急得哭了。后来，4位青年自己组合，办了个卖酱油小菜的“争气店”，他们历经艰难，小店越办越红火。这事成了南京市商业战线的新闻，《南京日报》曾作过简要的报道。这篇通讯在一定程度上反映了这几个青年人的精神面貌，读来挺有意思。

朱惠如、钱玉霞、秦爱萍这三位女青年完全没有想到，报纸上宣传的改革会这么快地来到她们身边。而且，一下子改变了她们的生活节奏。

那是1981年9月的一天，南京市雨花台区的商业科长来到3位女青年工作的卫东菜场召开职工大会。他宣布，卫东菜场总是亏本，靠借钱发工资，这种状况再也不能继续下去了。现在，区里决定在这里搞经营责任制试点。办法是：自愿结合，自找对象，分组包干。“打着鱼的吃鱼，打着兔子的吃兔子。”顷刻间，菜场里一片动荡。大家挑挑拣拣，各自在心里选择那些有技术的，肯吃苦的，会经营的，合得来的，欢欢喜喜连成组，向菜场报上名单。在一阵混乱之后，菜场正式宣布各承包组名单。朱惠如等几位青年突然发现没有自己的名字。这就是说，人家没有挑中自己，不愿意和自己结合。这就意味着，从现在起，她们的“铁饭碗”砸了！年轻人可从未经历过这种严重的局面。她们又气、又急、又羞、又怕。几位女青年强忍住泪水，找到区财办和区供销社的领导同志告状：“他们干，我们也在干的，我们又没犯什么错误，凭什么把我们甩了？”说着说着，泪水夺眶而出。可是，干部们好像早就统一了口径，都说：“同志哎，又没讲你们犯错误。我们把政策交给群众，办法是大家想的。人家不结合你们，有什么办法？你们自己想办法吧。”供销社的领导安慰她们说，“别着急。别人不结合你们，你们这几个人也可以结合嘛。正巧，这一带缺个酱油店，你们合起来开店吧。”几位年轻人在冷静地考虑了自己的处境之后，不约而同想到了一起：“哼！不争馒头还要争口气呐！我们几个团结起来，哪怕吃再多的苦，也非把这个店办好不可！”她们推选卖过干货的朱惠如当了组长。还有一个刚顶职进菜场的男青年小林，菜场搞承包他正在福建度探亲假，回来以后也进入这3个人的行列。

4位青年走上了开拓新生活的征途。这可是一条艰难的道路。白手办店，没有资金、没有柜台、没有货架，有的只是菜场划给他们的一间破房。人家菜场承包以后已经热烘烘地干起来了，这边办店的几个年轻人急得要哭。3位女青年商量之后，咬咬牙，一人掏出50元钱，凑了150元钱作为办店资金。她们买了杆小秤，买了抹布，买了4只装酱菜的小钵子。大的贵，她们只敢买三四角钱一只的小钵子。又买了酱菜。朱惠如把自己家里盛饭的勺子带到店里卖酱菜。菜场分家时，别的组的人把柜台都搬走了。没有柜台、货架怎么开店？三位女青年找到雨花台供销社的领导，诉说困难。集体商业管理组的老徐同志突然想起供销社的仓库里有破旧的柜台和货架，要她们去看看。女青年们钻进仓库，只见别的单位用坏扔在那里的货架、柜台有的缺腿，有的没有隔板。她们把货架运回来，花了30多元钱，请木匠修好，将就着用起来。

酱油店在艰难中开张了。4个年轻人七手八脚地摆出了酱油、萝卜干、味精、小盐之类20几个品种。但是，小本经营，生意清淡。开门第一天，只卖了五六十元钱。一个月下来了，工资开不出，只好向上级借支。4个年轻人在一起开会。他们商量：这样下去怎么得了？朱惠如说："怎么办好店，我说不出来，最好换个组长。"大家就另选钱玉霞当组长。小钱决心很大，她说："好吧，只要大家团结一条心，不愁小店办不好。"她把自己3岁的孩子送给母亲照料，豁出去了。这个矮个子的女青年精神抖擞，满城跑，了解市场行情，什么东西好销，她就采购什么；顾客打听什么货，店里就卖什么。商品从油盐酱菜扩大到酒、肥皂、卫生纸，营业额不断扩大。秦爱萍怀孕快临产了，还坚持顶班。伙伴们叫她歇歇，她说："店是我们4个人开的，我能看着你们受苦吗？"去年初，这个小店经历了最困难的时期。当时，小秦生孩子，运输员小林住医院开刀，只剩下钱玉霞和朱惠如。考虑到请人运货要增加费用，2个人硬着头皮顶了下来。她们上午进货，下午和晚上卖货。运货时，她们不会骑三轮车，大个子朱惠如在前面拖，小个子钱玉霞在后面推，一次五六百斤。她们每天从早上五点忙到晚上十一二点，中午请店门口的小朋友买几块饼当饭，2个女青年3个月中竟没有休息过一天。人们看了大为感慨："这些姑娘平时衣裳笔挺的，什么时候吃过这种苦噢！"3个女青年都已结了婚。丈夫们见她们那么苦干，于心不忍。因此，每当店里大批进货、大扫除、搬动货架，几个女青年的丈夫就自动跑来帮忙。商店逐渐显露出了生机。年轻人看到了希望，越干越有劲，营业额扶摇直上。

一分耕耘，一分收获。不久前，雨花台供销社的会计打开账本，兴奋地介绍了4青年的酱菜店令人惊喜的经济成果：去年，区商业部门和4个青年定的营业额为4万元，他们实际完成80621.65元。利润，当初上级考虑，4个年轻人能把饭碗保住就不错了。全年利润指标只是象征性地定了80元。没想到，这个店全年盈利3199.58元，是规定指标的四十倍！除去基本工资外，他们每人全年分得提成工资175元。

改革改出了丰硕的物质成果，也深刻地改变了人的精神面貌。4位当初受到人们轻视的年轻人，用自己辛勤劳动的汗水，改变了自己在人们心目中的形象，赢得人们尊敬。区供销社的干部老叶同志说，改革之初，他去那个店，姑娘们马上沉下脸。他打招呼："你们忙吧？"女青年白了他一眼，说："唷，忙！忙什么？我们是没人管的人！"现在老叶再去，年轻人笑吟吟地老远就叫了："哎，叶师傅，来唷，我们有事要向你汇报呐！"

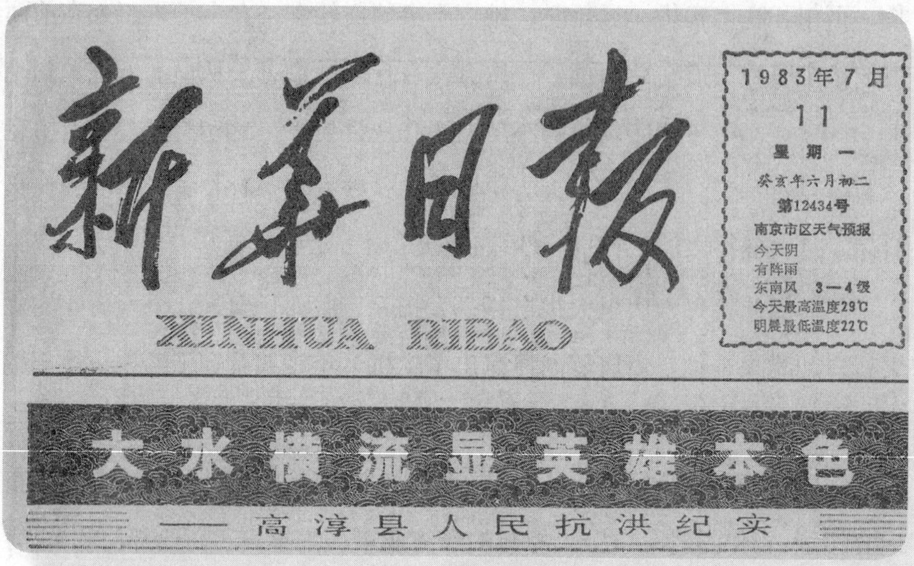
新华日报
XINHUA RIBAO
1983年7月
11
星期一
癸亥年六月初二
第12434号
南京市区天气预报
今天阴
有阵雨
东南风 3—4级
今天最高温度29℃
明晨最低温度22℃
大水横流显英雄本色
——高淳县人民抗洪纪实

大水横流显英雄本色
——高淳县人民抗洪纪实

本报记者 周正荣（刊于《新华日报》1983年7月11日一版头条）

6月下旬，长江中下游连降暴雨，皖南山洪暴发，高淳县固城湖顿时浊流翻滚，水位暴涨。7月3日，水位达到12.03米，超过警戒线2米多，接近解放后最高水位。

1954年，当固城湖水位上升到12.45米时，高淳全县80多个大小圩的堤相继决口，20多万亩良田沦为泽国，数千农户房倒屋塌，10多万人被水围困。从那以后近30年来，高淳圩区的防汛设施有了很大改善。但是，由于受“左”的路线影响，苏皖毗邻地区的固城湖、丹阳湖、石臼湖被大量围垦，固城湖的蓄水量锐减。这次历史罕见的洪峰袭来，给沿湖人民生命财产带来严重威胁。

抗御洪峰，保圩、保家、保丰收！高淳县委、县政府发出紧急动员令。经过多次洪涝灾害考验的高淳县人民，迅速投入了抗洪抢险斗争。一辆辆装载着草包、芦席、毛竹等救灾物资的卡车，向圩区奔驰；5万多名民工火速开上300多里长的临江、临湖地段，突击加固加高圩堤，县、社1000多名干部赶赴防洪第一线，分段把守；250多支强壮劳力组成的抢险队，划着抢险船，昼夜不停地巡逻在数百里长的水面上。

在抗洪第一线，人民群众表现出顽强拼搏的精神。抗洪斗争非常艰苦。从发出警报那天起，抗洪队伍就来到圩堤上，整天整夜地冒着风雨挑土，在烂泥中跋涉，浑身上下净是泥水，人们疲惫不堪。有的农民，一坐下来就打呼噜睡着了，惊醒了揉揉眼睛再干。6月29日上午8点，大雨倾盆，湖水猛涨。义保圩的一只涵洞突然被洪水冲破了，粗大的水柱像一条蛟龙，猛烈地向圩内喷涌。圩内东坝、漕塘两个公社5000亩庄稼和3000多人的生命财产受到严重威胁。“不好了，快来救圩呀！”抢险的农民闻声

人在圩堤在，这是沧溪公社干部群众正在打坝

扛着麻袋、树桩从四面八方赶来。但是，漏洞紧靠河底，水流湍急。明知下水堵漏，有被吸进洞的危险，社员傅来富挺身而出，抱起一只大麻袋“扑通”跳进水中。岸上的人紧急地注视着水面。好一会，才见傅来富从水底冒上来，脸色煞白。“水太猛，树棍！快拿树棍！”随着他的喊声，两位社员抱着树棍跳了下去。傅来富又抱起一只麻袋潜入水底。经过一个多小时激战，终于堵住了漏洞，使义保圩免除了一场灾祸。

在抗洪斗争中，高淳县人民发扬了共产主义风格。当圩堤上出现漏洞的时候，农民们自动扛来自家的门板、木料，抱来棉絮、成捆的衣服和成袋的粮食，只要能用来堵漏，他们什么都舍得。7月2日相国圩、保胜圩地区刮起七级阵风，一尺多高的巨浪无情地冲击着裸露的圩堤。1954年，就是这样的大浪冲决了圩堤。这次，为了挡浪保圩，社员们飞奔回家拿东西护圩。沿线几个大队的社员一下子献出了70多万斤稻草，一万多根杂木棍，数千只塑料袋和大量芦席、草袋等。由于外洪内涝，泥土稀烂，为了保圩，不少社员让出自己房基挖土，有的则在紧急情况下，毅然拆房让地基取土筑圩。当圩区人民遇到危难的时候，山区群众热情地伸出了援助之手。从6月30日开始，地处丘陵山区的顾陇、古柏等公社有数百名民工，从数十里外赶到圩区，帮助把四千万斤储备粮转移到安全地带。7月2日深夜11点，县食品厂工人已经在圩堤上干了一天一夜，精疲力竭。这时，他们得知：从安徽过来一批灾民，吃饭发生困难。他们立即从圩堤赶回车间做糕点。96位工人师傅忙到早晨六点，做成3万只糕点，及时供给安徽灾民。

在洪水威胁面前，高淳县的广大干部和共产党员忠于职守，到最艰苦的地方指挥抗洪，为群众做出了榜样。抗洪开始以后，县委领导同志各自到一个居住着万人以上的大圩去坐镇指挥。县指挥部里的灯火彻夜通明。县委一位负责同志患冠心病，他顾不得个人安危，哪里有险情，就赶往哪里。61岁的县委组织部长孙明，负责领导县城西舍圩的抗洪，这里是要害地段，他生病一天腹泻七八次，还躺在工棚里指挥抢险。

7月8日晚上8点，高淳水文站报告：固城湖水位已经升高到12.45米，超过了警戒水位2.5米，达到了解放以来历史最高水位。这就是1954年圩区复没、县城被洪水围困造成惨重损失的水位！但是今年这个时刻，高淳人民的抗洪斗争，取得了重大的胜利。圩外白浪滔天，圩内各种庄稼茁壮生长。

现在，高淳县人民正以高昂的斗志迎接更加严峻的考验。

“他像个共产党的书记”

——记南京晨光机器厂党委书记曹克明

本报记者 周正荣 （刊于《新华日报》1981年6月27日二版）

紧张快干

先说一段曹克明上北京的故事。

那是今年2月的事，曹克明带着厂里民用产品的计划落实问题，几个基建项目的上与下的问题和生产急需的木材供应问题，去北京向国务院几个部和若干主管处局汇报，请他们拍板。12日晚上9:30，曹克明乘坐北上的126次列车。在奔驰的列车上，他精密地构思好到北京的工作计划。13日下午3点多钟，列车准点到达北京。4:45分，他到部招待所，没有来得及登记，放下提包，就赶往部机关，利用人家下班前的一个多小时汇报工作。晚上，他饭碗一放，抱上电话机，同第二天要找的同志一一约好。第二天吃过早饭，曹克明便从七机部到商业部，到煤炭部，到国家物资总局，到这些部局下属的计划局……到了下午5:40，三件大事办成，曹克明又赶往火车站买票。晚上7:20，首都已是万家灯火，曹克明这才松了一口气，登上了南下的列车……

读者看到了，这个曹克明上一趟北京，跑了5个部，9个处、局，办成了三件大事，来去竟然只花了4天时间！

曹克明是个名符其实的实干家，他干了多少事呵！“文革”中，成千上万的人被赶着去破坏，他抓建设，埋头在基建工地的砖瓦木料之间。十年动乱之后，锻造工房建成了，水压机房建成了，总装工房建成了，家属宿舍建成了，给青年人造的结婚平房竣工了……二十几座高楼拔地而起。还有，闻名全市的厂区绿化是他抓的，在部系统冒尖的清仓利库也是他抓的。他干的事，看得见，摸得着，有头有尾，经得起历史的考察。

党的三中全会以后，实干家吃香了。去年4月，他这个47岁的副厂长被选拔为党委书记。

曹克明当了党委书记以后，当厂里重大的决策在党委和厂部领导会议上一作出，他马上按党委的意图紧张地工作起来。厂里的同志说：“老曹拼命了！”他几乎没有节假日，终年泡在厂里。有时候他顾不上吃饭，就一边啃馒头，一边打电话办事。他用休息时间看文件、批文件，难得坐在办公室。今年年初二的早晨，南京城里响着此起彼伏的爆竹声。干部工人探亲访友，厂区静悄悄的。曹克明一个人倒背着手，在十八车间外面迈着大步，走过去，停一下，又走回来。总装车间一个节日值班的同志看了摸不着头脑，紧张地告诉另一个同志：“哎，曹书记不在家过年，一个人在那边走过来、走过去，干什么？”那同志笑着告诉他：“老曹的大脑灵光得很，他在用一步一米的等距离步子丈量土地，考虑厂区的规划部署呢！”

摆兵布阵

曹克明是个实干家，但他并非孤军奋斗。他以实干家的独特风格，调动职能干部的积极性，大刀阔斧地排兵布阵。

曹克明上任以后办的第一件事，就是提高工厂领导机构的办事效率。他不声不响，花了一个多月时间，对全厂40多个单位的现状做了过细的调查，向党委会作了汇报。党委根据曹克明的建议决定，把那些职能雷同、重叠的科室，有的撤了，有的拆了，有的并了。晨光机器厂去年一年就精简了7个科室。7个科室，数字并不显眼，但由此而减少的扯皮事件，却是难以计数的。

为了吃透下情，使自己的指挥准确有效，曹克明养成一个习惯：每天在全厂的角角落落转，在干部工人中间转。厂里8点上班，他7点钟进厂，像农村生产队长清晨踏田那样，在全厂转上一圈，晚上下班以后，他还要在全厂转一圈。在车间和基建工地，他一边看，一边同工人、干部说说笑笑。有时，往小本子上记几句。他上班转，厂休日转，晴天转，雨天也转，白天在市里开会，晚上还"开小差"回厂转。曹克明对厂里各方面情况烂熟。哪台机器是什么型号，在哪里摆着；干部工人在想什么，有什么欢乐和烦恼，他清清楚楚。他去上级机关汇报工作，不用报表，不翻笔记，讲开了头，成串的数字、事实，涌流不息，不打一个结巴。部里同志戏称曹克明"活电脑"。中层干部向他汇报情况总怕出岔子，因为有时候他掌握的情况比下面的同志具体。有一次，一个中层干部汇报了几个数字，曹克明听了说："你这数字同上回讲的不对头。"那个同志一翻本子，果然如此，闹了个大红脸。曹克明对第一线情况了解如掌上纹路，因此，他做报告、提意见，没有废话，十分具体，有条有理。有的同志说："在老曹手下工作，痛快。"

曹克明做领导工作，还有一个很大的特点。他不是摆出领导者的架势，对你“一布置，二检查”，而是同下级同呼吸，共忧愁。他布置任务时常说：“办成了，别汇报；办不成，有困难，找我。”对于事关全局的重要工作，他总是挽起袖子，同大家一道干。清仓利库，党委分工曹克明同志抓。这是一项艰巨的工作。晨光厂历史很长，各种多余的设备和材料堆积如山，价值1000多万元，涉及全厂40多个单位。完成这项工作，单是慷慨激昂的号召是不抵事的，单单发几条命令也未必奏效。曹克明把各方“土地”邀到一起，自己抓把算盘，带着大家钻进灰尘扑面的库房，清点物资，定下价码，列出明细账目。接着，又开物资调剂会。曹克明像个忙碌的大管家，登广告，发请帖，安排来客住宿，他无所不干。到市里开会，他利用会间10分钟休息时间打电话回厂问情况，外出回厂，他首先直奔门市部翻查销售记录。也许有人责备曹克明是个事务主义者，然而，正是在曹克明劈里啪啦的算盘珠响声中，晨光厂清仓利库的机器吱吱转动起来，而且越转越快。在一个多月中，他带动职工四次清仓，三次开物资调剂会，处理积压物资300万元。以后不断扩大战果，达900万元！资金富裕了，发展新产品生产有了资本，解决职工福利设施也有了资金。一着棋走活了全局。曹克明被部里请到北京介绍经验，他的讲话被灌成录音带在全国许多工厂放。

感动上帝

作为党委书记，曹克明没有忘记自己的主要职责是做好职工的政治思想工作。他是一个政治思想工作的能手。不过，这个实干家做思想工作也有他独特的地方。像党委书记们通常做的那样，曹克明也和职工谈心。去年10月，他针对中层干部中反映出来的思想问题，花了近2个月时间，深入全厂16个车间，32个科室和干部交谈，了解情况，做过细的疏导工作。但他主要不靠这个。他有一个观点：做思想工作，不能光用官腔和套话去教训人，而应当解决职工的实际问题，让他们感受到党的温暖，他们才会和党一条心。

曹克明给干部职工解决问题热心，干脆。能办的，他说：“行，你别跑了，这事我给你办了。”不能办的，他干而脆之：“这个不行，不能弄的。”并且如此这般，把利害关系摆给你听。他不用“研究研究”之类的托词糊人。工具科一位老工人，抹着眼泪对曹克明说，她女儿力气小，干泥瓦工不合适。几天之后，那姑娘当了漆工。

由于曹克明热心解决职工困难，找他的人很多。他的家，简直就是厂部的接待室。在他上班前和下班后，来访者络绎不绝，有时如同医院门诊排队挂号，要挨次序。曹克明不管多忙，总是来者不拒，诚挚交谈。大女儿怕爸爸眩晕症复发，有时候给他挡驾，说：“我爸到现在还没吃饭呐，叔叔，请你明天到厂里找他吧。”曹克明知道了，大光其火：“你这孩子，真不懂事，人家找我，总有难处，怎么好不接待！”

曹克明因为天天在下面跑，他对于全厂职工大面积的“柴米油盐”问题，对于他们生活中的实际困难，感觉格外敏锐，有着切肤之痛。有些问题，职工没提，他发现了，便全力解决。武定新村家属区职工浴室年久失修，容量小，家属洗澡拥挤。他上任不久，就抓了这事。他不但抓了新建浴室，还在那里扩建了托儿所、新建了保健站，亲自督促清理和改建了臭气冲天的垃圾场，一揽子解决了1000多户职工家属的洗澡、看病和孩子入托等问题。他抓了职工宿舍的新建和改建工程，使数百户职工的居住条件得到了改善。厂里自行车多，下雨天没地方放，他亲自规划，建了17个自行车棚。他听说有几个车棚光线暗，工人下班找不到自己的车子，又亲自找人装了电灯。去年，厂里把200多名高初中毕业的职工子弟收进厂搞“自费学徒”，他动员时热情地说：“从生产看，不需要；论思想教育，这些孩子娇。但从社会发展看，从解决职工后顾之忧看，还是要搞。”曹克明还把好事做到退休同志头上。去年6月，他主持制定了关心离休干部的12条措施，办起“离休干部活动室”，让他们看书、下棋。有的同志劝曹克明同志“超脱”些，不必抓得太多、他总是笑笑说：“我不是为自己，是为工厂，为党的事业。看着事情在那里，我不抓手痒。”

群众十分尊重和爱戴脚踏实地、奋发有为、努力用自己的聪明才智为人民服务的实干家。实干家曹克明，赢得了晨光机器厂职工的尊敬，职工评论他：“这个同志不错，像个共产党的书记。”

三老查价九个月

本报记者 周正荣

（刊于《新华日报》1980年12月23日一版头条，《人民日报》转载）

天蒙蒙亮，寒冬的街巷冷得冻耳朵。3位年过花甲的白发老人，一个拿秤，一个夹账本，一个怀揣袖珍电子计算器，碰面了。他们互道早安以后，便贴着墙根走去。他们突然出现在一家熟悉的早点店门口。拿秤的老人抓过一把油条，放进了秤盘，随即报出了斤两。夹账本的老人开始用蝇头小楷记录，拿计算器的则高兴地宣布：“足秤！”店主人笑了，顾客们也会心地笑了。

查和不查就不一样

这三位义务物价检查员，为南京市四牌楼、丹凤街、玄武门一带的营业员和顾客所熟悉。拿计算器的老人是组长刘老——刘祖修。掌秤的是王老——王继海。记账的是钱老——钱铁梅。3位退休老人从今年8月结伴查价以来，不论刮风下雨，每天上午像时钟一样准确地出现在南京街头，复秤、查商品标价和规格质量，执行着维护国家价格政策尊严和保障消费

三老查价九个月

义务物价检查员刘祖修、王继海、钱铁梅在给顾客复称　周正荣摄

者利益的神圣职责。刘老走路有点瘸。他年轻时在上海是有名气的足球运动员，膝盖骨受伤，开过几次刀。不少人见刘老查价时跌过跤。究竟跌过多少跤？他不讲，也就无法统计。为查价方便，刘老还自掏腰包，买了一只袖珍电子计算器。67岁的钱老身体不好。街坊邻居劝老人：一把老骨头了，早上在家焐焐被窝，白天养养花，不蛮好？偏要去找人家岔子，卖老命！但是3位老人劲头足得很。有的说：反正我早上要锻炼身体，查价正好。有的说，这是为国家和老百姓做好事，很光荣的。玄武区工商分局的同志怕老人跌跟斗中风，劝他们天气不好就别出去了。老人不听。有一天早晨，大雨滂沱，3个老人不约而同，有的打伞，有的穿雨衣，湿淋淋地在街头碰面。营业员都认识他们，为了查到真实情况，三老站在一家菜场门外的雨地里复秤。菜场营业员大概以为下大雨3个老人不会去查了。三老复秤30多笔，只有几笔足秤！3个老人感叹得很：瞧瞧，查和不查就不一样。

他们找到营业员，营业员脸红了。

3个“包公”亲密合作

3个老人配合默契，真如天造地设一般。组长刘老是大学生底子，又是玄武区人民代表，在当地居民中很有点威望。掌秤的王老，敢说敢做，人称铁面包公。他给顾客复秤，说少一钱，就少一钱，没有差错。有的营业员开始不服气，冲他嚷：“你不懂，你那秤不准！”王老不动声色，从衣兜里掏出事先准备好秤的天平砝码，当场校秤。那营业员傻了眼，捏着鼻子给顾客补货。次数多了，营业员都佩服他，没人再提“校秤”之说。负责记录的钱老，退休前在上海当会计，心细，工作责任心强。被复秤的售货员的单位、号码，顾客姓名、住址，东西多少，钱多少，差错多少，一点一撇，他全用蝇头小楷记下，毫不含糊。晚上，钱老等家里人看过电视，他还要坐下逐条整理白天账目，归纳、总结出物价动向和存在问题，向区工商分局汇报，常常忙到深夜。特别值得一提的是：钱老还在刘老、王老帮助下潜心研究，搞了个“物价、斤两、付款换算表”。顾客买几角几分钱肉，说明价格，钱老眼朝表上一瞄，马上报出应得的斤两，反之也一样，算零售账比电子计算器都快。他们过去设计的分类商品换算表已经被市物价部门推广到全市。现在，他们又已经设计出通用表，各类商品都能查验，大大节省顾客等待时间。

踏破门槛不怕难

三老给自己提出一个标准，叫作：“磨破嘴皮不嫌烦，踏破门槛不怕难。”他们查价碰再大的钉子，也不和人吵架。鼓楼医院对门的星火日夜商店，3位老人连续几次去查他们的小包五香豆、瓜子、橄榄，分量不足，教育多次总不改。这个店是三班制，早上去查，他们说瓜子是上夜班的人包的，下午去查，又说是上早班的人包的，互相推诿。老人苦口婆心教育他们，有的姑娘对着老人嗑瓜子。刘老问：“你这瓜子是买的，还是拿店里的？”“毕剥”，姑娘又嗑了一颗，不回答。老人咽口唾沫，仍不发火。他们去找区中心店负责同志反映了情况。中心店的领导同志很负责，支持3位老人，很快去店里整顿。先做店里同志思想工作，又定了交接班制度，奖惩制度，明确责任。店里很快发生了变化。3位老人再去查，几次查了12个品种，过了37笔秤，笔笔足秤，连包纸的重量都除外。三老又向上级汇报，表扬店里的同志。店里人心情舒畅。现在，3位老人在那家店门口一照面，姑娘们老远就叫：“老伯伯，辛苦了。”

查管帮促为了改

3位老人查物价，目的很明确“查、管、帮、促、改”。归根结底是为改。他们不摆整人的架子，不把自己放在同被查者对立的位置。他们总是推心置腹地对菜场、商店的同志说：“你们是为群众服务，我们是对群众利益负责，我们是同志、战友。”有件事，很能表明3位老人的心迹。北京东路有个居委会，让家庭妇女带领几个待业青年办了个早点店。这个店做的糍粑，3位老人去查过几次，总是不足秤。年轻人一见老人去查，就紧张。老人耐心地问是什么原因。店里人说，他们并没赚多少钱，有时还亏本。一查，果真如此。老人分析可能是手艺不行。但他们也不懂，说不出名堂。他们想起，另一条街道办的饮食服务组有几位老妈妈也做糍粑，但每次查都合规格。于是3位老人就去学。他们向老妈妈请教，做糍粑用多少米，放多少水，怎么煮，炸到什么成色，等等。嘴问，眼看，心里记。要领学到手，他们又把绝招教给北京东路早点店的年轻人。果然，他们的货色足了斤两，又赚钱。年轻人从心里感激三位老人，见面再不紧张了，笑嘻嘻的。

脚印不斜做得硬

“要想做得硬，自己坐得正”，这是3位老人警诫自己的话。他们查价做到坚持原则，锱铢必较，首先是自己堂堂正正；脚印不斜。有一次，

刘老在一家早点店 排队买油条，刚要取货，炸油条的师傅说：“刘老，这是冷的，你站旁边等等，我炸几条热的给你。”说着，“啪啪”，手里掐了几根长面坯，扔进锅里，顿时翻起几根又长又胖的油条。刘老笑着说：“我没牙，不能吃热的。”抓起几根炸好的就走。事后，老人特地找到店里的领导打招呼，叫以后别搞这一套。店领导连连点头称好。3位老人查完价，有时买点心吃，他们总尽量在自已查价的范围以外买。过去，刘老每天自己去菜场买菜，当上义务物价检查员以后，改由老伴代劳。他笑着解释说：“要避嫌疑。”3位老人亲密合作，已经监督物价9个月。他们单复秤就近7000笔，使这个地区少秤率下降一半以上，查出20多起乱涨物价事件，为控制物价做出了贡献。

献身于金陵盆景事业
——记南京玄武湖公园园林工程师华炳生

本报记者 周正荣（刊于《新华日报》1983年5月20日二版）

一些省市的工厂企业和园林单位，都以丰厚的报酬，邀请南京玄武湖公园园林工程师华炳生去工作，但是华炳生毫不动心，一一谢绝。

华炳生同志说："要搞钱，还不容易吗？有什么意思。"他说的是实话。要捞钱，他不必到外单位工作，只要利用工余假日小打小敲，就能赚大把钞票。他会堆山叠石，会培育花卉，会挖树根做盆景。几块石头，经他敲打摆布，转眼就价值千金。去年，他在安徽的山上拣来几块石头，搞成水石盆景，在香港卖了1000多元。他和徒弟在城墙上挖到一只老树根，做成雀梅盆景，有个外国人一见倾心，开价4000元，还没卖。

华炳生同志13岁开始当园艺学徒，给资本家种花、切花、扎花篮。吃了很多苦，也学得一手好手艺。从1950年开始，他到南京玄武湖公园工作。几十年来，这里茂盛的花草树木，洒遍了他的汗水和心血。大半辈子的园艺生涯，使他看到了香花秀木给人民带来的精神享受，他看到了自己这份工作的价值和意义。他同花木盆景结下了不解之缘。在“文革”期间，华炳生和他的同事们惨淡经营的花木盆景，毁于一夜之间。然而，在那噩梦般的逆境中，华炳生想的不是自己的命运，而是花卉盆景。他趁人不备，把几只珍贵的盆景偷出来，深深地埋进土里。其中一只名为“澳洲杉”的盆景，在土里埋了整整10年，“四人帮”粉碎以后，华炳生才将这只盆景挖出。这株“澳洲杉”，没有辜负老人的厚意，在土里长得盘根错节，千姿百态。修整后，先在本省展出，获奖。接着，送往北京参加全国盆景展览，再次获奖。最后，这盆“澳洲杉”运往香港展销，港商用15万元港币买走。

1972年，华炳生同志还戴着可怕的政治帽子没有平反。他被放出来，叫他在城墙边种菊花。搞园林的同志都知道，种菊花是件很艰苦的工作。但是，能够重操旧业，老华非常高兴。他兴奋地说：“叫我搞菊花，我非要把菊花种好不可！”华炳生一人要负责搞2000盆菊花。每天挑几十担水，每星期都要上粪。天越热，种菊人越忙。华炳生同志蹲在地上，头上烈日烤，地下暑气蒸。他淌着汗干着，不叫一声苦。当时，公园的菊花品种已经所剩无几。华炳生四处奔波，苦苦地从各地收集了300多个品种，到了秋天，居然办了一次蛮不错的菊展。那时候，成千上万的游客穿行在花从之间，观赏着秋菊的风姿。他们并不知道，这是一位背着沉重政治包袱的同志，用他血汗浇灌出来的啊！

1977年，饱经忧患的华炳生扬眉吐气。这时候，玄武湖公园让他负责恢复和发展盆景。老华带着青年工人，在南京市郊、安徽、宜兴等地翻山越岭，挖树根、找桩头。做盆景，按传统办法，先把树桩挖回来，栽在地上两三年，让它发芽生枝，再上盆，绑扎修剪成型。前后需要三四年时间。按此速度，盆景园何年何月才能恢复？华炳生同志冥思苦虑，决定试验快速成型，缩短生产周期。他运用自己在数十年中积累的丰富经验，集中同志们的智慧，将挖来的树桩直接上盆，采取各种措施精心养护，令其当年成型。第一次搞了2000多盆，获得成功。盆景在北京展出，受到行家们好评。其中一批小型、微型盆景，被北京钓鱼台国宾馆选中，全部买去。盆景快速成型研究项目，获得江苏省和南京市科技成果奖。1980年，华炳生同志又受市园林部门重托，开始同本市园林单位的同行们一起，探索创立金陵盆景的新流派。老人成年累月地琢磨，博采众家之长，特别是吸取了金陵画派"平中求奇，拙中寓巧"等艺术特色，创出一种造型自然清新，盆土薄浅奇绝的金陵盆景。贞柏盆景《朵云乡》等，先后在南京市、江苏省和全国盆景展览中获奖。

华炳生同志胸襟宽阔，乐意把自己掌握的技术教给同志们。每年春节后搞春花展览，先要将花加温，把开花时间提前。这是一项技术性很强的工作。多年来，华炳生积累了不同花卉的不同加温技术等第一手资料，摸索出各种花卉的开花规律。他把这些资料，全部交给花房工人，让大家掌握使用。年轻人能把他的技术学到手，他就非常高兴。去年，公园绑扎一批瓜子黄杨盆景，他先做了一盆，放在那里让年轻人看，让他们照着扎。扎好了，老人一个个指导。他经常给年轻人上业务课。老人文化水平不高。晚上，他在灯下吃力地备课、写讲稿。他唯恐年轻人听不懂，还请人画了挂图，对图讲解。如今，老人已是“桃李满园”。他的大徒弟王继军，现在搞树桩盆景的造型已达到较高的水平，去年被国家选派出国搞盆景。徒弟王红旗、郑要武，搞水石、树桩盆景也取得了好成绩。而每年从本市和兄弟省市来这里学艺的工人，更是不计其数。

1980年，老工程师华炳生实现了自己多年的愿望，光荣地加入了中国共产党。他以崭新的精神面貌勤奋工作。今年大年初一，南京城里鞭炮声起落，人们走亲访友享受节日的欢乐。华炳生同志却默默地来到公园花房里工作。原来，近两年，市场上五针松货源奇缺，价格昂贵得惊人，而公园苗圃繁殖成活率低。华炳生同志决定亲自动手嫁接。老人戴着老花眼镜，蹲在地上，连续嫁接了100多棵。

今年春节期间，华炳生同志被选为优秀的科技人员，3月，他又光荣地出席了南京市科技表彰大会，被市人民政府授予“科技战线先进工作者”称号。

突破重围
——丰县商业局局长谈在改革中的苦恼和欢乐

本报记本 周正荣 温立东

如果说，全国经济改革的形势是“农村包围城市”，那么，在商业战线，则是集体和个体包围国营。我们到丰县商业局采访，本来是准备听人“叹苦经”的。没想到，我们面见的2位商业局长笑逐颜开。他们像刚打胜仗归来的将军，滔滔不绝地给我们讲述了“突破重围”的欢乐。

兵临城下

从去年12月到今年1月，丰县国营商业面临的形势可说是四面楚歌，兵临城下：我们搞了几十年商业，谁见过这阵势？个体商业去年全县是4000户。目前已发展到6100户。乡、村两级的集体零售商店，去年是60家，今年是340家。县城搞商业批发的，原来只有国营1家，今年增加了7家。城关镇集体零售商店有门面的、有字号的，去年只有6家，今年是28家。还有八个基层供销社，他们也打进了城关镇。搞饮食的，去年20几家，现在是120多家！几乎在所有国营商店的门口，都搭上了挤挤挨挨的摊位，我们陷入重重包围之中。

今年2月的一次局党组会议上，我们4位局长面面相觑，心情 沉重。大家都意识到了巨大的压力。从去年12月到今年1月，国营商业的销售额下降了7%！基层干部职工管绪波动，抱怨阵地缩小，生意难做，商品流转计划和利润指标难以下达。怎么办？用几十年的拿手好戏，单纯以行政手段压指标？对这个，我们头脑清醒，感到过去的一套不灵了。

生意难做，怪市场购买力不大吗？这没有道理。银行储蓄一直在上升，社会购买力在增加。有钱就要买东西。是“阵地”太小了吗？集体商业和个体商业发展了，是占去了一些零售阵地，但是，6000多个体商户摆摊设点。肩挑叫卖，走街串巷，渠道通畅了，他们是要大量进货的，国营商业扩大批发市场大有可为。是国营商业条件差吗？我们实力雄厚，有1600万元商品库存，有大型门市部，有仓库，有运输工具。是干部无能吗？也不是。我们多数公司经理懂行，善于理财。现在陷于被动，完全是对我们过时的经营办法和官商作风的惩罚。因为长期独家生意做惯了，大锅饭吃惯了，一旦面临挑战，就乱了方寸。我们党组的同志越议越清醒：面临激烈的竞争，面对重重包围，国营商业，改革则兴，不改革则废。打掉官商作风，锐意改革，搞活流通，这是国营商业的唯一生路。”

八面出击

“改革，放下官商的架子，开拓服务领域，提高服务质量，我们发现国营商业面前的路子多得很，也宽得很。

充足的适销对路的货源。是改善服务的基础。我们根据北方人喜欢南方商品的习惯，对采购工作作出决策：以徐州为大本营，站稳南京，打进上海，向大东南挺进。我们对公司的各个批发部由统一核算改为分部核算，并且对采购员实行经济责任制，鼓励他们多采购适销热门商品。他们八面出击，拓宽进货渠道。今年上半年，我们先后与省内外346家工厂建立了新的业务关系，购进了一批自行车、上海手表、服装、花色布、曲酒、食糖等本地市场紧缺的商品。

在零售环节上，零售商店全面实行大包干、浮动工资加奖金和超额分成等多种形式的经营责任制。同时，挖掘内部潜力，新辟百货、五金、烟酒、食品、饮食等门市部，扩大了服务阵地。经营上、以优质服务村立团营商业的信誉。例如，县饮食服务公司门前，去年起自然形成了小商联聚集的夜市。处在120多个摊位包同中的饮服公计，也搞夜市：把电灯拉上马路边，砌上明火灶，卖大众化的馄饨、水饺、鸡汤，卖冷饮，啤酒；既卖一分钱一杯的大碗茶，又办几十元一桌的筵席。对参加搞夜市的营业员，实行经营承包责任制，盈利提成。营业员积极性倍增。服务质量的提高，使这个公司营业额由下降7%变成上升12%。

6000多个体商业户是国营商业的竞争对手，现在我们把它当作服务的对象。国营商业系统设立了4个小额商品批发部，对城乡个体户开放，放下架子满腔热情地为他们服务，计划供应商品、好销的商品，个体户批发与国营、集体商店一视同仁，上半年，批发部门还召集全县小商贩开了九次供货会、展销会，成交额700多万元。我们并为个体户相互之间能商品调列，个体商户把国营商业看作“娘家”了。

年初，丰县国营商业所临“大军压境”的困境，没想到仅仅几个月，战局很快就改变了。今年上半年，各项经济指标同步增长。其中，利润比去年同期增长27%，费用下降了3%！

经理们的心理变化

情况介绍完了，搞了30多年商业工作的副局长李永棠笑着问：“记者同志，要不要说说我们于部的心理变化？我认为这是很了不起的。”

现在，在我们国营商业系统，从局长到经理，心里都非常明白，我们是坐在一条逆水行走的船上，不进则退，我们感到压力很大。企业在竞争中吃了败仗，利润交不上，职工奖金发不出，不用组织上免职，我们也无颜见江东父老了，自动下台。过去，我们要求公司经理三分之一时间坐办公室，三分之二时间下基层，有谁听？老是坐在办公室喝茶看报。业务人员来汇报工作，听完了指手划脚讲几句。现在呢？他们要么跑码头、跑工厂，调查行情，找紧俏货；要么就是在门市部和批发部看经营服务的情况。奇怪，现在也没有人号召，许多经理读起“商品学”来了。不看不懂呀。比如做被里子的维棉布。同样的商品，在丰县县城有7种浮动价。怎样定价有讲究。过去翻死本本，现在改为浮动定价。价定高了，卖不出去。价定低了，赚不到钱。东西采购回来了，业务人员把单子往你面前一递，要你定价，不懂，只好干瞪眼。现在青年干部还有学外语的。大家都明白，改革刚刚起步，竞争才开了头，龙腾虎跃的局面还在后头呢！

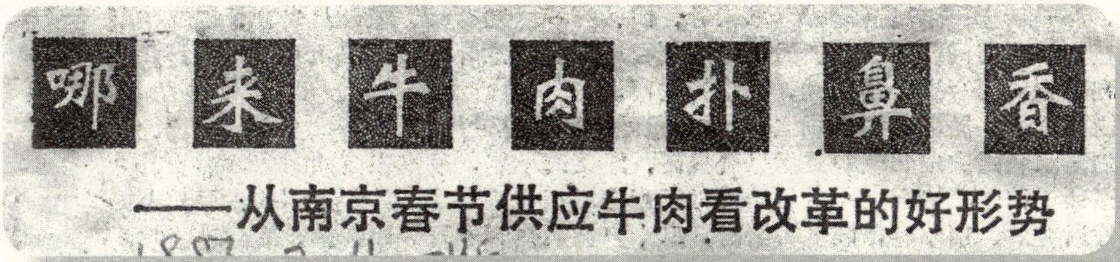
哪来牛肉扑鼻香

——从南京春节供应牛肉看改革的好形势

哪来牛肉扑鼻香
——从南京春节供应牛肉看改革的好形势

本报记者 周正荣（刊于《新华日报》1983年2月11日一版）

今年春节，在南京市50万户居民的餐桌上，将飘起牛肉的扑鼻香味。这是自三年困难时期以来所没有的。每户供应两斤，数量当然不算多，但全市加在一起，就是100多万斤。这么多的牛肉哪里来的呢？日前，记者访问了市食品公司和市牛羊蛋品加工厂，原来，这也是经济改革结出的一枚硕果。

前些年，政策统得过死，农民养牛少。牛肉的收购价格不能浮动，农民有牛肉也不愿意卖给商业部门。再加上地区之间商业渠道不畅通，画地为牢，使得牛肉在南京市场上一直是紧俏商品。除了回民以外，一般居民很难吃到牛肉。

改革的春风也给牛肉的生产和购销带来了生机。农村经济结构的改革，养牛专业户、重点户的发展，开辟了牛肉货源，而城乡农贸市场和贸易货栈的开放，则又开拓了新的牛肉流通渠道。

早在1981年，牛羊加工厂第一次同卡子门牲畜交易市场挂钩，在那里以比较优惠的价格向农民买牛。结果生意不错，他们胆子更大了。去年11月，他们进一步和江宁县、江浦县、六合县的12个农贸市场、食品站挂钩，下乡收购牛，仅去年11、12两个月，就收购了476头，宰杀后可得95000斤牛肉。

与此同时，商业改革的潮流，也冲决了地区间相互封闭的藩篱。南京市可以到外地收购牛肉了。去年下半年，市食品公司和牛羊蛋品加工厂派出20多人到安徽、山东、新疆等省、自治区的7个地区收购牛肉。他们到了外地，只要当地农民愿卖，他们就可以买。提供牛肉的有县食品公司，还有公社和生产大队。涓涓细流，汇成了江河。到去年12月底，南京市库存牛肉数已经高达100多万斤，而外地食品部门还要求增加供货量。不久前，市食品公司的业务科长周良玉到蚌埠食品公司，上门感谢他们对南京市提供牛肉。哪知道人家说："现在不是你们感谢我们，而是要你们支持我们，在春节前，多调走一些牛肉，我们这里货源很充足啊！"

面对经济改革带来牛肉货源丰富的喜人形势，南京市政府决定，春节期间，向全市每户居民供应2斤牛肉。但是，牛羊蛋品加工厂的任务已经够繁重了。春节前，这个加工厂的冷库，原计划要向市场投放36万只家禽，25000头羊，供应回民18万斤牛肉。现在，又要增加供应110万斤牛肉，真有点泰山压顶之势了。他们能不能完成这个任务呢？加工厂的领导同志向市食品公司提出保证说："今年春节是党的十二大以后的第一个春节，城乡形势都很好，我们一定要把市场供应搞好。只要领导决定供应牛肉，我们保证完成任务！”于是，厂里组成了5人指挥小组，专管牛肉供应工作。从书记、厂长，到加工工人、冷库工人、饮事员、门卫值班的，来了个总动员。5日，全市各菜场100多辆卡车接踵而来。从早晨7点钟开秤，直发到晚上9点多钟。这一天，共发出了18万多斤牛肉、37000多只家禽。在冷库出货的30多位同志，每人在零下十六七度的低温中出货近万斤。他们虽然很辛苦，但心里却很高兴。人们的欢声笑语，奏成一曲颂扬改革的乐章。

壮志凌云
——访党的十二大代表、南京航空学院讲师吕庆风

本报记者周正荣

（刊于《新华日报》1982年8月26日一版头条　《人民日报》转载）

6月5日傍晚，在我人民空军某基地，100多双眼睛紧张地注视着匍匐在起飞车上的一架无人驾驶飞机。突然，基地上空升起三发绿色信号弹，起飞车轰鸣着奔驰起来。少顷，无人飞机像脱弦的利箭腾空而起。转瞬在人们视野中消失。“安全起飞！”讯号传到试验航区指挥所。人们仰望长空，不久，无人机出现了，只见无人飞机下滑，平飞，左右盘旋，平稳地飞行着，灵巧得像一只燕子，凶猛得像一头苍鹰，几次出没航区。在完成一系列规定考核动作之后，无人机已平稳降落在预定地点。“成功啦——！”指挥所、着陆场一片欢腾，人们欢笑着拍照、握手，互相祝贺。

这架无人驾驶飞机，是我国航空事业的骄子之一，为人民空军雪中送炭。这架飞机的设计技术负责人叫吕庆风，南京航空学院讲师，他已经光荣地当选为党的十二大代表。

我们在22日访问了吕庆风同志。他是新中国成立后党培养出来的知识分子，国家有关部门向南航下达了研制无人驾驶飞机的任务。这是个燃眉之急。第二次世界大战以后突飞猛进发展起来的无人驾驶飞机，用途广泛：用作试验靶机、高空侦察等，先进的无人驾驶飞机甚至能在空中与有人驾驶的飞机展开格斗。我们没有无人驾驶飞机，外国有，他们卡我们的脖子。你买他的飞机，还必须告诉他，你派什么用场，否则不卖，如此蛮横！因为没有无人机，我们优秀的空军飞行员得靠惊人的勇敢与牺牲精神去执行特殊任务，雄心勃勃的吕庆风和他的同事们，勇敢地承担了党和祖国的重托，决心让无人机在自己手中腾空而起。

拓荒者总是艰苦的。吕庆风他们经历了艰难曲折的过程。在试制阶段，有时成功了，有时摔得稀巴烂。开始，他们一年只能搞一架飞机，试想，一年的心血毁于片刻，他们心中多么难过，但是，在动乱的年代，还有人说摔了飞机是“阶级斗争新动向”，成立调查组调查。吕庆风他们忍辱负重，硬着头皮搞试制。试验区环境艰苦，条件恶劣，吃的是咸水，迎面吹来的是干燥的风。许多人鼻孔流血，嘴唇干裂，整天舌头发苦。夏天，飞机跑道上热到40多度，人出了汗水，马上蒸发掉，皮肤上沾着盐霜。冬天，冷到零下20多度。试飞队的同志在室外作业。一架飞机，上万只零件，几千个焊点，试飞前，从动力系统到控制系统，要反复检查十多次，稍有疏忽，飞机带着故障上天，就可能出事。吕庆风同志如数家珍，讲述着他和同志们艰苦工作的情景：有一位讲师，患肠壁肿瘤动过2次手术，带着病痛坚持去参加试飞，说，我自己搞的设计，非要试验到底才放心，有位技术员，在零下24度的严寒中脱了棉衣，穿着毛衣钻进飞机进气道检查机件，出来时冻得嘴唇乌紫；有位老工人，胃大出血出院不久，又主动去了基地；在这里，有位50多岁的教授，身负领导职务，还多次去试验场地。吕庆风同志没有讲到他自己，但是，一起试验的同志们说，他的表现更为突出。他参加了绝大多数试飞。试制之初，他爱人在某研究所早出晚归，家里大孩子4岁，小的1岁，每次外出，他只得请来远在外省的老母亲照料家务，自己沉醉于无人机的试制。这些年，单是他亲自动笔写的技术总结和研制报告，就有十多万字。心血和汗水结成了累累硕果。1978年，无人机研制组派代表出席了全国科学大会，有一种无人机荣获省科技一等奖。而参加研制的一批教师科技术人员的理论和技术水平，也在实践中更加成熟。

吕庆风同志说："我当选为十二大代表，感到光荣，更感到很大的压力，增加了责任感和使命感。无人机研制成功是集体的智慧和劳动的结晶，我个人只做了其中一小部分工作。让我当代表，这是对我们一大批中年知识分子的肯定。祖国科学技术的振兴，大批专业人才的造就，是国家强盛的重要条件。我们中年知识分子肩负着重要的责任。我们工作中、生活中是有些困难，但这是小困难。把我们的困难，同国家急需无人驾驶飞机的困难相比，就微不足道了。我们是党培养的知识分子，理应无条件地为党的事业奋斗。我们取得的成绩是过去的事了，现在我们正在酝酿新的研究项目，希望能够不断地为共产主义事业做点扎扎实实的事情。"

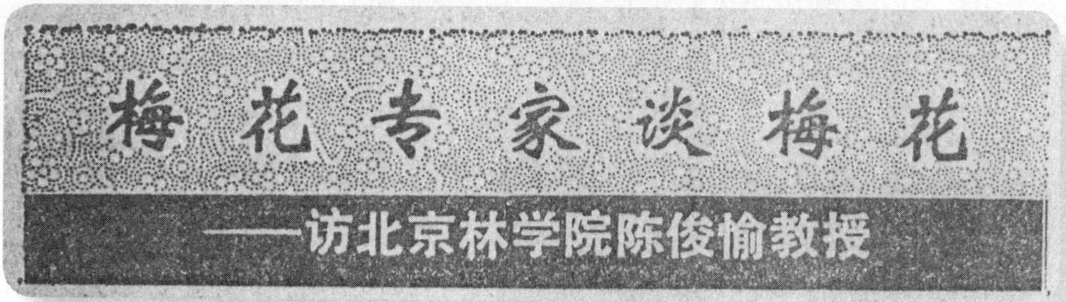
梅花专家谈梅花
——访北京林学院陈俊愉教授

梅花专家谈梅花
——访北京林学院陈俊愉教授

祝长胜 周正荣 （刊于《新华日报》1983年3月19日三版）

昨天，我们在南京钟山风景区采访，巧遇我国著名梅花专家、北京林学院园林系主任陈俊愉教授。陈教授带领“中国梅花品种图志协作组”的同志，先后到无锡、上海、合肥、歙县、芜湖等地考察梅花品种，于16日来到南京。梅花山是他们选定的考察重点之一。我们让陈教授谈谈我国栽培梅花的历史和现状，他欣然应允。

陈教授年近古稀，安庆人，曾在南京读小学、中学和大学。他研究梅花已有40年，现在是中国建筑学会园林绿化学术委员会的副主任委员。他说，我国栽培梅花的历史相当久远。河南殷墟仰韶文化的出土陶器中，就发现有梅核，可见我们的祖先3000多年前就利用梅的果实了。梅分果梅、花梅两大类。果梅多为单瓣，开花后结果，“望梅止渴”的梅，就是这种梅的果实。花梅即观赏梅，品种繁多，香韵雅而不艳，清而不淡，令人倾倒。花枝有的挺拔直上，有的盘曲垂挂，有的龙游凤舞。如鲜丽的“朱砂”，热烈的“宫粉”，淡雅的“绿萼”，奇妙的“洒金”，真是千姿百态，色彩缤纷。特别令人喜爱的是，在隆冬将逝时节，梅花冲风冒雪，喷红吐翠，怒放绽开，洋溢着青春活力。梅花是花中“寿星”。如湖北省黄梅县有一棵1650年前的晋梅，现在仍在开花，是我国也是世界上目前最长寿的梅花。浙江天台山国清寺有一棵隋梅，也有1300多年树龄了。我国人民喜爱梅花。历代文人雅士，留下了无数咏梅的名篇。宋朝林和靖的诗“疏枝横斜水清浅，暗香浮动月黄昏”，写尽了梅花清雅俊逸的风韵。

陈俊愉教授说，南京梅花山有不少梅花好品种。如有一棵“鳖脚晚水”，他30多年前来考察就发现了，现在还生长壮健，开花繁茂。我国开花的“鳖脚晚水”梅，就只有这么一棵。这个品种花大，瓣多，背面紫红，正面近白，层层紧叠，色彩匀称，花态秀美，香气浓烈，真是梅中上品。还有一个珍稀品种，叫“半重瓣跳枝”。一棵树上可开出红、白两色的花，仿佛另一株树上凌空跳来了花朵儿，确实妩媚、逗人。目前，国内正开花的“半重瓣跳枝”只在梅花山有。1980年，陈俊愉教授来梅花山考察，得知这里有28个梅花品种。这次，又发现了“扣子玉蝶”“粉妆玉蝶”“七星梅”“送春宫粉”等一些新品种。还有一个品种，过去俗称“东洋红”，这次正式定名为“南京红”。“南京红”的花呈粉红色，著花满树，繁密异常，娇艳动人。

讲到梅花的科学研究，陈教授说，世界上第一部研究梅花的专著，是我国宋朝文学家、园艺家范成大写的《梅谱》，书中记载了梅花的十多个品种，并介绍了有关栽培知识。在当时，已经很了不起了。1946年，上海举办了我国第一次梅花展览会。1947年，陈俊愉教授所著《道山蜀水记梅花》一书在上海出版。1962年，中国园艺学会在北京召开了梅花学术座谈会，江苏的周瘦鹃老先生也去参加了。陈俊愉教授从1943年起，着手用科学方法整理我国梅花品种。他先后前往四川、云南、广东、福建、江苏、湖北、陕西、河南、山东、北京、上海等地调查梅花品种，足迹遍至大半个中国。他历经艰辛，搜集了232个梅花品种，搞了标本和图片资料。但是，“文革”期间，珍贵的资料散失，含苞欲放的梅花新品种被付之一炬。1978年，他又重新开始这项艰巨的工作。现在又和武汉、无锡、成都的同志共同调查、记载了100多个品种。去年，国家城乡建设环境保护部正式下达了科研课题，搞一本学术专著《中国梅花品种图志》，由北京林学院和武汉、无锡、成都等地的园林研究单位协作完成，陈教授任主编。国家有关部门在下达这个科研项目时已明确：把武汉作为全国梅花研究中心，把无锡、成都作为次中心。相信在不久的将来，我国梅花的栽培和科学研究工作，必将出现一个崭新的局面。

皮影戏造型

一口道尽千古事 双手舞动百万兵
——皮影戏纵横谈

周正荣 （原载《江苏戏剧》1985年第4期）

“一口道尽千古事，双手舞动百万兵。”这是皮影戏老艺人对自己从事的艺术事业自豪的描述。最近，多年不见的皮影戏，重新出现在南京市的舞台上。人们闻讯后，争先恐后前往观看。

演员王长生（他是我省仅存的两位皮影戏演员中的一位）在2天中连续演了8场，嗓音沙哑，汗气蒸腾。作为一个皮影戏的业余爱好者，我见此盛况，想到皮影戏这一风格独特的古老剧种的历史发展和艺术成就，不由感慨系之。

“皮影戏”又名“灯影戏”，是傀儡戏的一种半面侧影，类似窗花剪纸。现代皮影戏的演出是用灯光映射到一块银幕上，演员在幕后操纵，以布景、音乐和说唱配合，表演各种各样的故事。因为皮影人物和道具都是用驴皮刮光、浸油、着色，然后雕刻而成，所以又称“驴皮影”。皮影戏是一种综合性艺术。制作影人要懂得绘画、雕刻。皮影戏演出时需要幕后演员以声传情，并对不同人物严格分腔，有说有唱，他不懂音乐不行，不对故事烂熟于心不行。操纵影人则更要有一套硬功夫，通过细致入微的动作，表现人物个性，传达思想感情，赋予皮制影人以生命。作为一个皮影演员，他起码要精通一样，兼及其他。现代皮影戏一般由多人操作。全国只有南京的皮影戏还保留着300多年前的古老表演方式，即由一人配乐，一人表演。皮影演员王长生掌握从制作影人到表演的全套功夫，演武打，可以闭起眼来斗打不乱。皮影戏可以表演古装戏，也能表演现代戏。它特别擅长于表演具有浪漫色彩的神话戏、童话和寓言故事，深受广大群众特别是少年儿童的喜爱。

皮影戏为我国独创的戏曲艺术品种，至今已有1000多年的历史。传说在西汉文帝刘恒时，宫妃拖着太子在窗前玩耍，把桐树叶剪成人影，映在纱窗上表演取乐，后来就逐渐发展成为用驴皮制成的人形作影戏。在一些宋朝的笔记中，有很多关于唐、宋两代皮影戏的记述。那时的皮影戏已达到相当的艺术水平。远在13世纪，我国的皮影戏传到缅甸、马来西亚、印尼，18世纪传到法国、德国，后来又传到阿拉伯、土耳其；英、法、德的皮影艺术随之兴起。皮影戏在其形成和发展过程中，为丰富我国民族文化和教育人民，作过积极的贡献。许多表演历史剧的皮影戏，表达了人民对封建统治的强烈不满，歌颂民族英雄对强暴势力的反抗，赞扬美好的道德，表现人民对未来的憧憬。

皮影戏是电影的前身。但是，正像有了照像机而不能代替绘画一样，皮影戏也不会因为有了电影而被淘汰。皮影在取材、表演、音乐唱腔上都和戏曲各剧种有着血缘关系，而又具有其他艺术形式所没有的独特风格和表演手法。皮影戏表演不受舞台的限制，能够灵巧地表演腾云驾雾、移山填海、升天入地、战马交锋。皮影戏还擅长演出讽刺剧，可以夸张地表现忠奸贤愚。因为它表现形式丰富多彩，剧目相当繁多。皮影戏又是文艺的轻骑兵。道具少，人员精干，机动灵活，一只皮箱可以提走全部道具，易于同广大群众接近。

我国的皮影戏同外国的皮影戏有所不同。国外的常常是建筑在话剧的基础上，而我国的则和各种地方戏曲密切结合。我国的皮影具有极其丰富的动作美，特别是舞蹈动作的韵律美，同时运用歌曲语言，富于音乐性和节奏性。由于我国的影人构造非常简单灵活，五官、四肢大部分能动，舞蹈起来，显得异常活泼。另外，在我国的传统节目中，有许多紧张剧烈的武打场面，生动、优美、准确，既能造成热烈气氛，又便于传达人的复杂感情。

1955年全国木偶皮影戏汇演期间，我省考虑到本省没有皮影艺术，提出由南京市文化局出面邀请山东省济南向群皮影社来南京演出。演出几个月后，这个皮影社转属南京市，更名为“南京市向群皮影社”，在夫子庙游乐场演出。后来，这个皮影社同南京市木偶剧团合并为南京木偶皮影剧团。这个剧团先后整理了《西游记》《封神榜》等几十个传统皮影戏剧本。新编了《红军桥》《采蘑菇》《狡猾的狐狸》等多种神话剧、童话剧，既富有教育意义，又充满生活情趣，深受群众欢迎。许多学校包场观看，为青少年教育作出了贡献。“文革”开始后，传统节目一律下马，擅长表演神话剧和传统剧目的皮影戏演员无戏可演。演员有的改行，有的下放农村劳动。他们呕心沥血制作的影人道具，有的烧了，有的被人拣去当玩具欣赏。原济南向群皮影社来的5个演员，回去3个。剩下的，一个是王长生，一个是他的师叔张子明。王长生转业到南京橡胶三厂当裁胶工。他身怀绝技，又酷爱这门艺术，在转业以后，仍自己掏钱买材料，利用病休和业余时间做道具，经常被外事部门请去给外宾演出。元旦期间，秦淮区文化馆请他去演出。原木偶皮影剧团的一个同事为他配乐。许多小学生看得入了迷。一批外宾去看，不时开怀大笑，拍手叫好。我们希望皮影艺术之花，将在南京舞台盛开不败。

老红军蔡铁根之死

《新华日报》记者 周正荣

（原载群众出版社《春风化雨集》1981年8月 第一版）

1970年3月11日上午9:40，在江苏常州市西门外的西公墓，响起了几声沉闷的枪声，蔡铁根同志高大的身躯应声倒地，他溘然长逝。殷红的鲜血汩汩地渗进这位红军老战士为之奋斗大半生的祖国大地……

他死了。没有死在枪林弹雨的战场上，没死在反动派的监狱里，却冤死在林彪、“四人帮”反革命路线的枪口下！

与蔡铁根同志一道被枪杀的，还有常州市果品公司的一位科长，同案人李业舫。这位解放前从事党的地下工作的老同志，作为蔡铁根的好友，也被荒唐地定为“现行反革命分子”，被认为“态度恶劣”，从而置于死地。另一位从部队复员的原团级干部吴翼则死里逃生，被判处死刑缓期二年执行。其他牵连者也莫不惨遭各种打击。

当天晚上，下了一场大雪。白雪掩盖了老红军蔡铁根惨不忍睹的遗体。一些知道内情的同志望着茫茫大雪，悲愤地说：“这桩冤案总有昭雪的一天！”

一

蔡铁根同志是河北省蔚县人，1936年参加工农红军，1939年加入中国共产党。他曾历任宣传干事、科长、县长、专署人武部部长、旅政治部副主任、中央军委军训部条令处处长、条令局副局长、军事学院军事学术史教授会副主任、战史教授会主任等职。他曾被授予大校军衔。行政十一级。1959年4月，他在军队因为被划为“右派分子”，被开除党籍、开除军籍、剥夺军衔，撤销职务，工资降为十五级。接着，连转业手续都没有给他办，就分配他到常州市机械工业局当巡视员。

到常州时，蔡铁根同志的境况是相当凄惨的。他划为“右派分子”后，老婆立刻同他离婚了。这个戎马一生的老战士，怀里抱着6个月的小儿子，手里搀着2岁的小女儿，后面还跟着3岁的儿子。在常州，他人地生疏，举目无亲。起初，心地善良的保姆同情他的不幸，跟来帮他料理家务，照顾孩子。不久，从部队带来的很少一点钱花光了。经济拮据起来。那是三年困难时期，常州市山芋卖到64元钱一担，他的工资维持不了5个人的生活。于是只得辞去了好心的保姆。做饭、缝补衣裳、洗尿布、织毛衣……这一大堆家务全部落在蔡铁根身上。他经常早上4点多钟起身，煮饭，给孩子穿衣，喂饭，接着上班，下班后又救火似的忙着做午饭。孩子病了，他抱着相依为命的孩子彻夜不眠。

蔡铁根是怎样被划成“右派”的呢？他是“罪有应得”吗？中共军事学院委员会在1979年3月10日作出了《关于蔡铁根被错划为右派分子的改正决定》，洗雪了残害这位红军老战士达20年之久的虚假罪名。可是，这已经太晚了，实在太晚了！

蔡铁根同志对于强加给他的所谓“右派分子”帽子，从未承认过。从1961年到1966年间，他曾先后7次向有关部门申诉甄别，但是毫无结果。1963年，他听说同自己一起被害的领导同志已经重新出来担任领导工作，曾满怀委屈跑到北京要求有关部门复查，仍然无人过问。相反，他连续申诉，却被认为“态度很坏”，所在单位被告知要对他“加强控制”。政治上的沉重打击，生活上的重重困难，使蔡铁根变得沉默少语，常常一个人关在房间里埋头读书，同时每天在日记上书写他的怨愤。

二

时间长了，经过街坊邻居和本单位同志互相传说，人们逐渐知道了蔡铁根是个老红军，是曾经在中央军委工作过的“大干部”。他家藏书很多，身边还珍藏着朱德总司令等高级领导干部合影的照片。因此，常州市有许多干部、群众，纷纷慕名来访。他对来访者，不论是官是民，是走运的还是倒楣的，一律热情相待。他说：“人家到我这里来，是看得起我。”别人有了难处，他也乐于相助。他同其中几个人，关系渐渐密切起来，无话不谈。他向那些人讲述自己如何参加红军，又怎么被划成“右派”。听的人当中，有些人也受过组织处分，心里有怨气。当时正逢三年困难时期。他们议论哪里饿死了人，饿死人的原因。蔡铁根就归咎于“三面红旗”掩盖下的高指标、瞎指挥，蒋介石当时叫嚷要“反攻大陆”，蔡铁根就同他的朋友们说天下大乱没有什么可怕。他们这些军人可以干“老本行”，上山打游击，等等。蔡铁根同志做梦也没想到，就在他们的交往之中，已开始为日后的灾难埋下了祸根。

在1960年年初经常与蔡铁根交往的人中间，有个年轻人叫巢尔谷。此人是常州市五金公司的文书。写得一手好字，两人成了朋友。1960年10月，巢尔谷被下放到原籍宜兴县丁蜀镇。两人继续保持书信往来。当时，巢尔谷生活有些困难，蔡铁根同志曾两次资助他一点钱。

1962年5月中旬，巢尔谷因为参加当地教师搞的“青年学社”组织，出版油印文艺刊物《朝阳》，被宜兴县公安局传讯。传讯中，巢尔谷交代说，他和常州市一个“右派分子”蔡铁根是朋友，并且交出蔡铁根先后写给他的19封信。

巢尔谷希望通过在蔡铁根问题上立功。他首先打着恢复友谊的幌子，用甜言蜜语骗取了蔡铁根的信任，接着便捞材料。从1963年7月底到1966年

6月，巢尔谷先后到蔡铁根同志家里去过10次。蔡铁根同志喜欢喝酒，巢尔谷每次去总带上几瓶酒，先把蔡灌醉，再记下酒后露出的“真言”。有时候，蔡只讲家常话，巢故意大讲反动话，发牢骚，引诱蔡铁根讲错话。讲了，他就回去向公安局汇报。但是，公安局认为并没有取得足以证实蔡铁根同志进行所谓“反革命活动”的证据。

三

1966年，史无前例的浩劫开始了。常州城陷于大混乱中。8月27日，常州市机械局的人保科长，派出所人员偕同常州中学的红卫兵以破“四旧”名义，到蔡铁根同志家里抄家。当时，抄出了蔡铁根同志的40多本日记，一把抗日战争时期从日本人那里缴获的指挥刀。蔡铁根同志见日记被抄，当场声明：“这日记没给任何人看过，你们把内容扩散了我不负责！”原来，在他的日记中，有对自己被错划成“右派”叫屈的话、有对国民经济状况、对党内政治生活，以及对某些政策措施不满的言论。特别是，他在日记中有批评毛主席的语言。抄家人员如获至宝，呼啸而去。在同一天，那些平时与蔡铁根交往密切的人，如吴翼、余须涌、袁中镁等同志也被抄了家。从第二天开始，这些人被游街批斗。蔡铁根脖子上挂上子弹游斗，天晚时，他被斗得口吐白沫，昏厥在门口，上不了楼。

在抄家后不久，巢尔谷接到常州市公安局的通知，再次来到常州。他把“文化大革命”以前几年中了解蔡铁根所得材料进行“综合”，以“蔡铁根是只蜷伏在阴暗角落里妄图颠覆人民江山的反革命野心狼”为题，整理了一份长篇材料。材料捕风捉影，把蔡铁根同志与他朋友、熟人的往来说成是以交朋友为名搞“反革命组织活动”；把蔡铁根等同志谈论打游击，说成是要成立反革命游击队，“要推翻政权”，巢尔谷还把他邀请蔡铁根去游览“善卷洞”胡说成是为打游击看地形，等等。主办单位于1966年8月19日把巢尔谷的材料作为《蔡铁根案件情况专报》上报。

在极左路线指导下，常州市委于1966年9月上旬成立了“蔡铁根专案办公室”。9月17日，市公安局拘留了蔡铁根和同他来往密切的吴翼；接着又拘留了同蔡来往较多的余须涌和屠苏。

在“蔡铁根专案办公室”的统一部署和指挥下，常州市各单位掀起了大规模的捉拿“蔡铁根黑帮分子”的浪潮。据当时专案办公室编印的第六期《蔡铁根专案情况汇报》记述，被批斗审查的一类对象有7名；二类的有8名；三类的有32名。其实各单位搞的加起来远不止这个数字。老红军、市卫生局党组书记刘瑞祥同志只去过蔡家一次，就被斗审查。有一位拉板车的搬运工人，受雇给蔡铁根搬过一次家，也被审查。同蔡铁根结婚刚一年的纺织女工屠兰华，被认为是“坚持反动立场的反革命家属”，批斗中被打伤了下巴。还有一位二等甲级残废军人，因负重伤穿了钢背心，七斗八斗，弯腰曲背，把背心搞坏了，家人捧着钢背心泣不成声……

四

蔡铁根同志被拘捕入狱之后，始终顽强不屈，对于轻率地逮捕他表示了极大的愤慨。在第一次审讯中，他对审判人员说：“我根本不是犯人，犯罪的是你！根据十六条，我够上哪一条？要我考虑什么？把我关了十几天有什么根据？依什么法律？”审判员喝道：“你讲还是我讲？这里是看守所！”蔡铁根同志回答：“我也要讲，你就是要我来讲的，你们用反革命的框框，要把我往框框里装，我决不会承认。”

蔡铁根同志被拘留后，生活费停发了，他的妻子又被隔离审查，他三个年幼的孩子生活无着。他在深夜里常常呼唤着孩子的名字痛哭。在狱中，他先后写了30多封家信，大部分被查抄。他曾长期在中央军委工作，和许多党政军高级领导干部有交往，在审讯中，他严守党和国家机密。当审判人员问到他党内斗争情况，他总是守口如瓶，拒绝回答。为了抗议对他不公正的打击残害，他在狱中曾三次绝食。他曾想逃出监牢去告状，结果被察觉，罪加一等，戴上了镣铐。

五

1969年11月中旬，常州市公检法军管会决定把与蔡铁根同志案子有牵连的人集中到一起，继续用所谓办“学习班”的办法来搞蔡铁根的案子。据参加“学习班”的同志回忆，当时气氛森严恐怖。关起大门走小门，所有的窗户都用纸密密地糊了。15个对象由15个小组搞，各占一个房间。学习班几乎每个组都搞了威吓、批斗、指供、诱供、串供。“学习班”结束那天下午，开大会。军管会调来一百多名民兵，严严实实地包围了会场，把15个对象都用“喷气式”拉上台，在一片呼喊声中，由公检法军管会宣布处理结论。

1970年3月，常州市公检法军管会根据几次搞的材料，认定“以蔡铁根、吴翼为首纠合反革命活动”，判处蔡铁根、李业舫两同志死刑，立即执行。

1970年3月11日早上5点，蔡铁根和他的同案人被叫起来吃饭，饭后，用麻绳把他们紧紧绑了起来。他们被带到一个房间里，先是宣读“逮捕证”——被拘留了6年多，枪杀前才“逮捕”！接着就向他宣告死刑判决。蔡铁根同志听了判决愤怒地说：

“你们无权判我，我要上诉！”

“不准上诉！”宣判人蛮横地斥道。

“不可思议！”蔡铁根同志叹道，“我革命几十年……”这句话还没讲完，他脖子上的麻绳突然被抽紧了。

从听到判决到最后去世，蔡铁根同志面无惧色，从容镇定。行刑前，蔡铁根同志同被判处死刑缓期执行的吴翼同志道别说：“你看过古戏《搜孤救孤》没有？”吴说：“看过。”蔡铁根同志说：“活着的，要把这个官司打到底！”

六

早在1970年3月底，这个冤案宣判后的20多天，蔡铁根同志的同案受害人吴翼等同志就向服刑所在单位提出口头和书面的申诉。到1976年年底为止，数万字的申诉材料如同石沉大海。申诉者落得的只是所谓“不服管教”，罪加一等。

“四人帮”粉碎了，党开始平反昭雪冤、假、错案。常州城里议论纷纷，都说蔡铁根一案应当平反。1978年1月，许多同志给蔡家三兄妹凑集了路费，让他们到北京上访，为父亲伸冤。同案被害人余须涌曾把记载当年残害他们的第一手材料交给蔡氏三兄妹。在北京，一些白发苍苍的领导同志亲自为孩子安排食宿。他们中有些人和蔡铁根同志是战友，共过事。听着孩子们的哭诉，他们激动地徘徊着，对三兄妹说：“孩子，别哭，我们了解你们爸爸，你们爸爸是个好同志啊！”三尺冰冻，融化需要时间。因为蔡铁根的日记和言论中，除了骂林彪，骂江青，还有批评毛主席的话。对批评毛主席的话如何认识，一些同志的思想需要有个逐步解放的过程。但是，各级党委特别是中央一些部门的领导同志，十分关心这一冤案的复查工作，抓得很紧。

常州市法院和常州市委首先对蔡铁根同志一案中被判刑的4位同志进行复查。于1978年7月，宣告被枪杀的李业舫同志无罪，平反昭雪。宣告正在服刑劳改的吴翼、余须涌同志无罪，释放回家。对蔡铁根同志，因为“右派”问题尚未改正，是否还要留尾巴他们吃不准，决定请示汇报后再作定论。1979年2月6日到14日，常州市法院派一个同志偕同省高级法院的一个同志到北京，向最高人民法院汇报了蔡铁根同志的案情。最高法院复查了全案，于1979年2月12日作出关于蔡铁根同志一案的处理意见，明确指出：“认定蔡铁根要组织反革命游击武装，要建立根据地，上山打游击，是没有根据的，应予否定。关于蔡铁根由于被划成‘右派’，由于对处理彭德怀同志等问题有意见，在他的日记上写了一些批评毛主席的话，这也‘构不成犯罪’。因此，经研究认为：‘原来蔡铁根以反革命罪判处死刑，是错误的，应撤销原判宣告无罪，给予平反，不留尾巴。’”

1979年4月，中共中央纪律检查委员会将蔡家三兄妹给黄克诚同志的申诉信刊登在第九期《信访简报》上，胡耀帮同志很快在“简报”上作了批示。江苏省委对此非常重视，马上派出调查组了解案件复查处理情况。1979年3月10日，中共军事学院委员会作出了《关于蔡铁根错划为右派分子的改正决定》。7月18日，省委政法口领导小组复查蔡案，一致意见，撤销原判，宣告无罪，平反昭雪。1979年7月25日，中共江苏省委研究决定：撤销江苏省革命委员会原政法组1970年3月7日判处蔡铁根死刑，立即执行的批复，宣告蔡铁根无罪。至此，这一骇人听闻的枪杀红军老干部的冤案大白于天下。

1980年1月8日，中共常州市委、常州市革命委员会召开了1600多人参加的“蔡铁根反革命集团平反昭雪大会”，推翻了一切强加在蔡铁根同志以及其他受害者头上的罪名。大会实况通过市人民广播电台向全市转播。常州城为之轰动。街谈巷议，人们无不同情红军老干部蔡铁根同志的悲惨遭遇，切齿痛恨林彪、“四人帮”的反革命罪行。1月10日，常州市又举行了蔡铁根同志追悼大会。军事学院颁发了蔡铁根同志烈士证书，他的骨灰盒放进了八宝山革命公墓。

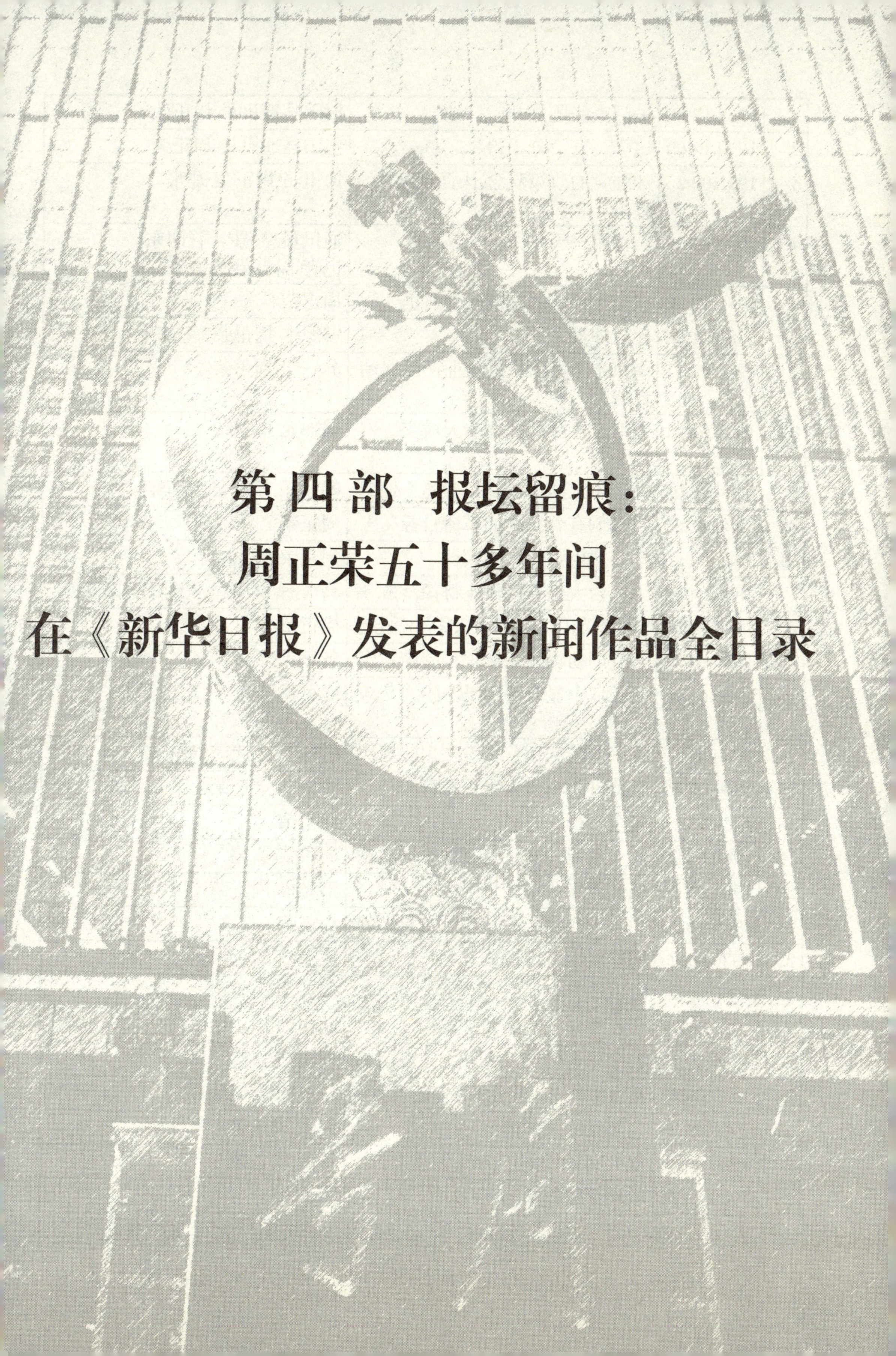

第四部 报坛留痕：周正荣五十多年间在《新华日报》发表的新闻作品全目录

1	1969.1219	关门查账还是开门打仗	射阳县通讯员 周正荣
2	1970.12.09	这个“家”分不得	射阳县通讯员 周正荣
3	1971.02.25	加强党的政策观念 认真执行党的政策	通讯员 周正荣 郑平
4	1979.11.02	调价第一天	通讯员 安源生 管向东 记者 周正荣 徐效东
5	1979.12.30	在七十年代的最后一个月里	周正荣
6	1980.01.02	元旦即景	安源生 周正荣 徐效东
7	1980.01.11	南京市举办盛大的工业产品展销订货会	苏一宁 周正荣
8	1980.01.21	南京工业品展销会十天成交六千万	韩如元 周正荣
9	1980.02.03	南京市工展会成交总额达一亿二	韩如元 苏一宁 周正荣
10	1980.02.21	“我们有着共同的革命目标”	周正荣
11	1980.03.10	学习“生意经”的大课	周正荣 廖原
12	1980.04.04	雨花台大型石雕烈士群像落成	马庆海 袁茂春 张明达 周正荣
13	1980.04.06	清明节前后二十八万人凭吊雨花台	周正荣 梁学霖
14	1980.04.15	玄武湖动物园东北虎平安产三仔	黄圮 周正荣
15	1980.04.29	新长征中显身手 建设四化立新功	雇页 周正荣 管志怡 汤云南 小路 言炎 陆振声等
16	1980.05.12	搞好热能利用普查掌握用能规律	耿松青 缪武美 周正荣
17	1980.05.19	坚持进行革命人生观教育	谢植梁 周正荣
18	1980.05.23	安全航行百万里	周正荣
19	1980.05.29	澳大利亚与南京将互赠珍贵动物	周正荣 黄圮
20	1980.06.06	抓好青年业余文化生活	王光根 周正荣
21	1980.06.16	力争大众化产品得全国质量金牌	周正荣
22	1980.09.03	南京展出城市规划草案	凌泽幸 周正荣
23	1980.09.07	听取顾客意见 提高产品质量	周正荣 俞耀祖
24	1980.09.12	合资经营毛呢服装加工厂	胡为樟 周正荣
25	1980.09.19	初中毕业的工人荣获中家发明奖	周正荣 张修淮
26	1980.09.23	南京市敢同犯罪分子斗争的人增多	汪成德 虞煜星 周正荣
27	1980.09.25	友邦来的长颈鹿	记者 周正荣
28	1980.09.30	澳大利亚袋鼠、山魁空运抵宁	黄圮 周正荣
29	1980.10.22	敢同歹徒作斗争	周正荣

30	1980.11.20	实施工艺专业化合理使用电能	周正荣
31	1980.11.25	南京31个菜场开始卖活鱼	周正荣
32	1980.12.12	南京市作出控制、整顿物价的具体规定	孙兆涛 周正荣 宋继奎 贾继明
33	1980.12.19	南京市对元旦春节市场供应作出安排	孙兆涛 周正荣
34	1980.12.19	发挥对物价的检查监督作用	周正荣
35	1980.12.23	三老查价九个月	周正荣
36	1980.12.29	看！南京市的19项数字	曾向东 周正荣 徐效东
37	1981.01.04	打击投机倒把 取缔无证经营	李世陵 周正荣
38	1981.01.23	南京市领导同志慰问驻宁部队伤病员	徐健 周正荣
39	1981.01.27	保护消费者利益支持正当交易	李世陵 周正荣
40	1981.01.30	南京市老干部畅谈饮复延安精神	周正荣
41	1981.02.04	孩子，谁是你的母亲	周正荣
42	1981.02.25	鼓励群众储蓄 积聚闲散资金	黄生甫 周正荣
43	1981.02.27	南京纺工系统积极对待调整	周正荣
44	1981.02.28	南京确定调整三个结构抓好七个专题	周正荣 黄生甫
45	1981.03.02	“空中花园”正气歌	周正荣
46	1981.03.22	南京地区昨八万多军民上街搞卫生	周正荣 吴长琪 刘用亚
47	1981.03.27	帮助青少年正确欣赏电影戏剧	吴长琪 周正荣
48	1981.04.23	钟山牌手表生产将有较大发展	黄生甫 周正荣
49	1981.05.02	欢乐的节日意气风发的主人翁	吕晓露 周正荣
50	1981.05.08	济南黑猩猩来宁作客	黄圮 周正荣
51	1981.05.13	努力增产市场需要的香精香料	周正荣 葛忠
52	1981.05.31	雨花台畔的悼念	周正荣 刘向东
53	1981.06.03	一只“天鹅”养七千多人	周正荣
54	1981.06.04	人材大厦在这里奠基	通讯员 胡为樟 记者 周正荣
55	1981.06.25	雨花台颂	雨花台烈士陵园管理处 史雯 记者 刘向东 周正荣
56	1981.06.27	“他像个共产党的书记”	周正荣
57	1981.07.02	“南京党史资料陈列”展出	周正荣
58	1981.07.22	国家增收 个人得利 顾客方便	李华 周正荣

59	1981.07.25	端走“大锅饭”实行车间经济核算	谢植梁 周正荣
60	1981.07.27	南京炼油厂节约能源取得新成果	谢植梁 周正荣
61	1981.07.29	南京市发展个体经济大有可为	周正荣
62	1981.08.20	南京市十一家食品厂昨开炉生产月饼	学工 周正荣
63	1981.08.25	沿街房屋开新店 方便群众生意好	杨荣良 周正荣
64	1981.08.27	冠生园食品恢复特色投放市场	周正荣
65	1981.08.29	恢复生产一种高营养乳儿粉	周正荣
66	1981.08.29	生产儿童辅助医疗食品健儿八珍糕	周正荣
67	1981.08.30	南京市初步控制集市蔬菜价格	李世陵 周正荣
68	1981.08.31	学习东北技术协作经验 南京一批劳模前去参观	周正荣
69	1981.08.31	警惕啊，人们	周正荣
70	1981.09.04	发挥优势多产各种内销食品	周正荣
71	1981.09.07	把消费者的需要放在第一位	杨荣良 周正荣
72	1981.09.07	南京建材系统内部调剂资金余缺	周正荣
73	1981.09.12	火旺劲足月饼香	周正荣
74	1981.09.18	南京市友谊公司成立 实现旅游服务专业化	叶川生 周正荣
75	1981.09.19	老工人戴湘售画得款献给国家 作家田芜卖字得千元分文未取	周正荣
76	1981.09.20	南京市着手整顿街巷门牌	杨荣良 周正荣
77	1981.10.02	一片欢乐 一派生机	李世陵 史越峨 周正荣
78	1981.10.14	猴山的猴王	黄圮 周正荣
79	1981.10.27	喜看矿工挑大梁	周正荣
80	1981.10.29	连续八年开设“家庭病床”	周正荣
81	1981.11.03	加强旺季农贸市场管理	吴翔铃 李世陵 周正荣
82	1981.11.06	南京举办菊花评奖	周正荣
83	1981.11.11	狼吃狼	黄圮 周正荣
84	1981.11.18	老虎的生儿育女	黄圮 周正荣
85	1981.11.24	从事个体经营多起来了	周正荣
86	1981.12.03	鹅鸣鸭喧报繁荣	周正荣
87	1981.12.11	令人喜爱的家用照明节能灯	李光军 张士斌 周正荣
88	1981.12.18	动物“绝食之谜”	黄圮 周正荣

89	1982.01.01	招婚	周正荣
90	1982.01.01	文明风尚好“环卫”喜事多	周正荣
91	1982.01.04	科技流动势在必行	周正荣
92	1982.01.15	“这位青年卖肉，笔笔足秤！”	周正荣
93	1982.01.22	有为矿工惹人爱“应婚”姑娘心灵美	周正荣
94	1982.01.24	南京一百五十位退休老人坚持义务查物价	周正荣
95	1982.01.28	被查单位的领导同志要支持查价	周正荣
96	1982.02.03	对用户高度负责 注重抓科学管理	张祖忠 蒋广华 周正荣
97	1982.03.03	农贸市场上的好人好事	吴翔铃 李世陵 周正荣
98	1982.03.08	南京成为全国雪松苗主要繁育基地	刘宁 周正荣
99	1982.03.19	党的温暖催发爱情之花	周正荣
100	1982.03.28	存款交党费 遗体献作科研	王光根 周正荣
101	1982.04.01	尽快制止二道贩子抢购刀鱼	通讯员 李世陵 记者 周正荣
102	1982.04.06	雨花台区超售鱼货受奖	吴元喜 周正荣
103	1982.04.15	岂容泥沙浊清流	通讯员 蒋钊 李世陵 记者 周正荣
104	1982.05.02	国产唱片展销受欢迎	周正荣
105	1982.05.25	人民空军送给南京青少年一架歼击机	周正荣
106	1982.05.27	一些独生子女出现娇弱的苗头	周正荣
107	1982.05.28	南京市成立39个安全生产协作组	张郇 周正荣
108	1982.05.31	边角木料变成了精美家具	唐曙光 董莉莉 周正荣
109	1982.06.12	发扬优良传统 加强思想工作	张郇 江宝盛 周正荣
110	1982.07.10	南京西瓜销售趋势喜人	周正荣
111	1982.07.15	两位富裕农民的道德光彩	周正荣
112	1982.07.17	西瓜的洪流	周正荣
113	1982.07.24	南京车站南北货商店生意兴隆	杨正川 周正荣
114	1982.08.06	南京人民的愤怒	周正荣
115	1982.08.12	南京市对农贸市场部分品种实行最高限价效果良好	周正荣
116	1982.08.15	恢复好传统 创出新店风	陶昀 凌泽孝 周正荣
117	1982.08.26	壮志凌云	周正荣
118	1982.08.29	代表，请把我们的心愿带上北京	周正荣

119	1982.09.03	南京港的光荣使命	通讯员 姚志德 记者 黄生甫 周正荣
120	1982.09.18	南京鼓楼区机关干部争当学习模范	胡为樟 周正荣
121	1982.10.02	繁荣 欢乐 希望	周正荣
122	1982.10.17	南京市向脏开战卓有成效	钱亚立 吴逸 周正荣
123	1982.11.07	打一场节能总体战持久战	周正荣
124	1983.01.01	代赵玉和四农民兄弟一封信	周正荣
125	1983.01.16	坚决制止偷鱼抢鱼的不法行为	通讯员 赵仁宣 吴元喜 记者 周正荣
126	1983.01.26	南京市百位老干部离休	周正荣
127	1983.01.27	新街口一条街上的商店将实行责任制	赵玉麟 许建军 周正荣
128	1983.01.30	沈学凯承包经营有方 关门停业的烟酒店起死回生	李钟 许建军 周正荣
129	1983.01.31	六合县五农民办影剧院场场客满	刘宁 周正荣
130	1983.02.04	夫子庙地区将更加繁荣	华金毛 周正荣
131	1983.02.05	精心安排夫子庙春节市场	周正荣 江泰康
132	1983.02.06	南京夫子庙青年商场开张营业	张孝余 华金毛 江泰康 周正荣
133	1983.02.06	南京市场化纤织物销售形势喜人	陶昀 周正荣
134	1983.02.08	自力更生开拓新生活	周正荣
135	1983.02.11	哪来牛肉扑鼻香	周正荣
136	1983.02.11	南京市沿江农民自愿组织养貂协会	周正荣
137	1983.02.19	养鸡专业户表扬畜牧师	吴元喜 周正荣
138	1983.03.01	研制成功治疗乳牛不孕症的中药	桑万邦 苏德辉 周正荣
139	1983.03.03	为群众解决实际问题	钱亚立 周正荣 姚国光
140	1983.03.03	学雷锋春潮满秦淮	姚国光 周正荣
141	1983.03.14	梅海人潮春风暖	周正荣
142	1983.03.15	王恩德夫妇立下汗马功劳 汤泉机械化蛋鸡厂扭亏为盈	桑万邦 周正荣
143	1983.03.16	南京市郊县出现养奶牛热	桑万邦 周正荣
144	1983.03.18	钟山风景区建成“寿星宫	祝长胜 周正荣
145	1983.03.19	日本“孙文纪念会”赠樱花给南京	周正荣
146	1983.03.19	梅花专家谈梅花	祝长胜 周正荣
147	1983.03.25	“我愿当个马路市长！”	通讯员 戴志民 王能斋 记者 周正荣
148	1983.03.29	“文明粮站”名不虚传	周正荣 姚国光

149	1983.04.17	南农和宁郊奶牛场签订技术承包合同	桑万邦 周正荣
150	1983.04.24	渡江碑前学英雄	郑晓汇 周正荣
151	1983.04.24	“渡江第一船”在灌南找到	郑晓汇 周正荣
152	1983.05.02	瞧，人们多欢乐	国际政治学院实习生 王华 记者 周正荣
153	1983.05.02	南京命名一批劳模和先进班组	杜湘 陈耘 周正荣
154	1983.05.10	工程师提前退休造成人才浪费	通讯员 颗峰 项镜福 记者 周正荣
155	1983.05.20	献身于金陵盆景事业	通讯员 姚亚英 记者 周正荣
156	1983.06.11	卖肉搞小包装势在必行	记者 周正荣 实习生 王华
157	1983.06.19	深孚众望，喜甚、幸甚	记者 赵翼如 周正荣
158	1983.06.27	明年牛奶供应可望好转	桑万邦 周正荣
159	1983.07.11	大水横流显英雄本色	通讯员 张康太 记者 周正荣
160	1983.07.14	南京军民抢堵龙潭圩江堤决口	周正荣 瞿忆玲 于美贤 胡宗德
161	1983.07.15	下关保卫战	记者 周正荣 于美贤
162	1983.07.16	南京市作长期抗洪准备	朱元禄 周正荣 史越峨
163	1983.07.19	洪峰猪潮紧相通	周正荣
164	1983.07.23	西线鏖战	记周正荣 许建军 王於良 于美贤
165	1983.08.05	他们为南京人民送来清凉	周正荣
166	1983.09.07	南京港区观光记	通讯员 姚志德 记者 周正荣
167	1983.09.17	“兰花”今日更芬芳	谢培养 周正荣
168	1983.09.21	南京开展节日市场物价大检查	周正荣
169	1983.09.24	南京召开抗洪抢险总结表彰大会	刘宁 周正荣
170	1983.09.29	盛世佳节商品涌	记者 周正荣 黄生甫 复旦大学新闻系 李彪
171	1983.10.02	南京军民喜气洋洋欢度国庆节	周正荣 黄生甫
172	1983.10.12	汽笛高歌赞先行	周正荣
173	1983.10.18	熊猫优质之谜	通讯员 张祖忠 蒋广华 记者 周正荣
174	1983.11.06	南京建立七个联片供汽点	李彪 周正荣
175	1983.11.10	南京炼油厂实现国家限期治理污染要求	谢植梁 周正荣
176	1983.11.28	徐承义推动了“大象”	复旦大学新闻系 李彪 记者 周正荣
177	1983.12.06	南京市粮食总产增一成	刘宁 周正荣

178	1984.01.08	寒冬一盆火	记者 周正荣 通讯员 言培生
179	1984.04.06	徐州市和中国矿院开展科技协作	徐承德 周正荣
180	1984.04.10	改革带来生机 一年五大变化	王志义 黄志宝 徐承德 周正荣
181	1984.04.15	加强对运输专业户的交通安全管理	通讯员 邱宪宇 记者 徐承德 周正荣
182	1984.04.17	徐州市将建造七座立体交叉桥	徐承德 周正荣
183	1984.04.21	徐州食品业年产值居全市各业之首	周正荣 徐承德
184	1984.04.25	已成为四省毗邻地区商品集散中心	王立民 刘兴戎 周正荣 徐承德
185	1984.05.03	我们身边的张华	徐承德 周正荣
186	1984.05.11	矿山的新鲜事	通讯员 王志义 黄志宝 记者 徐承德 周正荣
187	1984.05.16	文明，向楼群深处进军	周正荣 徐承德
188	1984.05.27	徐州矿山设备二厂五年增利十六倍	李英禄 徐承德 周正荣
189	1984.07.14	依法从重从快打击破坏改革的凶犯	徐承德 周正荣
190	1984.07.16	“造楼传奇”	周正荣 徐承德
191	1984.07.23	制止毁坏京杭运河不牢河工程	周正荣
192	1984.07.29	把徐州市办成区域性商业中心	徐承德 周正荣
193	1984.07.29	突破重围	通讯员 吴德苏 王汝楫 记者 周正荣 温立东
194	1984.07.31	徐州市郊县农民兴办家庭工业	周正荣
195	1984.08.27	铜山县建材煤炭形成商品优势	曾宪环 周正荣
196	1984.08.31	官山乡出现欺压老教师的霸道行为	温立东 周正荣
197	1984.09.08	邳县严肃处理殴打教师事件	卞传桂 周正荣
198	1984.09.09	四省农民赞誉的农科所	周正荣 谢承进
199	1984.10.09	从霸王作风看“文革”遗风	周正荣
200	1984.10.24	运河镇上商贾如云	通讯员 王守荣 记者 周正荣
201	1984.10.29	丰县开发黄河故道建设果品生产基地	周正荣
202	1984.10.30	把粮食优势转化为鱼肉禽蛋优势	周正荣
203	1985.03.02	徐州对荒废养鱼水面收闲置费	王相朝 周正荣
204	1985.03.03	徐州粉丝飞千里 天山脚下安新家	曾完环 周正荣
205	1985.03.10	群众称赞徐商公路是“致富路”	张开岭 周正荣
206	1985.03.11	徐州市和无锡常熟联合养鱼喜获丰收	张茂义 周正荣

207	1985.03.16	粮食定购一要指导二要协商	周正荣
208	1985.03.22	四头不孕母牛一胎生多犊	张心灵 周正荣
209	1985.03.23	徐州市开发云龙湖风景区	周正荣
210	1985.03.24	上海嫁到徐州的“皇后”回娘家	周正荣
211	1985.04.01	徐州煤炭基地出现百舸争流局面	周正荣 徐承德
212	1985.04.03	为万辆列车拓宽通道	徐承德 周正荣
213	1985.04.03	北电南送的大动脉	徐承德 周正荣
214	1985.04.03	这里将成为华东第二大电厂	徐承德 周正荣
215	1985.04.06	黄圩乡起用乡村知识分子	张心灵 周正荣
216	1985.04.07	徐州合成洗涤剂厂开源节流成效大	徐承德 周正荣
217	1985.04.10	我省开展大学生体质状况调查	周正荣
218	1985.04.13	徐州市和首钢合资办钢厂	胡连俊 周正荣
219	1985.04.20	一束精神文明之花	周正荣 徐承德
220	1985.04.21	铜山农民购车千余辆 修路八百里	曾完环 周正荣
221	1985.04.23	徐州市委聘请特约调研员	周正荣
222	1985.04.23	徐州工程机械实行专业化生产	胡连俊 周正荣
223	1985.05.08	西汉楚王刘注银印	徐承德 周正荣
224	1985.05.20	徐州市同百余大专院校科研单位挂钩协作	周正荣
225	1985.05.23	铜山柴油机厂实行责任制收到高效益	普宪环 周正荣
226	1985.05.23	徐州市开展农业资源调查	朱庆民 周正荣
227	1985.05.28	源源开发新产品企业添活力	曾完环 周正荣
228	1985.05.30	华东邮电系统推广张化生维护长途电缆的经验	单玉奎 周正荣
229	1985.06.05	一个村办小厂的三条真经	曾完环 徐承德 周正荣
230	1985.06.06	徐州举行全国煤矿乌金杯田径赛	周正荣
231	1985.06.06	徐州日用化工厂空气净洁剂受用户欢迎	周正荣
232	1985.06.13	专家学者会聚徐州讨论《金瓶梅》	周正荣 徐文
233	1985.06.15	徐州肉联厂设法保持均衡生产	生一鸣 周正荣
234	1985.06.16	万亩玫瑰吐芬芳	通讯员 储慧忠 记者 周正荣
235	1985.06.20	选派市区干部到县乡任职农村干部到苏南学习实践	朱庆民 周正荣
236	1985.06.28	农民养猪要树立市场观念	周正荣

237	1985.07.02	化肥行家研究发展高浓度复合肥料	张士振 周正荣
238	1985.07.04	从找“靠山”到做“靠山”	周正荣
239	1985.07.05	拒收不义之财	通讯员 刘利民 记者 周正荣
240	1985.07.15	马金凤献歌慰问亲人	周正荣 张家杰
241	1985.07.15	王杰生前所在部队纪念烈士牺牲20周年	周正荣
242	1985.07.16	徐州市扎扎实实提高经济效益	莫敖彬 徐承德 周正荣
243	1985.07.22	治厂有方	周正荣
244	1985.08.13	徐州市流通渠道辐射鲁豫皖苏	周正荣
245	1985.08.18	白菜萝卜不可少	周正荣
246	1985.08.22	苏鲁豫皖九地市举办抗日战争学术讨论会	徐承德 周正荣
247	1985.09.13	大路朝阳	周正荣
248	1985.10.26	城市农贸市场的新发展和新问题	周正荣
249	1986.06.10	一个不好的兆头	周正荣
250	1987.01.25	阳光下的一滴水	周正荣 刘向东
251	1995.10.12	张家港成就 张家港经验 张家港效应	周世康 周正荣
252	1996.03.10	展现江苏现代化风貌的形象工程	丁峰 李大容 王柏森 周正荣
253	1997.06.17	【话题之七】调整与吃饭	本报赴苏锡常记者组 执笔 王柏森
254	1997.10.05	让古老的大运河重新焕发青春	宋金萍 丁峰 李贵梁 周正荣
255	1998.04.13	加快建设现代化水利 促进江苏可持续发展	孙大路 陈钢 周正荣
256	1998.07.07	镇江的大推进方略与实践	石开西 王柏森 周正荣
257	1998.09.04	溧阳：“放大山水优势”求发展	记者 周正荣 匡启键 通讯员 赵善坚 阙历等
258	1998.10.14	江苏交通跨世纪大决战	郝洪 顾雷鸣 刘玉琴 许建军 宋金萍 周正荣
259	1998.12.21	告别贫困县：江苏发展的里程碑	周正荣 吴鹓筠 金伟忻 陈钢
260	1999.01.13	加快发展县域经济的新路	丁蔚文 吴乃华 陈钢 周正荣
261	1999.01.26	人、土地和市场的新组合	林培 周正荣 通讯员 何桂华 张宪龙
262	1999.02.23	研究“金蛙”，研究何家络	谢卫东 俞巧云 周正荣
263	1999.09.05	扬中双轮驱动经济持续增长	周正荣 石开西 王柏森 严锋

264	2000.07.05	从市场中来 到市场中去	周正荣 朱铭佐 林培 王柏森
265	2000.07.12	重提当年刀下留桑旧闻	周正荣 马健 吴雯 康贻华 邹建丰
266	2000.07.23	三龙起太湖	周正荣 马健吴雯 康贻华 邹建丰 丁蔚文
267	2000.07.26	锡山：双思求进，负重发展	周正荣 戴仲燕 冯金涛 薛颖旦
268	2001.01.28	扬子江药业为何长盛不衰	周正荣 陶达 赵文胜 通讯员 陈炼百
269	2001.02.02	营造商贾云集的新淮安	通讯员 梁文龙 记者 周正荣 施锦昌 林培
270	2001.03.23	涟水构建教育城	通讯员 刘步东 本报记者 周正荣 施锦昌 林培
271	2001.04.23	一座历史名城的世纪章回	本报赴苏州特派记者组 周正荣 王柏森 金伟忻 姜圣
272	2001.04.24	从常熟虞山镇看县城怎样凝聚人气财气	嵇元 吴红梅 陆峰 孙巡 周正荣等
273	2001.04.26	狮虎联动托起城市文明星系	本报赴苏州特派记者组 周正荣 王柏森 金伟忻等
274	2001.05.06	张家港："四个五百万"破解四道难题	周正荣 屈荣杰 张功璞 邹荣坤
275	2001.05.15	昆山，为何活力四射	陆峰 孙巡 周正荣
276	2001.07.20	城区政府做什么	周正荣 俞巧云 曹介森等
277	2001.08.03	冲破思想上的"长江天堑"	金伟忻 康贻华 周正荣
278	2001.08.04	唤醒沉睡的洋口港	康贻华 周正荣 金伟忻等
279	2001.08.10	从戴南、张郭看苏中崛起的希望	康贻华 金伟忻 周正荣 通讯员 袁开建
280	2001.08.15	通州经济42个月平稳高效发展靠什么支撑	周正荣 康贻华 金伟忻 通讯员 陈栋
281	2001.09.15	射阳：做亮做大特色经济	周正荣 李大容 刘同宝 刘宏奇
282	2002.02.01	宿迁市治理文山会海	徐明泽 任志强 林培 周正荣
283	2002.02.19	攻克腐败堡垒	金伟忻 周旭东 周正荣
284	2002.03.24	盐城：咬定"跨越式发展"	杨树立 任志强 宋金萍 周正荣
285	2002.03.31	深层次的变革	汪秋萍 任志强 周正荣
286	2002.10.10	龙腾虎跃重写新南京	周正荣 王柏森 金伟忻 顾新东 陆峰俞
287	2002.10.11	南京外向型经济大象翻身	周正荣 王柏森 金伟忻 顾新东 陆峰等

288	2002.10.13	“万人评机关”催生服务型政府	周正荣 王柏森 金伟忻 顾新东 陆峰等
289	2002.10.14	跳出南京，构建区域经济中心	周正荣 王柏森 金伟忻 顾新东 陆峰等
290	2003.06.16	镇江：经营城市驱动经济	周正荣 王柏森 任志强 石开西 陆峰
291	2003.07.27	盐城奔出“千里马”	周正荣 王柏森 任志强 杨树立
292	2003.07.30	常州：咬定“第一方阵”	周正荣 匡启键 陈志龙 陆峰
293	2003.08.06	巨龙（句容）翻身	周正荣 王柏森 石开西 陆峰 任志强
294	2003.08.18	南京发展提速	周正荣 俞巧云 俞侃
295	2003.08.25	“两个率先”听无锡人讲“方言”	周正荣 戴仲燕 冯金涛 李扬 钱丽萍
296	2003.11.07	扬州市属国企改革“回炉”	周正荣 姜圣瑜 陆峰 徐向明 刘世领
297	2003.11.12	策马泰州融入苏南	周正荣 姜圣瑜 陆峰 汪滢
298	2003.11.16	三匹骏马拉动张家港经济快车	记者 周正荣 金伟忻 通讯员 屈荣杰
299	2003.11.27	企业是“上帝”	周正荣 姜圣瑜 陆峰
300	2003.12.15	官正民安	周正荣 马健
301	2004.01.01	2003，南钢经济效益翻一番	周正荣 汪海刚 傅晓俊 孙善仕
302	2004.01.05	高平台上快速发展的苏州：回眸与前瞻	周正荣 缪小星 金伟忻 任志强 嵇元等
303	2004.01.07	昆山：“排头兵”的新风采	周正荣 缪小星 金伟忻 任志强 嵇元
304	2004.02.20	南京跨江发展两年看六合	记者 周正荣 俞巧云 通讯员 赵云翔等
305	2004.03.08	科学发展观实践在无锡	周正荣 戴仲燕 冯金涛 任志强 郑焱等
306	2004.04.02	有一种责任，总让我们寝食难安	周正荣 任志强 仲崇山等
307	2004.04.09	科学发展观实践在江苏	人民日报记者 龚永泉 本报记者 周正荣 王柏森等
308	2004.04.15	苏南又添一条龙	周正荣 王柏森 俞巧云
309	2004.05.02	汽笛长鸣：扬州从新起点出发	周正荣 宋金萍 任志强 刘世领 樊万朝
310	2004.05.04	发展不停步 思路要创新	周正荣 戴仲燕 宋金萍 任志强 薛颖旦

311	2004.05.10	国企改革：深层推进看镇江	周正荣 任志强 钱丽萍
312	2004.06.04	通达富民路	周正荣 王柏森 俞巧云
313	2004.06.07	郊县上来了	周正荣 王柏森 俞巧云
314	2004.06.08	全面发展：南京响亮的品牌	周正荣 王柏森 俞巧云
315	2004.07.17	藏粮于田 藏粮于科技	周正荣 陈凤贤 任志强
316	2004.07.19	南通老百姓称道的两件事	周正荣 王柏森 许建军 陈明 蔡炜
317	2004.08.04	海门人微笑面对宏观调控	周正荣 王柏森 许建军 陈明 蔡炜
318	2004.08.27	让老百姓感受到政府的服务质量	周正荣 蔡炜 沈伟 陈明 彭广余 许建军 王柏森等
319	2004.09.23	南京河西现代化新城区，明年给你一个惊喜	周正荣 许建军 俞巧云 顾巍钟 曾力莹
320	2004.10.08	徐州经济破解难题再上新台阶	周正荣 徐承德 叶小力 李爱彬 于百万
321	2004.10.	宿迁人，为江苏经济洼地的崛起而拼搏	周正荣 王柏森 吕晓露 叶小力 徐明泽等
322	2004.12.	明年全省将全部免除农业税	周正荣
323	2004.12.	驻村归来话民情	周正荣 施锦昌 任志强 葛和新
324	2005.02.	人心顺畅 滨海变样	周正荣 刘寿桐 吴剑飞 杨树立
325	2005.02.	扬子江铁军，何以站到中国药业的排头	周正荣 任志强 赵文胜等
326	2005.06.	城乡统筹，构建和谐大南京	周正荣 俞巧云 任志强
327	2005.07.	“洋苏州”，魅力四射	周正荣 任志强 嵇元
328	2005.07.	振兴盐城看实效	周正荣 任志强 杨树立
329	2005.08.	瞩目南京崛起的东北角	记者 周正荣 俞巧云 通讯员 张农 王勇
330	2005.09.	民工李秀春的感人情怀	周正荣 顾巍钟 杭春燕 周静文 孙巡
331	2005.09.	造福市民，南京三年绘就城市新版图	周正荣 俞巧云 顾巍钟 孙巡
332	2005.10.	常熟：营造山水人和谐的绿色家园	周正荣 金伟忻 任志强
333	2005.10.	看南京如何成功经营两座长江大桥	周正荣 俞巧云 孙巡
334	2005.10.	“项目书记”的工业观	周正荣 施锦昌 任志强 葛和新
335	2005.10	软件产业：考察印度，思考江苏	周正荣 孙巡

336	2005.11.	南京新街口巨变	记者 周正荣 顾巍钟 通讯员 张先才
337	2005.11.	伟人已逝 风范长存	王柏森 周正荣
338	2005.11.	张家港：十年文明创建铸辉煌	周正荣 金伟忻 任志强等
339	2005.11.	绿杨城郭新风景	周正荣 任志强 金其雄 刘世领 樊万朝
340	2005.12	逼出来的改革	周正荣 施锦昌 任志强 徐明泽
341	2005.12	盐城汽车工业呈现强劲产业集聚效应	周正荣 杨树立
342	2006.01	连云港启动新航程	周正荣 陆剑 任志强 程长春
343	2006.02	改革救活了昆曲	周正荣 薛颖旦 汪秋萍
344	2006.02	苏州确立“十一五”发展新思路	周正荣 任志强 嵇元
345	2006.02	“波司登”出巨资助建小康村	记者 周正荣 任志强 通讯员 高美桢
346	2006.03.	阳光灿烂的新产业	记者 周正荣 陆峰 通讯员 苏坚
347	2006.04.	高新产业也能搞循环经济	周正荣 嵇元 任志强
348	2006.04	放眼彭城看“三变”	周正荣 徐承德 任志强 单亮
349	2006.04	成长企业如何突破做大的“瓶颈”	记者 周正荣 陆峰 通讯员 王竹倩 卓之敏
350	2006.04.	常州的新答卷	周正荣 匡启键 陆峰
351	2006.04.	无锡建设创新型城市	周正荣 江锡民 陆峰
352	2006.04.	“田娘”：把农村污染大包袱变成新产业	周正荣 陆剑
353	2006.05.	解读“苏果”的强劲生命力	周正荣 陆剑 任志强
354	2006.05.	以创新打造夫子庙旅游“旗规”	周正荣 薛颖旦 翟慎良
355	2006.05.	南京打造中国软件名城	周正荣 俞巧云 孙巡
356	2006.05.	睢宁：大项目推动大跨越	记者 周正荣 任志强 通讯员 杨振宏等
357	2006.05	江苏北部边陲正在崛起	周正荣 徐承德 汪海刚
358	2006.05	喜看软件财富在南京鼓楼区膨化裂变	周正荣 俞巧云 孙巡等
359	2006.05	破解“城管难”	记者 周正荣 俞巧云 孙巡 通讯员 蔡双根
360	2006.05	一位老板的财富观	周正荣 陆峰 晏培娟
361	2006.06	苏州实施建设新农村行动计划	周正荣 任志强 嵇元 周铮
362	2007.09	敬畏与感恩	周正荣

附：业余文学创作部分作品目录

报告文学：田野上的进军
（原载《钟山》杂志）

小说：祈祷
（原载《钟山》杂志）

小说：《红双喜》
（原载《雨花》杂志）

小说：老马识途
（原载《南京文艺》）

小说：倒蹲点
（原载《江苏文艺》）

第五部 时光隧道

由扬子晚报首创的用于零售点的幌子

扬子晚报记者应海军某部邀请参观舰艇

1995年扬子晚报进入大上海。总编辑周正荣和发行部同志一起研究上海送报路线

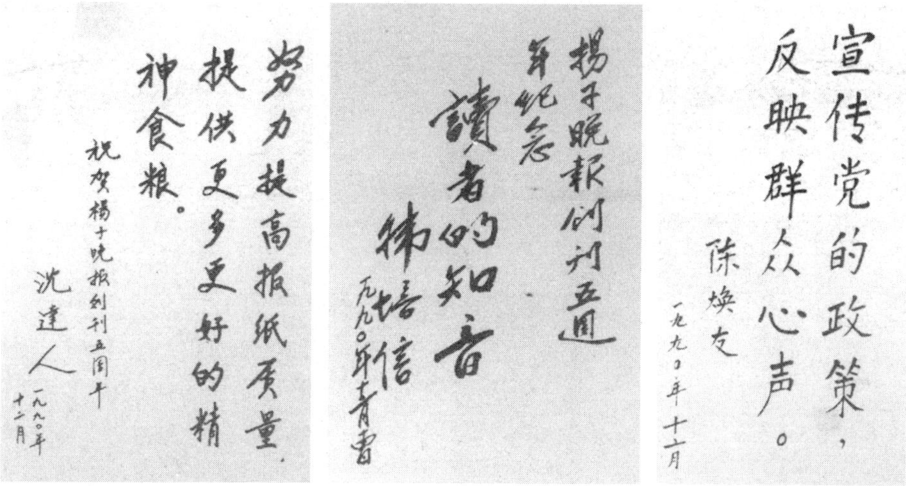
宣传党的政策，
反映群众心声。
陈焕友
扬子晚报创刊五周年纪念
读者的知音
韩培信
努力提高报纸质量，
提供更多更好的精
神食粮。
祝贺扬子晚报创刊五周年
沈达人

三任江苏省委书记为扬子晚报题词

评报

推敲版面

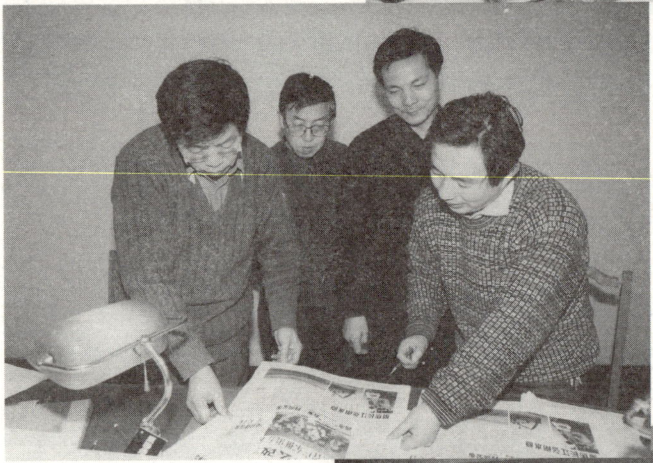

推敲版面

新华日报引进高速轮转机签字仪式

采访无锡市委书记王荣

到工厂采访

1987年参加中国新闻代表团访问日本，考察新闻媒体发展趋势

中共江苏省委全会上与省长季允石（左）交流

访问中国驻日使馆

出席华东九报总编辑协作会

对中国足球寄予厚望

新华日报出版处夜班家属新春联欢

记者节接受记者采访

西藏纪行

与杨澜下属媒体合作

在南非海边

访问香港文汇报

访问香港大公报

访问澳门日报

访欧留影

访问韩国全北道民日报社

北非留影

应邀在韩国湖南第一高等学校演讲

在南非好望角

在俄罗斯西伯利亚巧遇苏联老战士

和埃及朋友交流

南非宁静的海洋

新闻之树长青

时代在前进。如今，网络新媒体风靡天下，传统媒体陷入困局。然而，迭代嬗变的只是新闻的形态和传媒的介质。新闻的生命之树长青！它的魅力会在人类社会中绵延不绝。在这个视角下，严肃探索新闻规律，研究读者的书，永远有它被审视的价值。

本书作者终其一生，进入报纸这个行业的纵深。从报纸通讯员，到记者、编辑、高级编辑、报业传媒集团总编辑、党委书记、董事长，全国优秀新闻工作者，享受国务院有突出贡献专家津贴，历时50多年。他参与创办了全国发行量最大的晚报《扬子晚报》，他主持了《新华日报》三次改版，探索提高党报质量，扩大党报的影响力。他在实践中观察、思考、探索、试验、决策、总结，尝遍新闻工作者的苦乐人生。

这本书，专注于对新闻宣传规律和宣传艺术的研究思考。以一个新闻工作者和相关报媒的独特个案，展示在我国的政治和社会环境中，党的新闻事业与党、国家、人民群众的血肉联系，新闻工作的巨大作用和广阔的服务空间。展示党和政府对新闻工作的重视，对新闻工作者的关爱和支持。字里行间，镌刻着党的新闻工作者使命，责任和担当。对于选择大学新闻专业的年轻朋友，本书将为你展开未来真实的职业场景和事业愿景，对于报业经营管理者，将提供独特的报业运作实操经验。